《国际公法学》案例教程

刘海江◎主 编

陈 潇 蔡 爽◎副主编

G
UOJIGONGFAXUE ANLIJIAOCHENG

中国政法大学出版社

2025·北京

图书在版编目（CIP）数据

《国际公法学》案例教程 / 刘海江主编. -- 北京 ： 中国政法大学出版社，2025. 1. -- ISBN 978-7-5764-1971-9

Ⅰ. D99

中国国家版本馆 CIP 数据核字第 202566Q3B8 号

出　版　者　　中国政法大学出版社

地　　　址　　北京市海淀区西土城路 25 号

邮寄地址　　北京 100088 信箱 8034 分箱　邮编 100088

网　　　址　　http://www.cuplpress.com (网络实名：中国政法大学出版社)

电　　　话　　010-58908586(编辑部) 58908334(邮购部)

编辑邮箱　　zhengfadch@126.com

承　　　印　　北京旺都印务有限公司

开　　　本　　720mm×960mm　　1/16

印　　　张　　18

字　　　数　　300 千字

版　　　次　　2025 年 1 月第 1 版

印　　　次　　2025 年 1 月第 1 次印刷

定　　　价　　78.00 元

作者简介

主编：

刘海江：男，山东莘县人，吉林大学法学院国际法学博士、教授，硕士生导师，现任聊城大学法学院副院长。聊城市市委市政府第四届法律顾问、山东省海洋权益保护专家库人员。主持司法部基金项目、山东社科人文项目、山东省社科规划办项目各一项，参与获得山东省社会科学优秀成果奖一等奖一项、独立获得山东省社会科学优秀成果奖三等奖两项。出版专著4部；先后发表论文20余篇。主讲《国际公法学》《国际私法学》《法律英语》。

副主编：

陈潇：女，山东滨州人，硕士研究生，聊城大学法学院讲师，研究方向：国际公法、国际商法、社会法。主讲《国际公法学》《国际私法学》。

蔡爽：女，山东聊城人，硕士研究生。本科毕业于中南财经政法大学，硕士毕业于香港中文大学。现为聊城大学法学院教师。主讲《国际公法学》《国际私法学》。

撰稿人：

荆珍：女，东北林业大学文法学院法学系副教授，硕士研究生导师，吉林大学法学院国际法学博士，英国伦敦玛丽女王大学商法研究中心和香港大学法律学院访问学者。研究方向为环境法学、国际经济法学和法学教育。在《干旱区资源与环境》《清华法治论衡》和《Indonesia Law Review》（《印度尼西亚法律评论》）等中外文期刊上发表中英文论文三十余篇，主持教育部人文社科青年项目、黑龙江省哲社项目等十余项，出版三本专著，主编三部教材，获得黑龙江省法学会年度法学优秀论文一等奖等十余项奖励。任中国法学会环境资源法学研究会理事；黑龙江省法学会环境资源法学会理事；哈尔滨市法学会环境资源法学研究会理事；黑龙江省林业和草原局专家；黑龙江省林区中院环境资源审判专家等。

李景玲：女，山东莘县人，硕士研究生，本科毕业于山东政法学院，研究生毕业于西南政法大学，现为聊城大学法学院教师，研究方向为国际公法、刑事诉讼法、法治教育，主讲《国际法学》《刑事诉讼法》。

赵立霞：女，山东聊城人，山东大学英语语言文学专业博士研究生，现任聊城大学外语学院讲师，主讲《二语习得》《法律英语》。

孙作顶：男，山东滕州人，聊城大学国际教育交流学院副教授、硕士研究生导师，山东大学国际政治专业在读博士，德国不莱梅大学访问学者。研究方向为大学生思想政治教育、志愿文化和国际中文教育。主讲《国际政治》。

前　言

　　2019 年，党的十九届四中全会通过的《中共中央关于坚持和完善中国特色社会主义制度　推进国家治理体系和治理能力现代化若干重大问题的决定》明确提出："加强涉外法治工作，建立涉外工作法务制度，加强国际法研究和运用，提高涉外工作法治化水平。"2020 年 11 月 16 日，习近平总书记在全面依法治国会议上提到统筹国内法治与国际法治两个大局，加强涉外法律人才培养。《中共中央关于制定国民经济和社会发展第十四个五年规划和二○三五年远景目标的建议》提出："加强国际法运用，维护以联合国为核心的国际体系和以国际法为基础的国际秩序，共同应对全球挑战。"这不仅指出了国际法在国际体系和全球治理中的作用，也为我国运用国际法提升全球治理的国际话语权提供了指南。过去四年美国等西方国家对华动作增多，可以说是针对中国立场与国际公理发起了一场"外交战"。我国的外交反制涉及多项国际法问题，如对中美贸易争端、中国对欧盟的制裁等，需要我们不断提高在外交、经贸和"利益新疆域"等领域运用国际法的意识和能力，在此背景下，作为专业核心课之一的《国际公法学》在法学专业中彰显出尤为重要的地位。2018 年 1 月教育部发布普通高等学校本科专业类教学质量国家标准，其中法学本科专业课程的设置上采取"10+X"分类设置模式，要求法学本科专业学生必须完成 10 门专业必修课，这 10 门课程中就包括国际公法学，可见国际公法学在整个本科法学专业的课程体系中对培养合格的法学专业人才具有基础性的地位和作用。

　　本教材主要通过新中国自 1949 年成立以来参与国际立法、国际关系、国际法治、全球治理等典型案例向学生传输以下内容：第一，加强社会主义核心价值观教育。引导学生关注国家时政大事，深入了解社会主义核心价值观在国家、社会、公民三个层面的要求，教育学生对标社会主义核心价值观来发现问题、研究社会问题、讲好中国故事。第二，培养国家利益至上意识。

讲授具体章节时，揭示国家利益是主权国家参与制定、实施国际法的主要立足点。第三，强化国际法治观念。课程思政对法治的要求更加深化，培养学生更高程度地对国际良法与善治要求进行理解，更深层次地学法守法、维护法律尊严。第四，培育人类命运共同体理念。该理念是课程思政教育的重点内容之一，契合国际公法学的法律属性与价值目标。法学素质教育既是一种培养目标与模式，更是一种教育思想与观念。现代法学教育不再以培养法官、检察官或律师作为单一目标，而是旨在培养在任何一个法律职业领域都有能力开展工作的专业人才。法学教育培养的人才应当是具备扎实的法律知识功底、完善的人文知识背景、严密的逻辑分析能力、突出的语言表达能力，具备崇尚法律、恪守法律职业道德的精神品质，具有创新意识和创新能力，身心健康的应用型法律人才和治国人才。

落实立德树人，必须将价值塑造、知识传授和能力培养融为一体。教育部在高校所有专业全面推进课程思政建设，就是寓价值观引导于知识传授和能力培养之中，帮助学生塑造正确的世界观、人生观、价值观，这是人才培养的必备内容，能够为研究新时代法治人才培养和长远规划法治队伍建设，创新法治人才培养机制提供理论支持。《国际公法学》是法学专业的基础课和核心课，对培养应用型、复合型和创新创业型人才具有重要意义。《国际公法学》课程思政建设更是法学专业思政建设的重要一环，坚持党的教育方针，坚持立德树人，传授给法学本科生做人做事的基本道理，引导学生践行社会主义核心价值观的要求，担负起实现中华民族伟大复兴的理想和责任，也能够为加快涉外法治工作战略布局提供有力支撑，《国际公法学》课程思政的研究与实践，为法学课程（群）思政建设提供了重要借鉴。

相对于已经出版的国际公法案例教材而言，本教材呈现出了其自身的独特性和创新性。

一、所选案例具有中国针对性

本次案例的选择主要是针对自新中国成立以来，中国参与国际关系、国际立法、国际治理的立场与实践，案例涉及范围较广，包括处理国际关系的立场与实践，如和平共处五项基本原则的提出；处理保护管辖的立场与实践，如"刘强引渡案"；处理与国际组织关系的实践，如"中国加入WTO案"；处理中美贸易争端；针对欧盟的制裁案等。这些案例都是中国在处理国际关系，参与国际治理方面所持的立场与所作的选择，能够系统体现出有中国特色的国际法治观、国家利益意识与构建人类命运共同体的大国情怀。

二、所选案例彰显时代性

当今世界正经历百年未有之大变局，国际力量格局深刻调整，全球治理体系深刻重塑。外部环境深刻变化，国际关系也面临不少问题和挑战，对国际法研究和运用提出了许多新课题。比如，如何为我国发展营造有利外部环境，推动构建人类命运共同体？如何运用国际法维护国家、企业和公民海外合法权益？再如，一个国家的行为和财产能不能受外国法院管辖？围绕这些重大理论和实践问题，本案例教材坚持体系构建与问题导向相结合，秉持构建人类命运共同体理念，主要选用具有当代价值、富有学术魅力的国际公法案例，同时，针对国际社会面临的共同问题，如领土主权与海洋权益、网络安全、重大传染病防治等，以跨学科视角和研究方法，开展综合性比较研究，努力揭示这些问题的本质、特点和发展变化的一般规律。本教材还聚焦我国面临的现实问题。比如，深化国际争端解决机制研究，助力我国企业和公民提升利用国际争端解决机制维护自身合法权益的能力。

三、案例注重中国元素分析

结合相关课程，完成聊城大学课程思政教改项目并建设了课程思政示范课程，本教材结合培养目标和课程思政要求，通过所陈述的案例深度挖掘课程知识体系蕴含的思想价值和精神内涵，重点关注四个方面：加强社会主义核心价值观教育元素、培养国家利益意识、强化国际法治理念、培育人类命运共同体理念。在每个章节后的中国元素分析中，强调整体化设计，把思想政治教育贯通到《国际公法学》教学的各个环节，不仅强调在"教"中讲思政，还要做到在"备课"和"课后辅导"中讲思政；通过案例的中国元素分析推进课程思政一体化，《国际公法学》课程思政要和整个法学专业的课程思政整体保持一体化；践行《国际公法学》差异化实践，在与专业课程思政保持一致的基础上，通过案例分析突出《国际公法学》课程思政的亮点和特色，特别是在分析案例时要突出"人类命运共同体"理念的全球治理性。从全球治理和构建人类命运共同体的高度出发，注重培养本科生的世界眼光和国际法治思维。

正是基于上述考虑与认识，我们按照马工程《国际公法学》教材的通用体例安排，编写这本相配套的课程思政案例教材，以期为我国国际公法学的教学与实践贡献一份微薄的力量。本教材每章节的第一部分知识点介绍主要是依据马工程《国际公法学》教材的知识点。除此之外，我们还参考了国内外同类文献资料，有的可能未在书中一一注明，在此对它们的作者表示衷心的感谢！

本书的编写人员如下：刘海江、陈潇、蔡爽、荆珍、李景玲、赵立霞、孙作顶。全书由刘海江统稿、定稿。

由于水平和能力有限，书中不足之处在所难免，敬请广大读者不吝赐教。

编者谨识

2024 年 7 月

目录

第一章
国际法的性质与发展

本章知识点

本章主要介绍国际法的概念与特征、国际法的发展史以及中国对国际法的发展贡献。

第一节 国际法的概念与特征

国际公法是指狭义的国际法，其虽然是主要调整国家间关系的法律，但其不只是国家间的法律，而是属于整个国际社会的法律。与国内法相比，国际法具有如下一些基本特征：

第一，从主体上来看，国际法的主体主要是公权机构，主要指国家、国际组织和民族解放组织。

第二，从调整的对象分析，国际法调整的是国际关系，主要是国家与国家之间、国家与国际组织之间、国际组织相互之间以及国家和国际组织与其他国际法主体之间的关系。

第三，从形成的方式来考察，国际法的形成主要依靠各国在长期反复实践中形成的国际习惯和彼此之间通过谈判缔结的各种协议，即条约。

第四，从调整的法律关系的相互性来看，国际法的大部分规则是相互的和对等的。

第五，从国际法规则的性质来分析，大部分规则属于任意性规则，不具有强制性。

第六，从实施的方式着眼，国际社会没有统一的行政机关来执行国际法。

第七，从司法权来看，国际社会没有统一的司法体系来适用和解释国际法并解决各种国际争端。

第二节　国际法的形成与发展

一、古代社会及中世纪的国际法

古代的文明古国存在一定形式的国际法，其形式原始、零散，而且与神权、宗教、道德等思想或观念联系在一起，但其对后来国际法的形成和发展产生了不可忽视的影响。

二、近代国际法的产生和发展

近代在许多方面创造性地发展了国际法。

第一，开创和发展定期多边会议制度。

第二，促进了外交制度的法典化。

第三，国际条约的数量明显增多和种类越发多样化。

第四，明确地禁止奴隶买卖。

第五，推动了国际河流制度的建立。

第六，战争法、人道主义法和国际争端解决法的编纂有了新的突破。

三、现代国际法的发展

与近代相比，现代国际法进入了一个崭新的阶段，发展的速度明显加快，既有横向领域的扩展，又有纵向方面的深化，而且更具有历史的进步性。

第一，国际法主体的数量急剧增加，国际法主体的类型由单一趋向多元。

第二，国际法客体和领域不断扩展，纯属国家主权管辖的范围相对缩小。

第三，国际社会日益组织化，促使国际法的制定从分散的状态朝着更加集中的方向发展。

第四，国际法更具时代的进步性，更符合国际社会的整体利益和需要。

第五，国际法的强制力进一步加强，国际法的遵守机制更趋完善。

四、当代国际法的趋势与挑战

第一，随着一系列重要国际条约的诞生，国际法适用的领域或空间得到进一步扩展。

第二，国际法上对"一切义务"或共同体义务概念的发展，在很大程度上增强了国际法的强制效力。

第三，在当今国际社会全球化不断扩展和深化的背景下，国际法与全球治理之间日益呈现出高度的时代契合性。

第四，在 20 世纪国际人权法和国际人道法的基础上，21 世纪的国际法人本化趋势尤为突出。

第五，21 世纪初常设国际刑事法院的建立，实现了国际刑事责任制度的历史性突破，具有划时代的意义。

第三节　中国与国际法

1949 年中华人民共和国成立以后，中国与国际法的关系进入一个崭新的时代，中国对国际法的发展作出了突出的贡献。

第一，一贯主张和坚持公平、正义和进步的国际法发展方向。

第二，创造性地提出国际关系的基本准则。

第三，不遗余力地促进世界范围内的和平、发展、人权和法治事业。

第四，积极参与国际治理，推动当代国际法体系变革与完善。

第五，全面参与国际立法和国际决策。

第六，积极参加国际条约和适用国际法。

第七，一贯主张和平解决国际争端，并创造性地解决了香港、澳门回归祖国的问题。

案例分析

案例一：中国制裁欧盟案

【案情介绍】

2021 年 12 月 15 日，英国广播公司（BBC）的报道以"中国被玷污的棉花"为题，引用反华学者的所谓"研究"称，"中国正迫使数十万维吾尔族和其他少数民族人民在新疆地区广阔的棉田中从事艰苦的体力劳动"，从此揭开新疆人权问题的序幕。中国外交部发言人汪文斌表示已多次就所谓"强迫劳动"问题阐述了中方立场。中方愿意重申，中国公民按照《中华人民共和国劳动法》《中华人民共和国劳动合同法》等法律和有关行政法规的规定，在平等自愿、协商一致的原则基础上，与用工单位签订劳动合同，获取相应报酬，根本不存在某些别有用心的人所称的"强迫劳动"的情况。2021年3月17日，欧盟成员国大使协商同意，就所谓新疆人权问题对中国实施制裁，这将是近三十年以来，欧盟首次对中国实施制裁。欧盟各国大使一致同意对中国四名官员和一个实体进行制裁，官员姓名和实体名称将等到22日欧盟外长会议正式通过后公布。3月22日，欧盟基于谎言和虚假信息，以所谓新疆人权问题为借口对中国有关个人和实体实施单边制裁，制裁方案包括实施旅行禁令和冻结资产。

中国致力于发展中欧关系，主张合作，反对对抗。同时中国维护自身正当利益的决心和意志是坚定的。中国第一时间根据对等原则，宣布对欧盟有关机构和人员实施制裁。[1]欧方此举罔顾事实、颠倒黑白，粗暴干涉中国内政，公然违反国际法和国际关系基本准则，严重损害中欧关系。中方对此表示坚决反对和强烈谴责。中国政府捍卫国家主权、安全、发展利益的决心坚定不移。中方决定对欧方严重损害中方主权和利益、恶意传播谎言和虚假信息的10名人员和4个实体实施制裁，包括：欧洲议会议员彼蒂科菲尔、盖勒、格鲁克斯曼、库楚克、莱克斯曼，荷兰议会议员舍尔茨玛，比利时议会议员科格拉蒂，立陶宛议会议员萨卡利埃内，德国学者郑国恩，瑞典学者叶必扬，欧盟理事会政治与安全委员会，欧洲议会人权分委会，德国墨卡托中国研究中心，丹麦民主联盟基金会。相关人员及其家属被禁止入境中国内地及香港、澳门特别行政区，他们及其关联企业、机构也已被限制同中国进行往来。中方敦促欧方认识到错误的严重性，反躬自省，纠正错误，不要再以"人权教师爷"自居，不要再玩弄虚伪的双重标准，不要再四处干涉别国内政，不要在错误的道路上越走越远。否则，中方将做出进一步坚决的反应。

3月23日外交部时任发言人华春莹面对记者发问，严厉谴责，[2]历史和

---

[1]《外交部发言人宣布中方对欧盟有关机构和人员实施制裁》，载 https://www. gov. cn/xinwen/2021-03/22/content_ 5595000. htm，2022 年 1 月 14 日访问。

[2]《2021年3月23日外交部发言人华春莹主持例行记者会》，载 https://www. mfa. gov. cn/web/system/index_ 17321. shtml，2022 年 1 月 14 日访问。

事实表明，这几个国家想当"人权教师爷"，但他们根本不配。他们既非圣人，更无实力。希望他们明白，今天的中国不是伊拉克、利比亚，也不是叙利亚，更不是 120 年前的中国。外国列强架起几门大炮就能打开中国大门的时代已经一去不复返了，几个所谓学者和媒体同官方勾结就能肆无忌惮抹黑攻击中国而不受任何惩罚的日子也一去不复返了。来而不往非礼也，他们终将为他们的愚蠢和傲慢付出代价。

与此同时，中国大使也纷纷出手。[1]3 月 22 日，中国驻荷兰大使谈践就欧盟外长会借口所谓新疆人权问题作出单边对华制裁决定，向荷兰外交部提出严正交涉，对欧方决定表示坚决反对和强烈谴责，并通报中方有关反制措施。谈践大使指出，欧盟基于涉疆谎言和虚假信息搞对华制裁，罔顾事实、颠倒黑白，粗暴干涉中国内政，公然违反国际法和国际关系基本准则，严重损害中欧关系。中方敦促荷方及欧方认识到错误严重性并纠正错误，停止对抗，不要再以"人权教师爷"自居，不要在错误的道路上越走越远。中国政府捍卫国家主权、安全、发展利益的决心坚定不移。[2]3 月 23 日，中国驻比利时大使曹忠明会见比利时联邦副首相兼外交大臣办公室主任埃弗拉尔，就欧盟对华实施单边制裁事宜提出严正交涉。曹大使表示，欧盟基于涉疆谎言和虚假信息搞对华制裁，蓄意挑起对抗，粗暴干涉中国内政，中方对此表示坚决反对和强烈谴责。中方决定对包括 1 名比利时议员在内的 10 名欧方人员和 4 个实体实施制裁是捍卫自身合法权益的正义之举。中国政府维护国家主权、安全、发展利益的意志和决心坚定不移。我们敦促欧方认识到错误的严重性，停止对抗，以免给中欧关系造成更大损害。

曹大使指出，中方对比利时议会近期出现的涉疆提案高度关切。有关提案严重歪曲事实，颠倒黑白，损害中国国家主权。我们要求比方尊重客观事实，摒弃对华偏见，停止利用涉疆问题干涉中国内政。3 月 23 日，吴恩大使紧急约见德国外交部贝尔格国务秘书，[3]就欧盟外长会借口所谓新疆人权问

---

〔1〕《欧盟借口新疆人权问题对华制裁　中国大使出手了》，载 https://baijiahao. baidu. com/s？id = 1695108885549708521&wfr = spider&for = pc，2023 年 12 月 8 日访问。

〔2〕《驻比利时大使曹忠明就欧盟对华实施制裁事向比方提出严正交涉》，载 https://www. thepaper. cn/newsDetail_ forward_ 11849648？ivk_ sa = 1023197a，2023 年 12 月 8 日访问。

〔3〕《吴恩大使对欧盟借口新疆人权问题对华制裁向德方提出严正交涉》，载 http://de. china-embassy. gov. cn/dszl/dshd/202103/t20210324_ 9045957. htm，2022 年 1 月 14 日访问。

题作出单边对华制裁决定，向德方提出严正交涉，并通报中方有关反制措施。吴大使就涉疆问题阐述中方立场，强调此次事件完全是由欧方挑起，中方必须予以回应。中国从不主动挑起事端，但面对挑衅也决不退缩。中方敦促包括德方在内的欧方立即停止和纠正错误做法，避免进一步损害双方互信与合作。

3月24日，《中国日报》记者向外交部时任发言人华春莹提问："中方宣布对欧盟有关机构和人员实施制裁后，法、德等欧洲国家召见中国大使提出交涉，并称中方制裁不可接受。中方对此有何回应？"华春莹回答道："有关事件来龙去脉、是非曲直是非常清楚的。欧盟基于谎言和虚假信息，以所谓新疆人权问题为借口对中方有关实体和个人实施制裁，是欧方无理挑衅在先，中方正当、正义反应在后。欧方只许自己任意抹黑攻击，甚至基于虚假信息任意制裁，却不许中方还嘴、还手，这本身就是双重标准，就是霸凌、霸道和虚伪的表现。中方不惹事、不挑事，也不怕事，不会被讹诈。对欧方一些国家召见中国大使的无理作法，中方完全不接受。中方使节们都表明了中方的严正立场，向欧方提出了严正交涉。中国人民是惹不得的，如果惹翻了，是不好办的。"

【法律问题】

1. 国际法主要处理国家与国际组织相互之间的关系。所谓新疆地区存在"强迫劳动"和"种族灭绝"，完全是反华势力炮制的恶毒谎言。新疆经济发展和社会安定举世公认，各族人民安居乐业有目共睹。欧盟、美国等反复借涉疆问题造谣生事，实质是打着人权的幌子搞政治操弄和经济霸凌，企图破坏新疆繁荣稳定、遏制中国发展，是对国际法治的践踏，中国利用国际法规则予以反击。中方将采取坚决反制措施，维护中国公民和企业的正当合法权益。

2. 国际法没有统一的执法机关与司法机构。在有关欧盟基于谎言和虚假信息以所谓新疆人权为借口对中国有关个人和实体实施单边制裁这个问题上，中方宣布对严重损害中方主权和利益、恶意传播谎言和虚假信息的个人和实体实施制裁。

【中国立场及思政元素分析】

中国的立场非常明确。对于恶意诋毁攻击中国，损害中国主权、利益和尊严的言行，我们都将做出必要、正当和正义的回应。中国强调，中国从来不主动挑衅，但是人不犯我，我不犯人，人若犯我，我必犯人。

中国宪法赋予公民劳动的权利和义务，刑法、劳动法、劳动合同法、就业促进法、治安管理处罚法等一系列法律为尊重公民的劳动权利、维护劳动者合法权益、实现体面劳动、防范打击强迫劳动行为提供了坚实的法治保障。中国切实履行包括《消除就业和职业歧视公约》等4个核心公约在内的26个国际劳工公约，以及联合国《经济、社会及文化权利国际公约》等国际条约的相关规定，坚决预防和惩治劳动领域各种违法犯罪行为。新疆的劳动就业保障政策及其实践，符合中国宪法和法律，符合国际劳工和人权标准，根本不存在所谓"强迫劳动"问题。

涉疆问题纯属中国内政，其他任何国家不得干涉。美方一些政客罔顾事实真相，以所谓"强迫劳动"问题为借口打压新疆企业，充分暴露了其"以疆制华"、遏制中国发展的险恶用心。这种图谋不得人心，也绝不会得逞。

案例二：中国反对人权理事会决议案

【案情介绍】

2021年10月8日，联合国人权理事会表决通过了一项涉及死刑问题的决议草案，该草案呼吁所有尚未加入或者批准联合国废除死刑相关文件的国家考虑加入或者批准，同时草案还决定在人权理事会第52届会议期间讨论和死刑有关的"侵犯人权"问题，依照人权理事会发布的文件，这项决议草案是由法国、德国、英国、澳大利亚、以色列等50个国家联合提出的。目前全球废除死刑的国家达到106个，还有50个国家暂时或事实上停止死刑。事实上，截至目前，中国、美国等多个国家在法律层面仍然保留有死刑这一惩罚手段。而根据最终的投票结果，有29个国家投票赞成，有12个国家投票反对，另外有5个国家弃权，值得注意的是，反对本次决议的国家有中国、日本等国家，虽然中、日、印这三个在亚洲颇具影响力的国家投下了反对票，可是依旧没能阻止这一决议在联合国会议上高票通过，随后我国常驻联合国日内瓦办事处网站公开发表了中国代表团在人权理事会第48届会议对"死刑问题"决议草案（A/HRC/48/L.17/Rev.1）采取行动前的解释性发言[1]：

---

〔1〕　中华人民共和国常驻联合国日内瓦办事处和瑞士其他国际组织代表团：《中国代表团在人权理事会第48届会议对"死刑问题"决议草案（A/HRC/48/L.17/Rev.1）采取行动前的解释性发言》，载 http://www.china-un.ch 2021.01.16，2024年3月6日访问。

"死刑问题是属于一国主权范围内的立法和司法问题。人权理事会讨论和通过关于死刑问题的决议，应该采取客观、公正、平衡的态度，尊重各国司法主权。我们不赞成将司法问题人权化，更不赞成炒作死刑透明度问题。中方将对 L. 17/Rev. 1 号决议草案投反对票。"

【法律问题】

国际法属于国际法主体之间达成的共识。国际社会在死刑存废问题上并未达成共识，处理包括死刑在内的各种刑罚的存废问题时，必须充分考虑各国司法体系、经济社会发展水平、历史文化背景等因素。中方实施"保留死刑，严格适用死刑"的政策，是由中国社会的具体情况决定的。中国刑法规定死刑只适用于罪行极其严重的犯罪分子。适用死刑也有严格的适用标准和核准程序。

【中国立场及思政元素分析】

中方愿本着平等和相互尊重的精神，与各国就人权问题开展对话，交流借鉴，共同进步。联合国人权理事会第 46 届会议通过了中国提交的"在人权领域促进合作共赢"决议，呼吁各国坚持多边主义，在人权领域开展建设性对话与合作，推动构建人类命运共同体。这充分表达了国际社会和世界人民的普遍愿望和正义呼声。联合国人权理事会审议美国国别人权报告时，有 110 多个国家对美国人权问题提出了批评，联合国人权理事会几十个特别报告员多次批评美国国内存在的贫困、歧视少数群体等问题。我们希望美国及其盟友能够摒弃虚伪傲慢和双重标准，正视自身的人权问题，采取切实行动改善和保障人权。

案例思考题

1. 中国处理欧盟制裁案时考虑到的因素有哪些？
2. 以美国为代表的霸权实体针对中国的真实目的是什么？

第二章
国际法的渊源

本章知识点

本章主要依据《国际法院规约》第 38 条介绍国际法的渊源。对国际条约、国际习惯、一般法律原则等逐一介绍并对其适用顺序进行讲述。

第一节　国际法渊源的内涵与类别

对于什么是国际法的渊源，其具体包含哪些方面，世界各国的基本认知是一致的。其中，《国际法院规约》第 38 条构成国际法渊源的基本框架，仅在时代发展的新境况下有些增补。国际法的渊源是指有效的国际法规范产生或形成的过程、程序或这些规范表现的形式。学习和研究国际法渊源问题不但有理论意义，而且有实用意义。因为，不论是要查明国际法的规范是什么，还是在有分歧时要确定何者是可以适用的国际法规则，何者不是可以适用的国际法规则，都离不开对有关规范或规则的渊源的调查研究。

一、国际法渊源的内涵

国际法渊源，是指国际法的具体表现形式。我们需要知道，对国际法的渊源的含义，历来有不同的理解。有的学者提倡从历史的角度去理解国际法的渊源，认为其是国际法的原则、规则和制度第一次出现的地方；也有人主张从法律生成的角度去理解国际法的渊源，认为其是指国际法规范的形成方式或程序。尽管存在上述的不同理解，但从国际法规范表现形式的角度理解国际法渊源的观点受到了广泛的认同和支持。

理解国际法的渊源是认识和适用国际法的基础。只有明确了解国际法的渊源，才有可能对国际法有全面的掌握，才有可能恰当地适用国际法，解决实践中的问题。

《国际法院规约》第 38 条规定了国际法院在处理案件时应当依据的国际法规范，被视为国际法各种渊源存在的权威说明。

《国际法院规约》第 38 条：

"一、法院对于陈诉各项争端，应依国际法裁判之，裁判时应适用：

（子）不论普通或特别国际协约，确立诉讼当事国明白承认之规条者。

（丑）国际习惯，作为通例之证明而经接受为法律者。

（卯）在第五十九条规定之下，司法判例及各国权威最高之公法学家学说，作为确定法律原则之补助资料者。

二、前项规定不妨碍法院经当事国同意本'公允及善良'原则裁判案件之权。"

《国际法院规约》第 38 条将国际法的主要渊源归结为三种：条约、习惯国际法以及为各国承认的一般法律原则。此外，还确立了国际法的辅助资料，国际法的辅助资料虽然不是国际法的直接渊源，但它们对解释说明国际法原则、规则的存在以及对国际法的形成和发展具有重要的辅助功能。按《国际法院规约》的规定，国际法的辅助资料包含权威的公法学家的学说和司法判例。随着实践的发展，国际组织的决议也成了国际法的重要渊源或者辅助资料。

二、国际条约

国际条约是国家间、国家与国际组织间或国际组织相互之间所缔结的、以国际法为准的国际书面协定。条约包括一般国际条约和特殊国际条约。

（1）一般性的国际条约通常是有大多数或多数国家参加的，主题事项涉及世界性问题，起着创立一般适用的国际法原则和规则的作用。

（2）特别条约，一般由两个或几个国家为特定事项缔结的。但这里应尤指所谓造法性公约，即确立一般国际法规范的公约，如《维也纳外交关系公约》《联合国海洋法公约》。

条约是当代国际法最主要的渊源。在 20 世纪之前，国际法的大多数规范都是以习惯的方式表现的，条约仅仅占一小部分。在 20 世纪以后，随着国际社会逐渐组织化，国际条约的数量迅速增加，与此同时，也出现了很多框架性的国际协议。在国际法的语境下，20 世纪不仅是一个组织化的世纪，还是一个条约化的世纪，与国际法其他渊源相比，国际条约的内容更加清晰明确。

从国际法渊源的视角来看，绝大多数条约是特别法，而非普遍法。

条约作为国际法，其约束力不仅来自缔约国自身的诚信，还来自缔约国之间的监督和条约设立的机构（如果存在的话）对于缔约国的约束。

三、国际习惯

（一）国际习惯的内涵与基本要素

国际习惯，更准确的称谓是习惯国际法或国际习惯法，是指被接受为法律的一般实践通例或做法。习惯国际法常常以早期条约的某些条款或者国家的某些行为作为其基础，这些条款或行为后来就被广泛接受成为法律。

根据规约的措辞和国际法院审理的"庇护权案""核武器使用合法性案"，国际习惯的形成有两个因素：一是有一般的实践或通例存在；二是一般的实践或通例被各国接受为法律，即"法律确信"。

（二）国际习惯在一般实践方面的要求

关于一般实践，有四个方面值得注意：

第一，实践的持续性。作为习惯的基础，某种实践的持续时间可以很长，也可以不太长，延续时间的长短应根据具体情况而定。

第二，实践的一贯性。尽管在实践的具体时间上没有非常明确的要求，但是如果一种行为模式有资格成为国际习惯，那么其应当是一种在给定的范围内一贯的行为。

第三，实践的主体应结合具体案情。虽然习惯试图设立一种普遍法，但并不是每一个案件都需要证明该实践被所有国家所采用或者接受。

第四，实践的具体方式。主要从三个方面去寻找国际习惯法的存在依据：一是国家间的外交实践；二是国际组织和机构的实践；三是一国内部的实践。这三方面的资料表明了国家的实践和意志，可作为国际习惯法的证据。

（三）国际习惯在法律确信方面的问题

关于法律确信，有两个问题值得注意：

第一，持续反对者规则。这在一定程度上再度重申了国际法的"自愿性"，也就是当某一国家不认可一项国际规范时，该规范对该国而言并不存在。

第二，速成习惯国际法主张的利弊。这种提法虽然有其内在的合理性，但如果大幅度推广，就很容易沦为大国霸权的工具，这对于国际社会的平稳发展、中小国家利益的维护显然是风险极大的。

（四）国际习惯的地位及其与条约的关系

习惯国际法的主要规则体现在国家主权及其领土完整、国家及政府承认、同意、信实、公海自由、国际责任、自卫等。近几十年来，习惯国际法的作用随着条约的大量产生而有所减弱，但习惯国际法依然具有其存在的独立价值，它在条约未涉及的国际社会的诸多领域，仍然起着不可替代的作用。

国际习惯与条约的关系可以从以下几个方面认识：

第一，条约与习惯相互补充和配合。条约因为其细致、可操作，可以为一些习惯确立程序方面的规范；反之，习惯因其相对模糊、宽泛，可以在没有条约的领域发挥作用。

第二，习惯可以被编纂为条约。国际社会的很多多边条约，如《维也纳外交关系公约》等，都是在习惯的基础上编纂而成的。

第三，条约可以被作为习惯的证据。例如，1982 年《联合国海洋法公约》的很多规定被绝大多数国家认可为习惯，所以不仅对成员国有效，对非成员国也有一定的约束力，甚至在一些条约生效之前就已经被很多国家援引作为权利义务的根据。

四、一般法律原则

关于一般法律原则，在国际法学者中存在不同的观点。根据法学家的解释，将"一般法律原则"置于国际法渊源之列，主要是为了避免法院在处理案件时，因为法律的空白，认为无法可用而导致不能裁决案件的情况。

一般法律原则在国际法渊源的意义上，至少包含以下三个方面：其一，法律的一般逻辑原则；其二，各国在其国内法律体系中所共有的原则，如诚实信用原则、一事不再理原则等；其三，有的学者提出，除了来自各国国内法的一般原则之外，还应当有国际法的一般原则，如国家主权平等、尊重和保护人权、国际环境法中的预警原则、可持续发展原则，等等。

五、司法判例

根据《国际法院规约》，司法判例并不是国际法的主要渊源，而仅仅是确定国际法规则的辅助手段，这反映了 20 世纪初期人们对于司法判例国际地位的认识。国际司法判例包括国际法院与国际仲裁法庭的裁决。

国际判例法之所以能够超越原有的文本而得以在实践中立足和发展，其核心原因是法律发展中的一个内在动力，即"论证路径依赖"。

根据《国际法院规约》，国内法院的判决、其他国际司法机构的裁决，也可以被国际法院接受，作为证明存在某些习惯或者法律原则的依据。在这个意义上，司法判例并没有成为一种渊源，而更多是习惯存在的证明。

六、公法学家的学说

与司法判例一样，权威公法学家的学说也仅仅是国际法存在的证明，而不是国际法本身。这些法学家会以逻辑的方法，从理论的角度对既有的实践进行良好的梳理，对于相关的规则进行解释和评论。这种总结、归纳、评价，对于法院认识国际法显然具有贡献和价值。

从国际法院自身的实践看，在裁决或咨询意见中直接引述国际法学家观点的情况非常少，在法官的个别意见、反对意见中体现得比较多。

国际仲裁机构的裁决、英美等国的国内法院判决则经常引述国际法学家的观点。

在引用法学家观点方面，一般很难区分"权威"和"非权威"的界限，在司法实践中，也很少做这样的区分。

七、国际组织的决议

国际组织决议并不在《国际法院规约》规定的范围内。这主要是由于国际组织的迅速发展，20 世纪国际联盟运作以后出现的新情况，规约草拟之时对此尚无考虑。

不同国际组织决议的效力并不一样，应当根据该组织的章程确定。

值得说明的是，没有约束力的文件，虽然一般只具有建议性质，不构成法律规范，但并非没有影响，它代表了国际社会的否定、认可或者接受，作为国际社会主流观念的证明，作为国际法的发展导向，被国际法院多次援引，其法律价值应被置于公法学家学说之上。联合国大会的决议所包含的宣言有时会发展成为国际条约。

八、单边行为在国际法上的意义

虽然大多数国际法规范都是在国家之间协商的基础上形成的，但也有一些单方行为为推动国际法的形成和发展作出了贡献。其中包括条约的批准、给予外国人的待遇，等等。

第二节　国际法渊源的位阶与强行法

国内法的各种规则形成了一个较为完整的体系，而且国内法规则基本上是强行性的，法律主体选择的范围不大。那么，国际法的各方面规则之间的关系如何呢？是否有规则对国家具有强制的约束力，而不允许任意选择和更改呢？这就涉及国际法渊源的位阶与强行法的问题。

一、国际法渊源的位阶

国际法渊源的位阶，是指在国际法不同种类的渊源之间，以及在同一种类的不同渊源之间，是否存在优先适用的问题。例如，条约是否优于习惯，双边条约是否优于多边条约，等等。迄今为止，尚无明确的国际法规则确立渊源的位阶。

在世界法律发展过程中形成的普遍规则在国际法中的适用，在很多时候可以解决规则之间的冲突问题，如"后法优于先法""特别法优于普通法"等。但是这些原则不能解决所有的问题。在实践中，位阶理论在确定国际法等级以及效力层次上的作用十分有限。国际法院的判决在某种程度上仅仅是指明某些义务具有强制性，而并不能证明强行法规范具有高于一般规范的效力。

二、国际强行法

（一）国际强行法的内涵

国际强行法，又称强制法或绝对法，与任意法相对，是指国际法中普遍适用于所有国际法主体，国际法主体之间必须绝对服从和执行、不能以约定的方式予以损抑法律规范。作为国际法的特殊原则和规范，国际强行法存在的目标是保护国际社会普遍认可的利益与价值。

（二）国际强行法观念的起源与发展

关于国际强行法的主张，体现了自然法理论在国际法领域的深远影响。国际强行法的概念为国际法的发展带来了新的动力，在一定程度上扭转了国际法作为约定法、平位法、弱法的传统地位，被赋予很高的期望。

（三）国际强行法的特征

（1）普遍性。国际强行法被国际社会绝大多数的成员所接受，这种接受和承认的方式既可以明示也可以默示，既可以通过条约也可以通过习惯。

（2）强制性。任何违反国际强行法的国际法律行为归于无效，并需承担相应的法律后果。例如，联合国大会1972年通过决议，宣布以色列在被占阿拉伯领土上所作的变动因违反1949年《日内瓦公约》而无效。

（3）优先性。即具有更高的法律拘束力，被公认为不许损抑，非同等强行性质之国际法规则不得予以更改。

（四）国际强行法所包含的规则

国际强行法涉及对人类整体义务的法律适用范畴，其保护的价值具有最重要、最基础性的意义。对于哪些国际规则构成强行法，国际社会尚未达成共识。根据学者的分析，现在人们认可的国际强行法主要体现在维护人的基本安全、保护基本人权和促进国家的基本利益几个层面。

（五）国际强行法的适用

国际强行法规范应适用于国际社会的一切成员。但是，国际法上并没有明确规定哪些规则是强行法，哪些规则是任意法，也没有超国家的权威性机构来裁判某项条约是否与国际强行法相抵触。

第三节　国际法的编纂

在相当长的历史时期，国际法的渊源体现为国家之间经反复实践而积累的习惯，但是习惯的模糊性使得各国存在着使之成为条约的需求。将习惯明确化为条约，是很多国际组织在19世纪至20世纪进行法律编纂的成果。

一、国际法编纂的含义与类型

（一）国际法编纂的含义

国际法的编纂是指国际法的法典化，即把国际法的原则、规则和制度编制成为系统化和成文化的条文。英国法学家边沁在 1786 年至 1789 年写的文章中最早提出了编制一部国际法法典的想法。

（二）国际法编纂的社会意义

由于国际社会没有统一的立法机构，国际法的原则、规则和制度多以条约和习惯为表现形式，因此，国际法的编纂能够改善国际法不成体系和不够精确的现象。

（三）国际法编纂的类型

1. 全面编纂和个别编纂

从形式的角度看，国际法的编纂有两种类型：①全面编纂，即把所有国际法的原则、规则和制度编纂成一部法典；②个别编纂，即将国际法的原则、规则和制度按部门编成法典。

2. 非官方编纂和官方编纂

从主体的角度看，国际法的编纂有两种类型：①非官方编纂，由学者个人或学术团体、机构进行，这种编纂不具有法律拘束力，但有很强的学术研究意义，对国际法的发展有积极的影响；②官方编纂，或称为政府间编纂，即由政府合作以国际外交会议或政府间国际组织的形式进行编纂，最后把编纂结果缔结为有拘束力的国际公约。

（四）国际法编纂的历史

1. 非官方编纂

尽管只有得到各国政府承认的具体条文才能直接构成成文国际法的实体，但私人为编纂作出的努力，也对国际法的发展产生了相当大的影响。主要包括以下两种：法学家的个人编纂活动和学术团体的编纂活动。

2. 官方编纂

官方编纂包括各国国内的编纂、国际会议的编纂和国际组织的编纂。官方进行编纂的活动始于 19 世纪。

二、联合国编纂国际法的活动

（一）国际法委员会

联合国框架下的具体法律编纂工作由联合国国际法委员会或联合国有关专门机构进行。通常的程序是：国际法委员会向联合国大会提出编纂选题或向大会提出选题，由委员会讨论草拟公约草案，然后提交大会。公约草案由大会或召开外交会议讨论通过，然后开放给各国签署和批准。

（二）联合国的其他机构

除了国际法委员会为国际法编纂作出贡献以外，其他机构也在这方面做了不少努力。其中最值得关注的是联合国大会第六（法律）委员会的工作。当然，第六（法律）委员会的主要关注点在于确立新的国际法规则，而不限于对既有规范进行总结。

同时，1967年10月设立的国际贸易法委员会在国际法编纂方面也作了不少努力。

此外，联合国人权理事会（前人权委员会）、和平利用外层空间委员会、联合国秘书处以及国际劳工组织、国际海事组织、世界卫生组织、世界银行、国际货币基金组织等一些联合国的专门机构都在各自的领域从事过法律编纂的活动。

案例分析

案例：中国成为世贸规则的贡献者[1]

入世以来，中国积极参与世贸规则谈判，推动在世贸组织成员之间达成多边和诸边协定。其中，最为典型的是推动《贸易便利化协定》（2015年）的达成。近年来，中国渐渐成了世贸规则发展的引领者，为世贸规则的形成和发展贡献越来越多的中国智慧和中国方案，逐渐成了世贸规则的贡献者。例如，为了应对世贸组织上诉机构停摆危机，满足世贸组织成员的上诉需求并维护世贸组织争端解决机制的运转，中国和欧盟等部分世贸组织成员，于2020年根据《关于争端解决规则与程序的谅解》第25条达成《多方临时上诉仲裁安排》，以临时上诉仲裁机制暂时替代原来的上诉机构程序机制。又如，近年来中国积极推动世贸组织改革，发布了《关于世界贸易组织改革的立场文件》《中国关于世贸组织改革的建议文件》等改革文件，联合欧盟等成员提出关于争端解决上诉程序改革的建议等。此外，中国还积极参与并推动世贸组织中渔业补贴、服务国内规制、电子商务等领域的谈判。除了在多边

---

〔1〕　参见梁意：《中国入世20年：从规则使用者到规则贡献者》，载 https://www.thepaper.cn/ newsDetail_ forward_ 15808396，2024年3月26日访问。

场合贡献规则，入世以来，中国积极发起和参与区域经贸协定的谈判，为双边、区域经贸规则的形成和发展作出突出贡献。截至 2021 年 11 月，中国已签署 21 个自由贸易协定（含升级协定），其中包括《区域全面经济伙伴关系协定》（RCEP）这样的大型自贸协定。中国对国际经贸规则发展的贡献，并不仅体现在"量"的增长上，更体现在规则的"质"的提升上。仅以 2020 年 12 月 30 日完成谈判的《中欧全面投资协定》（又称"中欧 CAI"）为例，该协议已经突破了传统双边投资保护协定侧重保护外商投资的特点，纳入了促进投资开放、公平和可持续发展等内容，寻求达成包括投资自由化目标在内的更富有雄心的综合性、全面性的双边保护投资协议。这些区域经贸协定的达成也促进了中国和部分世贸组织成员之间共识的达成，进而为世贸组织规则的发展和现代化打下良好基础。

2020 年 11 月 20 日，在亚太经合组织第二十七次领导人非正式会议上，习近平主席指出："毫不动摇支持以世界贸易组织为核心的多边贸易体制……"随后，在 2021 年 1 月 25 日召开的世界经济论坛"达沃斯议程"对话会上，习近平主席进一步指出："要推进世界贸易组织和国际金融货币体系改革……"入世 20 年以来，中国从规则使用者发展为规则贡献者，实现了巨大蜕变，取得了飞跃式成功。入世促进了中国经济实力的提升，也为中国解决与其他成员之间的经贸争端提供了公平的平台。因此，中国不仅要做以世贸组织为核心的多边贸易体制的积极参与者，更要做这一体制的坚定维护者和重要贡献者。维护世贸组织，中国需要促进世贸组织现代化改革，解除世贸组织危机，积极发挥规则贡献者的作用，引领世贸规则的发展，使世贸组织重新焕发生命力。为此，中国需要做到"内外兼顾、多措并举、分步推进"。

【法律问题】

国际法的渊源主要包括国际条约、国际习惯和一般法律原则。在 WTO 的法律体系中，《马拉喀什建立世界贸易组织协定》及其附件属于国际法渊源中的国际条约，这些多边协定是各成员方通过谈判达成的，具有明确的法律约束力。在 WTO 相关实践中，一些长期形成的国际惯例和通行做法也具有法律效力。例如，争端解决机制中的某些程序性规则虽未明确写入条约，但通过成员方的长期实践和默认，可以成为具有约束力的习惯法。此外，在 WTO 的法律适用中，一般法律原则如"善意履行义务""公平与诚信"等也被引用，作为解释和适用条约的补充。

国际法编纂是指将国际法规则系统化、条文化的活动。上述案例中，中国在WTO规则的编纂和系统化方面发挥了重要作用。通过发布立场文件、参与多边讨论等方式，推动WTO规则的透明化和可操作性。例如，中国提出关于争端解决机制改革的建议，旨在增强规则的透明度和可预测性。

【中国立场及思政元素】

中国"从世贸规则的使用者到世贸规则的贡献者"的角色转变说明中国在世贸规则的参与度大大提高，对世贸规则的理解程度也渐渐加深。加入世贸组织后，中国积极参与世贸框架下的多边谈判，不断推动着世贸规则的完善与创新：推动《贸易便利化协定》的达成，并在渔业补贴、服务国内规制、电子商务等领域提出建设性意见；针对世贸组织上诉机构停摆危机，中国联合欧盟等成员提出《多方临时上诉仲裁安排》，以临时机制替代上诉机构程序。这些举措说明中国始终坚定支持以世贸组织为核心的多边贸易体制，反对贸易保护主义，推动贸易自由化和便利化。此外，中国关注发展中国家利益并积极维护发展中国家利益，推动公平贸易理念在第三世界的普及。

上述案例中蕴含着丰富的思政元素。首先，中国展现出了开放与共赢的积极态度，通过开放市场、分享发展机遇，推动全球经济的共同繁荣，贯彻了"人类命运共同体"的理念。其次作为全球最大发展中国家，中国始终积极履行入世承诺，推动世贸组织改革，展现了大国的责任与担当。最后，中国从学习世贸规则、适应世贸规则到运用世贸规则，这一发展过程体现了中国作为法治国家的规则意识和法治观念。

案例思考题

1. 结合"中国成为世贸规则的贡献者"的案例，谈谈中国在世贸组织中从规则使用者到规则贡献者的转变对全球贸易格局产生了哪些影响？

2. 中国在世贸组织改革中提出了多项建议，如《多方临时上诉仲裁安排》。这些措施体现了中国怎样的国际责任？

第三章
国际法与国内法的关系

国际法与国内法的关系是一个理论问题，更是一个实践问题。理论上主要有一元论和二元论；实践上主要是国际法在国内的适用，以及国际法与国内法冲突的处理问题。

第一节　国际法与国内法关系的学说

关于国际法与国内法关系的学说，主要是一元论和二元论，其他学说的影响较小。

一、一元论

一元论学者有主张国内法优先的，有主张国际法优先的。他们共同的基本见解是：①国际法与国内法是同一个法律体系，是一个法律概念或一个法律体系的两种表现，具有一系列共性或统一性：在法的主体方面，国际法与国内法没有本质不同，真正的主体都是个人，只不过在国际关系中个人行为的后果被归于国家；在法的性质方面，国际法与国内法都是独立于法律主体意志的对法律主体有拘束力的律令。②由于国际法与国内法是一个法律体系，国际法无须经过国内法程序的并入或转化就可以在国内法院直接适用。③国际法与国内法作为一个法律体系的不同组成部分，在效力关系上有高低之分。

（一）国内法优先说

19 世纪末叶，受黑格尔"国家至上"思想的影响，耶利内克、佐恩等实证法学派的德国公法学者提倡国内法优先说，认为在国际法与国内法构成的法律体系中，国内法效力优先。

这种实际上否定国际法的地位和价值的理论，在第一次世界大战之后就沉寂了。20世纪30年代，这种理论在法西斯德国再度出现。第二次世界大战以后，已经没有明确坚持这一理论的国际法学者了。

（二）国际法优先说

国际法优先说的主要倡导者是社会连带法学派的代表人物，如法国学者狄骥和希腊法学家波利蒂斯，以及规范法学派的代表人物，如美籍奥地利学者凯尔森、英国学者劳特派特、奥地利学者菲德罗斯、美国学者杰赛普等。这些学者大多有自然法学说的倾向。尽管他们的论据或论证方法不尽相同，但都认为在国际法与国内法构成的法律体系中，国际法的效力优先。

相对国内法优先说而言，在反思第一次世界大战的背景下产生的国际法优先说，是有利于国际和平与发展的学说。但是，强调国际法的优先地位不能否定或取消国家主权。

二、二元论

二元论的提倡者有德国的特里佩尔、意大利的安吉洛蒂、英国的奥本海等人。

二元论的主要观点是：

第一，国际法与国内法有重大差异，是两个不同的法律体系。二元论学者指出国际法与国内法在法的主体、对象、渊源以及本质上存在差异。基于这些差异，奥本海认为国际法和国内法有本质的不同，无论国际法作为整体或是其各部分，都不能当然成为国内法的一部分，国内法也不能当然成为国际法的一部分。

第二，国际法与国内法没有从属关系，在效力上是平行的。

第三，国际法只有经过国内法的并入或转化程序后才能在国内法院适用。

三、协调论

对于同样的国际法与国内法关系的事实，一元论和二元论两派学者会得出相反的结论。在思考一元论和二元论的合理成分与缺陷的基础上，我国学者提出了"协调论"。

有关"协调论"的相关理论，周鲠生作出较为全面的论述。他认为，国际法与国内法是相互联系的，因为国家制定国内法，同时也参与制定国际法，并且国家的对外政策影响其对国际法的认可与适用。

我国学者王铁崖、程晓霞等与周鲠生的观点相似，他们都借助国家对外和对内行为的内在统一性与差异性来说明国际法与国内法的关系。

关于国际法与国内法关系的其他学说大体上可以归入一元论、二元论或协调论的框架之中。

从联合国大会有关文件所反映的各国有关国际法与国内法关系的实践来看，国际法与国内法在人类社会法治进程中具有互相配合、互相补充的作用，并且在国内法的多样性中呈现出了以国际法为基础的共同特征。

第二节　国际法在国内的适用

一、国际法在国内适用的方式

所谓国际法在国内适用的方式，主要是指国际法在国内生效的方式。这方面应该更多地从国家处理国际法与国内法关系的实践中寻求答案。各国实践表明，它们在其领土内使国际法规则具有效力的程序具有相当灵活性。虽然很多国家采用了国际法是本国法律的一部分的学说，但是程序却不一样。最终，这些国家基本上都取得这样的效果，即，按照国际法的要求使其在国内具有效力。

（一）习惯国际法

关于习惯国际法如何在国内生效，英、美、法、德、意、荷、俄等大多数国家的占主导地位的理论和实践，都承认习惯国际法是其法律体系的一部分，无须经特定的纳入程序即可在国内发生法律效力，可以在国内法院作为裁判依据。至于有关的理论和实践承认习惯国际法是其法律体系的一部分还是其法律体系的一个渊源，都不影响习惯国际法在各国国内的效力问题。

例如，《葡萄牙宪法》第 8 条第 1 款规定，一般国际法的原则规则是葡萄牙法律的组成部分。

（二）国际条约

在国际法上对一国发生了法律效力的条约，如何在该国国内法体系中发生效力，使其能够作为该国法律的组成部分在该国法院作为裁判案件的依据，并且能够由案件当事人作为权利义务的依据来援引？对此，各国的制度不尽相同，大体有"转化"和"并入"两种方式。

1. 转化方式

转化方式是指通过一国立法机关的单独的立法程序使一项在国际法上已经对该国有效的条约在其国内法律体系中生效的方式。这种方式是同二元论联系在一起的。

在条约与国内法的关系上，英国是二元论的典型代表。在国际法上对英国生效的任何条约，依英国国内法在英国国内都并不当然发生效力，都不能在英国法院直接适用。

加拿大、澳大利亚、南非等原英联邦国家和德国、意大利、比利时、丹麦、以色列等国也采取转化方式。1997 年《南非宪法》第 231 条第 4 款规定，国际协议在依据国家立法并入法律时转变为南非共和国的法律。

2. 并入方式

并入方式是指一个国家通过宪法或法律的统一规定，从整体上将依照国际法对其生效的条约并入其国内法律体系的方式。并入法是与一元论联系在一起的。

由于并入方式有利于条约的完整适用，国际条约的监督机构，如人权条约的监督机构，一向提倡以并入方式适用条约。

大部分采取并入法的国家区分"自身可执行"与"非自身可执行"的条约或条款。

在美国的司法实践中，这种区分最早是由美国最高法院大法官马歇尔于 1829 年在"福斯特诉尼尔森案"的判决中提出的。

对于非自身可执行条约，法院不能直接适用，自然人或法人不能在国内法院援引其为权利或义务的依据。例如，有些条约只作了框架性的规定，明确要求缔约国制定相关法律。

至于如何区分自身可执行条约与非自身可执行条约，一般是从条约规定判断缔约国的意图和条约自身的规定的完备程度两个方面入手。

（三）欧盟法与其成员国国内法的关系的特殊性

欧洲联盟条约和欧盟的立法（如欧盟理事会和欧洲议会通过的条例、欧盟委员会作出的决定）具有直接的适用性，无须经各成员国国内法的并入程序，国内法院在具体案件中可以直接适用，诉讼当事人可以在国内法院直接援引。

二、国际法与国内法的冲突及其解决

一般而言，可以推定各国立法者不会制定违背习惯国际法和条约义务的法律，因而应尽可能地以不与国际法冲突的方式解释国内法。如果国内法可以有两种或更多种的解释，应当推定与习惯国际法或国际条约不相冲突或最相符合的解释是正确的解释。例如，根据《南非宪法》第 233 条，在解释立法时，所有法院必须选择符合国际法的合理的解释，而不是与国际法相冲突的解释。

（一）习惯国际法与国内法的冲突及其解决

各国国内法通常都是符合习惯国际法的，除了纳粹德国那样的情况，没有哪个国家故意制定违背习惯国际法的国内法。所以，在国际实践中，对于国内法与习惯国际法的并不明显的冲突，往往推定国内法没有改变国际法的含义。由于习惯国际法的不成文及有弹性的特点，往往能够把国内法解释成不与习惯国际法相冲突。在无法将国内法与习惯国际法作一致解释的情况下，各国采取的立场有以下两种：

1. 习惯国际法优先于国内立法

意大利、德国等国明确规定习惯国际法优先。《意大利宪法》第 10 条规定，"意大利的法律制度，符合公认的国际法原则"，即符合习惯国际法，表明了习惯国际法优先于国内立法的地位。

2. 国内立法优先于习惯国际法

如果遇到习惯国际法与国内立法明显存在不可调和的冲突，由于习惯国际法不成文，在成文法优先于不成文法的国家，如英国、荷兰等，是国内立法优先。

在英国，当习惯国际法与国内成文法存在冲突时，通常是推定英国国会没有违反英国的国际义务而行事的意图。但如果遇到国内立法用词并无模糊之处，明显与习惯国际法相冲突，英国法院则只能适用国内立法。

在实行国内成文法优先于不成文的习惯国际法的国家，习惯国际法应当是指习惯国际法中的任意性规范，而不是国际社会整体接受的公认为不许损抑的一般国际法强制规范。

（二）国际条约与国内法的冲突及其解决

关于条约与国内法的冲突，各国一般也是推定本国无意制定或实施违反条约义务的国内法，除非这种冲突明显到足以推翻这种推定。

大部分国家在处理条约与国内法效力关系的问题上，都是符合《维也纳条约法公约》所反映的习惯国际法的要求的，都是善意遵守对本国有效的条约的。这里的区别是形式上的，实际上各国适用条约是常态，即使条约与本国国内法有抵触。

具体来说，可以分为以下类型：

1. 国际条约与宪法具有同等效力

荷兰、秘鲁等国实行国际条约与宪法具有同等效力的制度。

从欧洲联盟的实践看，欧共体法/欧洲联盟法优先于成员国的一般国内法，也优先于成员国具有宪法性质的国内法。

2. 国际条约的效力低于宪法高于国内法

俄罗斯、法国等国实行国际条约的效力低于宪法但是高于国内法的制度。

许多国家的宪法规定，遇有与宪法相抵触的条约，修宪后才能缔结。

在采取条约效力低于宪法高于国内法的制度的国家，如果宪法符合国际法，实际上并不影响国际义务的履行。

3. 国际条约与国内法具有同等效力

美国、韩国等国家，把条约与国内法置于具有同等效力的地位，用后法优于前法的原则处理条约与其国内法的冲突。

各种实践表明，那种将包括宪法在内的国内法放在优先于国际条约或与国际条约同等地位的做法是不符合《维也纳条约法公约》的规定的，是不符合关于国际法与国内法关系的习惯国际法原则的。

三、国际法在中国的适用

《中华人民共和国宪法》（以下简称《宪法》）序言载明："中国坚持独立自主的对外政策，坚持互相尊重主权和领土完整、互不侵犯、互不干涉内政、平等互利、和平共处的五项原则，坚持和平发展道路，坚持互利共赢开放战略，发展同各国的外交关系和经济、文化交流，推动构建人类命运共同体。"这表明：虽然我国宪法、立法法、缔结条约程序法没有直接规定国际法与我国法律的关系问题，但是中国坚持和平共处五项原则等国际法基本原则，遵守国际习惯法和国际条约，善意履行国际义务的立场是毫无疑问的。

（一）习惯国际法在中国适用的方式

由于习惯国际法是各国反复适用的国际法规范，它在我国国内发生效力的方式同各国实践相一致，是自动的、不需要任何法律程序的。

中国的宪法有纳入习惯国际法规范的条款。例如，我国《宪法》第 32 条规定："中华人民共和国保护在中国境内的外国人的合法权利和利益，在中国境内的外国人必须遵守中华人民共和国的法律。中华人民共和国对于因为政治原因要求避难的外国人，可以给予受庇护的权利。"

此外，中国有一系列法律纳入了相关的习惯国际法规范。如，对于外国人的民事诉讼地位，我国法律作了与习惯国际法相一致的规定。

（二）国际条约在中国适用的方式

从立法、行政和司法机关的实践看，中国一般以"并入"的方式直接适用国际条约。一项条约在国际法上对中国生效与在中国国内法律体系中生效是同时发生的。我国与外国缔结的条约在生效时，就当然被纳入国内法，由我国各主管机关予以直接适用，而有些条约则是通过制定、修改或补充相关国内法律、法规予以间接适用。

1. 直接适用的条约或条款

我国在一系列法律、法规中对条约的适用作出明确规定，表明相关条约的可直接适用性质。

（1）法律规定中国法律、法规与国际条约有不同规定的，直接适用国际条约的规定。

（2）法律规定依照有关国际条约承担义务。

（3）法律规定条约有特殊或具体规定的适用条约的规定。

（4）法律规定在相关领域适用相关条约。

（5）司法机关、行政机关直接适用或实施国际条约。

2. 间接适用的条约或条款

我国已经根据国际条约制定、修改或补充了一系列的国内法律、法规。

（1）根据国际条约的规定和中国的具体情况制定单行的执行法。

（2）通过修改或补充国内法的方式履行条约义务。如果中国国内法与中国缔结的国际条约不一致，中国总是在事先或事后废除、修改现有法律或制定新法律，确保与条约义务相一致。

（3）运用国际条约解释中国国内法。运用国际条约解释国内法是间接适用国际条约的一种方式。这样做有利于保证国内法与国际条约的一致性，避免国内法与国际条约的适用冲突。

（三）国际法与中国法冲突的解决

1. 习惯国际法与中国法冲突的解决

中国一贯遵守习惯国际法。中国首先提出、积极倡导和一贯支持和平共处五项原则的实践就是重要例证。和平共处五项原则中每一项具体原则都体现了习惯国际法规范。我国在相关立法活动中都要考虑习惯国际法的相关规范。所以，应当把我国法律与习惯国际法作一致的解释。

2. 国际条约与中国法冲突的解决

我国是《维也纳条约法公约》的缔约国，对该公约关于条约与国内法的关系的规定并没有提出保留。更重要的是，我国一系列的法律都作了条约优先于我国法律的规定，而没有任何相反的规定，更没有相反的行为。

近年来，在涉外案件审判实践中，我国的条约适用制度日益完善，涉外案件判决的国际公信力不断提高。比如在 2019 年 12 月，最高人民法院公布关于"一带一路"建设专题的 6 个指导性案例，其中有 3 个适用了国际条约。

2020 年 5 月《中华人民共和国民法典》通过之前生效实施的现行有效的我国法律，如 1999 年公布的《中华人民共和国海事诉讼特别程序法》第 3 条、2023 年修订的《中华人民共和国海洋环境保护法》第 96 条、2024 年修订的《中华人民共和国国境卫生检疫法》第 24 条、2019 年公布的《中华人民共和国外商投资法》第 4 条，仍然保留着优先适用国际条约的规定。《中华人民共和国民法典》通过以来，我国新制定或修改的法律、行政法规或行政规章，一如既往地明确规定优先适用国际条约的原则。

为了适应中国和平发展和做负责任大国的需要，近年来，中国的国际法学界一直呼吁中国应当考虑在宪法中明确规定国际法与中国法的效力关系。

第三节　国内法对国际法的影响

一、国内法对国际法实体规则的影响

（一）国内私法对国际法实体规则的影响

劳特派特认为，构成国际公法的各种法律关系的内容通常都是按照或者类比某种私法观念加以塑造的。法学家们将国内私法的概念和制度类推适用于国家间的关系，近代意义上的国际法才形成体系。国内私法是以法的主体、所有权、契约的约束性为其基本范畴的，国际法也有法的主体（国家）、主权（统治权）、条约的约束性等基本范畴。

1. 国内私法上的自然人、法人的主体制度对国际法上的主体制度的影响

国内私法上的主体或人格概念对于构建近代国际法是有启示的。自然人的监护制度与宗主关系和保护条约关系、自然人的代理制度与委托统治、自然人的出生与死亡制度与新国家的产生及其认和继承制度、自然人的人格利益与国际法对国家尊严的保护、私法中社团等组织享有的人格与国际组织的国际法人格制度等，都有相似相通之处。

2. 国内私法上的所有权制度对领土主权制度的影响

国际法上领土主权的理论深深地打上了国内私法所有权理论的烙印。例如，国内私法的所有权的取得与丧失制度与国家领土的取得和丧失的规则相似；国内私法所有权领域的共有关系会对海洋法和空间法上"人类共同财产原则"的形成产生影响；罗马法上的添附制度和国际法上的添附制度相似等，亦源于国内私法。

3. 国内私法上的契约法对国际法上条约制度的影响

例如，条约必须遵守原则，在语源上，就是契约法上的约定必须信守原则；国际法上条约有效的实质要件与契约的实质要件均与当事人意思自由有关；条约无效时有关条约履行的问题，同私法上可撤销与效力待定的合同情况相似；条约的解释的通则，如善意原则、整体解释和目的解释等，与人们对合同解释的要求相当；条约与第三国的关系与契约与第三方的关系相仿，契约上"约定对其既有损亦有益"也是条约法的内容。

（二）国内公法对国际法实体规则的影响

国内公法对国际法实体规则的影响是多方面的。

1. 国内公法对国际人权法的人权理念的影响

1776 年《独立宣言》宣告了美利坚合众国的诞生，并在人类历史上第一次以政治纲领的形式提出了一系列人权理念。《独立宣言》被马克思誉为世界上"第一个人权宣言"。上述人权理念在 1948 年《世界人权宣言》中都有所反映。

2. 国内公法对国际法原则的影响

例如，1793 年《法国宪法》第 119 条规定："法国人民不干涉其他国家政府事务，也不允许其他民族干涉法国的事务。"这项原则原是为反对外国封建势力干涉法国革命而提出的，因其与国家主权原则相一致，是保卫国家主权的有力武器，很快就被各国所接受，成为国际习惯法原则和国际法的基本原则。

二、国内法对国际法程序规则的影响

国际法的和平解决国际争端的制度和追究国际法上的犯罪行为的刑事责任的制度，大多是国内法的相关制度在国际法范围内的移植或适用。

（一）国内法对联合国国际法院的程序规则的影响

联合国国际法院的诉讼程序规则绝大部分来自国内诉讼程序规则。例如，《国际法院规约》第一章规定了"法院之组织"；第二章规定了"法院之管辖"；第三章规定了"程序"。这和国内民事诉讼法的规定相似。

（二）国内法对国际刑事法院的程序规则的影响

《国际刑事法院罗马规约》规定的刑事诉讼程序规则直接来自国内刑事诉讼程序规则。例如，《国际刑事法院罗马规约》第 66 条关于"无罪推定"的规定是："（一）任何人在本法院被依照适用的法律证明有罪以前，应推定无罪。（二）证明被告人有罪是检察官的责任。（三）判定被告人有罪，本法院必须确信被告人有罪已无合理疑问。"这完全是从国内刑事诉讼法移植的。

案例分析

案例一：孟晚舟案

【案情介绍】

2018 年 8 月 22 日，美国纽约东区法院发布国际逮捕令，要求逮捕华为首席财务官孟晚舟。2018 年 12 月 1 日，加拿大不列颠哥伦比亚省高等法院应美国当局要求，对华为首席财务官孟晚舟发布临时逮捕令。当日，加拿大警方于温哥华机场逮捕了意图转机的孟晚舟，加拿大当局指出逮捕的原因是华为涉嫌违反美国对伊朗的贸易制裁规定。

早在 2014 年 4 月，汇丰银行和华为发布了一封签署信，是关于一笔 9 亿美元的信贷谈判条款，前者于 2015 年 7 月向华为提供了 15 亿美元的贷款。汇丰银行是这笔贷款提供者之一。这些贷款均发生于美国对伊朗的制裁期间。按照当时美国针对伊朗的制裁规定，在美国的银行向伊朗有关实体提供金融或者信贷服务的话，需要获得美国财政部的同意。美方认为华为对一家名为 skycom 公司 100%控股，Skycom 公司曾违反美国制裁伊朗的规定，向伊朗出售美国制造的计算机。孟晚舟为了获取贷款，便向当时的汇丰高管做了"虚假承诺"，华为与 skycom 公司所有的股份已经全部出售，从而"骗取"了汇丰银行 15 亿美元的贷款。而美国之所以对案件有管辖权是基于长臂管辖原则。长臂管辖原则作为一个法律用语是美国人的"专利"，主要指当被告人的住所不在美国法院地州，但和该州有某种最低联系，而且所提权利要求的产生与这种联系有关时，就该项权利要求而言，该州对于该被告人具有属人管辖权，可以在州外对被告人发出传票。美国的"长臂管辖"是美国实施全球司法霸权的体现，是其域外司法管辖权的扩张，严重违背了"一个国家不应该在另一个国家的领土上行使国家权力"的国际法原则，美国的"长臂管辖"不仅造成国际法律案件管辖冲突的泛滥，最重要的是严重地侵犯了其他国家的司法主权和第三国公民的合法权益。

2018 年 12 月 11 日，我国外交部部长王毅表示，对于任何肆意侵害中国公民的正当权益的霸凌行径，中方绝不会坐视不管，将全力维护中国公民的合法权益，还世间公道正义。同日，加拿大法院作出裁决，批准华为公司首席财务官孟晚舟的保释申请。2019 年 1 月 26 日，加拿大驻中国大使麦家廉被迫辞职。有分析认为，这与麦家廉在引渡孟晚舟事件上的表态有关。2019 年 1 月 28 日美国司法部正式起诉华为和孟晚舟，并列出 23 项罪名，次日美国正式向加拿大提出引渡孟晚舟的请求。引渡的条件有二：一是双重犯罪标准；二是犯罪达到一定的程度。此外还有政治犯不引渡的原则。孟晚舟的引渡案件之所以引起非议，就是因为美国具有明显的政治目的，是一场滥用国际条约的政治闹剧。

2019 年 7 月 12 日，外交部时任发言人耿爽表示：中方对加官员近来屡次就孟晚舟事件和中加关系发表错误言论表示强烈不满。[1]中方在孟晚舟事件

---

[1]《2019 年 7 月 23 日外交部发言人耿爽主持例行记者会》，载 https://www.mfa.gov.cn/fyrbt_ 673021/jzhsl_ 673025/201907/t20190722_5417796.shtml，2024 年 4 月 25 日访问。

上的立场是明确的、坚定的。美加两国滥用其双边引渡条约，对中国公民任意采取强制措施，是对中国公民合法权益的严重侵犯，这是一起严重的政治事件。一段时间以来，加拿大国内不少有识之士就此发表了客观公正的言论，但加置若罔闻，执意坚持错误立场。我们强烈敦促加方认真对待中方严正立场，纠正错误，立即释放孟晚舟女士，确保她平安回到中国。外交部时任发言人耿爽说：美国、加拿大在孟晚舟事件上一唱一和，颠倒黑白，上演的是一出政治闹剧，再次证明这一事件的政治属性。公理和正义自在人心。美方一手炮制孟晚舟事件并动用国家力量打压中国高科技企业，加方在其中扮演了很不光彩的角色。孟晚舟事件同 2 名加公民个案性质完全不同。孟晚舟事件是一起严重的政治事件。康明凯、迈克尔系因涉嫌危害国家安全犯罪被依法逮捕。耿爽指出，美、加在孟晚舟事件上所作所为才是任意拘禁公民，两国滥用双边引渡条约，严重侵犯中国公民合法权益，完全是出于政治目的，国际社会对此看得很清楚。各国对其做法都应警惕，防止掉入"美国陷阱"。中方再次敦促加美认真对待中方严正立场，纠正错误，立即释放孟晚舟女士，确保她平安回到中国。

2019 年 3 月 3 日，被加拿大政府拘押的华为高管孟晚舟已经提起对加拿大政府的民事诉讼，指控其"严重侵犯"自己的宪法权利。[1]孟晚舟的诉讼对象还包括加拿大边境服务局以及加拿大皇家骑警。2019 年 3 月 6 日孟晚舟在温哥华出庭。2019 年 5 月 13 日，华为心声社区发布了孟晚舟 5 月 9 日给所有华为人的一封信。孟晚舟在信中称，从未有机会如此紧密地与 18.8 万华为人连接在一起。无论眼下面对多大的困难和压力，内心都能依然坚定。

2019 年至 2020 年，加拿大当局对于孟晚舟是否构成双重犯罪进行了多次听证并开庭审判，2020 年 5 月 27 日，加拿大法院对双重犯罪问题作出裁决，承认孟晚舟违反加拿大法律，孟晚舟未能获释，此后焦点集中在程序滥用和证据充分性两个抗辩方向上。但实际上美国对孟晚舟的指控是基于美国对伊朗的制裁，但是加拿大目前并没有针对伊朗的金融制裁，因此孟晚舟面临的指控在加拿大并不构成犯罪。引渡请求不满足双重犯罪的要求。孟晚舟案从一开始就不具有合理性。从加拿大方面看，她没有违反加拿大的任何法律。

---

〔1〕《孟晚舟事件》，载 https://baike. baidu. com/item/% E5% AD% 9F% E6% 99% 9A% E8% 88% 9F%E4%BA%8B%E4%BB%B6/23192657，2024 年 4 月 25 日访问。

从美国方面讲，美国指控她违反了所谓的制裁伊朗法案，而那是美国国内的法律。美国的"长臂管辖"没有任何国际法依据，这是将国内法凌驾于国际法之上。

2020年7月23日，华为已向加拿大法院申请中止将孟晚舟引渡到美国。7月24日，加拿大不列颠哥伦比亚省高等法院公开孟晚舟引渡案下一阶段庭审的证据材料。8月17日，加拿大不列颠哥伦比亚省高等法院就孟晚舟案举行庭审，讨论涉案证据信息披露问题。11月16日，加拿大不列颠哥伦比亚省高等法院再次举行孟晚舟案听证会。涉嫌把孟晚舟电子设备密码提供给美国联邦调查局的加拿大皇家骑警退休警官Ben Chang拒绝出庭作证。

2021年8月18日，孟晚舟引渡案结束审理。在党中央坚强领导下，经中国政府不懈努力和坚决斗争，美国司法部与孟晚舟签署延缓起诉协议，美方向加拿大撤回引渡申请。当地时间24日，孟晚舟在不认罪、不支付罚金的情况下离开加拿大，踏上返回祖国的征程。2021年9月25日，中国公民孟晚舟乘坐中国政府包机返回祖国。孟晚舟在回国后发表演讲："有五星红旗的地方，就有信念的灯塔。如果信念有颜色，那一定是中国红!"

【法律问题】

1. 国际司法协助问题。孟晚舟案首先体现了国际司法协助的法律问题。美国通过与加拿大的司法互助条约，请求加拿大临时逮捕孟晚舟。这涉及国家间的司法合作，包括对跨国犯罪的打击、犯罪嫌疑人的引渡等。

2. 引渡法问题。引渡法是本案的另一个关键法律问题。引渡通常基于两个国家之间的条约，要求将犯罪嫌疑人从一国转移到另一国接受审判。在孟晚舟案中，美国希望将孟晚舟引渡至美国接受进一步的法律程序，这引发了关于引渡条件、程序以及适用法律的讨论。

3. 法律程序的正当性问题。此案还涉及法律程序的正当性问题，包括逮捕、保释、听证等程序的合法性和公正性。加拿大法院对孟晚舟的逮捕和保释听证会程序，需要确保符合加拿大的法律以及国际法关于人权和公正审判的标准。[1]

---

〔1〕《孟女士案件的简要法律分析》，载 https://www.zhihu.com/tardis/sogou/art/52253397，2024年5月2日访问。

【中国立场及思政元素分析】

中国政府在孟晚舟案上的立场一直是明确和一贯的。中国认为孟晚舟案是美国为了打压中国高科技企业和华为公司而一手炮制的严重政治事件，加拿大在其中扮演了美方帮凶的角色。中国政府指责美加两国滥用双边引渡条约，对中国公民采取任意强制措施，严重侵犯了中国公民的合法权益。中国政府表示坚定不移地维护本国公民和企业的正当合法权益，并支持相关企业和个人拿起法律武器维护自身权益。

孟晚舟案在中国的思政教育中被当作重要案例，用以教育学生和公众关于国家主权、法治精神、国际关系和科技自主等方面的知识。通过这一事件，中国强调了国家利益至上、法治原则不可侵犯、国际合作应基于相互尊重的原则。同时，孟晚舟案也被视为中国在国际舞台上维护国家尊严和企业利益的象征，展现了中国在全球化背景下保护本国企业免受不公正待遇的决心。

此外，孟晚舟案还被用来激发国民的爱国情感，强调个人命运与国家命运的紧密联系。通过这一事件，中国传达了一个信息，即只有国家强大，个人才能享有更多的自由和权利。孟晚舟的成功归国被视为中国国力增强的标志，也是中国人民团结一心、共同抵抗外部压力的体现。

案例二：刘强引渡案

【案情介绍】

刘强，上海人。祖父刘别生是抗日新四军团长，参加过抗日战争，1945年牺牲，1983年被授予烈士称号。外祖母杨英，原名李南英，生于平壤，1942年被日军抓到中国做慰安妇，战争结束后留在中国。外曾祖父李圣式，由于在日治期间于首尔中学私自教授韩语被日军监禁并拷打致死。从其家庭关系可以看出，刘强与日本侵略者之间有着不共戴天之仇。

2011年，刘强因为野田政府拒绝在慰安妇问题上道歉，同时日本多位议员要去参拜供奉多位甲级战犯的靖国神社，日本对于侵华事实毫无愧疚反悔之意。2011年12月20日刘强向日本靖国神社大门投掷火焰瓶，并在当日逃脱，飞往韩国。刘强为了保护自己，将自己主动暴露给韩国媒体，为了证实自己的行为，2012年1月8日，刘强向日本驻韩大使馆投掷火焰瓶，被韩国警方逮捕。因涉嫌在日本靖国神社纵火而被捕的中国籍男子刘强将于 2012 年 11 月 29 日在韩国国内接受首次引渡审判。

当地时间 2012 年 12 月 3 日，韩国首尔，韩国反日团体在高等法院外示威，要求当局拒绝向日本引渡中国人刘强的要求。备受中日韩三国关注的"刘强引渡日本案"在首尔高等地方法院举行庭审。日方要求韩方将刘强作为罪犯引渡到日本受审，中国则要求把刘强作为政治犯处理并将其遣送回中国。刘强在接受庭审时表示，自己向靖国神社放火完全是出于对日本军国主义分子反人类罪行的抗议和示威。2013 年 1 月 3 日，首尔高等法院作出最终裁决认为，刘强实施犯罪的对象日本靖国神社虽然在法律上是宗教团体财产，但却是主导日本对外侵略战争的战犯合葬之地，具有政治象征意义。刘强的罪行是为了政治大义而实施的，罪行与政治目的之间具有有机联系。考虑到刘强的纵火行为没有造成人身损害，财产损失也不大，因此很难判定刘强罪行是严重并且残忍的反人类犯罪。最终，韩国法院依据《韩国与日本之间罪犯引渡条约》第 3 条作出拒绝引渡的裁决，该条款规定："被请求国判断要求引渡的罪犯犯下政治性罪行时，不允许对罪犯进行引渡。"刘强随即被遣返回中国。

据外交部网站消息，外交部时任发言人华春莹于 2013 年 1 月 4 日在例行记者会上就韩国法院判决拒绝向日方引渡刘强一事作出回应，称中方对此案结果表示欢迎，刘强已得到妥善安置并已于 4 日回国。中国政府高度重视维护海外中国公民的安全与合法权益，中国驻韩国使馆多次派员前往探视刘强，并在职责范围内向刘强提供了必要协助〔1〕。

【法律问题】

1. 政治犯不引渡原则问题。这是国际法中的一项重要原则，意味着如果一个被请求引渡的人可能因其政治信仰或政治活动而被起诉或惩罚，请求国通常不能将其引渡。在刘强引渡案中，韩国法院判定刘强为政治犯，并根据这一原则拒绝将其引渡至日本。

2. 国际习惯法问题。韩国法院的裁决是基于国际习惯法，即政治犯不引渡原则。这表明，尽管国际法并没有明确的成文法规来规定这一点，但通过

---

〔1〕《刘涉嫌在靖国神社纵火中国人引渡案将进行三次审理》，载 http://www.taiwan.cn：8080/ xwzx/gj/201211/t20121130_ 3404469. htm，2023 年 11 月 30 日访问。

长期实践，这一原则已被广泛接受和应用。

3. 难民地位认定与庇护问题。引渡案件常常涉及是否给予被请求引渡人难民地位或庇护的问题。尽管刘强引渡案中没有直接涉及这一点，但类似案件中，被请求国可能会考虑是否将当事人认定为难民并给予庇护。

4. 国内法与国际法的关系。在处理引渡请求时，被请求国需要考虑国内法与国际法的相关规定。这可能涉及如何解释和适用国内法律以及国际法律，以及如何在两者之间寻求平衡。

5. 政治暴力行为的法律评价问题。刘强引渡案引发了关于政治暴力行为的法律评价的讨论。尽管政治犯不引渡原则可以保护因政治原因被追诉的人，但这并不意味着政治暴力行为本身是合法的或应被提倡的。

6. 国际关系和外交影响。引渡案件往往具有高度的政治敏感性，可能对国家间的双边关系产生影响。刘强引渡案中，韩国的裁决被视为对日本的一种外交姿态，反映了当时东北亚地区的政治紧张关系。

【中国立场及思政元素分析】

刘强引渡案涉及的是一名中国公民因在日本靖国神社纵火而被逮捕的案件。中国政府在此案件中的立场是明确的，即反对将刘强引渡到日本。中国政府强调，刘强的行为具有政治性质，是对日本军国主义的抗议，因此应视为政治犯而非普通罪犯。中国政府希望韩国政府能够公正、妥善地处理此案件，并保护刘强的合法权益。

从思政教育的角度来看，刘强的行为反映了个人对于历史记忆和民族情感的强烈表达。他的行为虽然是非法的，但在某种程度上体现了对历史正义的追求和对侵略者的谴责。这种行为在一定程度上激发了公众对于历史问题的关注和讨论，尤其是对于日本侵华历史和慰安妇问题的反思。

同时，中国政府在处理此案件时展现了对海外公民权益的保护，以及在国际事务中坚持原则立场的决心。这一点在思政教育中可以被用来强调国家主权和民族尊严的重要性，以及在国际舞台上坚持正义原则的必要性。

案例思考题

1. 在孟晚舟案中，孟晚舟案件涉及的国际法（如引渡条约）与加拿大国内法之间是否存在冲突？如果存在，应如何解决这些冲突？

2. 在孟晚舟案件中，美国向加拿大提出的引渡请求是否符合两国之间的引渡条约？

3. 在刘强引渡案中，韩国政府是否有权拒绝引渡刘强？

4. 在刘强引渡案中，刘强的行为是否得到了适当的法律程序处理？

概述；国际法基本原则的主要内容。

第一节　概述

一、国际法基本原则的概念与特征

国际法基本原则是与国际法具体原则相对的概念，是指那些被各国公认或接受、具有普遍约束力、适用于国际法各个领域并构成国际法基础的法律原则。国际法基本原则具有以下特征：

1. 国际社会公认

"国际公认"是国际法基本原则的基本特征和要件之一。因为国际法是国家之间的法律，一个国家不能创造国际法，尽管有时一国或少数国家提出的某一原则，具有重大的政治、法律意义，但在没有得到各国公认之前，尚不能成为国际法基本原则。各国公认是国际法基本原则产生普遍约束力的法律基础。基本原则必须是为各国所公认的，这种公认或者反复出现在各国缔结的条约中，或者作为国际习惯被各国所接受。这一特点使其区别于仅为少数或部分国家承认的原则。

2. 具有普遍约束力

就其使用对象而言，国际法基本原则一经公认，对所有国家及所有国际法主体均具有约束力。从这个意义上讲，国际法基本原则不仅具有强行法的特性，而且具有对世义务或对一切义务的特征。所谓对世义务或对一切义务就是一国对整个国际社会所承担的义务。例如，侵略战争是严重违反对世义务的行为，国际社会有权共同采取行动来制止侵略并追究责任。

3. 适用于国际法一切领域

就其适用空间而言，国际法基本原则适用于国际法律关系的各个领域。国际法基本原则不是个别领域中的具体原则，也不是只关系国际关系的局部性原则，而是超出了个别领域而具有普遍意义的、适用于国际法一切效力范围的、关系国际关系全局性的原则，它可以贯穿于国际法的各个方面并具有指导作用。这是区别基本原则与各种具体原则的一个重要标准。例如，国家平等原则，它对国际法的各个领域都起调整和指导作用，具有普遍意义，其他任何领域的原则、规则只要违背了平等原则均属无效。相反，政治犯不引渡原则尽管也是一项国际法原则，而且早已为各国公认，但仍不能成为基本原则，因为其只涉及国与国之间引渡罪犯这一问题，不具有普遍适用性，因而不是国际法的基本原则。

4. 构成国际法体系的基础

这一特征体现为以下三个方面：

（1）国际法基本原则是一般原则产生的基础。国际法的一般原则和具体规范要么是从基本原则派生或引申出来的，要么是在基本原则指导下形成和发展起来的。

（2）国际法基本原则是一般原则有效的基础。国际法一般原则必须符合基本原则的精神，不得与之相抵触。如同宪法与其他法律的"母法子法"地位相似，任何一项国际法一般原则、规范，与国际法基本原则抵触者均属无效。

（3）国际法基本原则是国际法存在的基础。对国际法基本原则必须遵守，不得违反，倘若破坏了国际法的基本原则就动摇了整个国际法的基础。例如，假若在国际关系中破坏了主权原则，现代国际法便失去了存在的前提和基础。如果仅仅违反了国际法的具体原则，则不足以影响国际法的存在。

总之，国际法基本原则是国际法的最高原则，是国际社会的宪法性原则，体现了国际法律秩序的基本价值，代表了国际交往的基本标准和最重要的法律标准，是国际法体系的法律基础，也是国际法当中强行法的一部分。

二、国际法基本原则的形成与发展

国际法基本原则是随着人类历史的进步和国际关系的需要而产生和发展

的，是在主权国家的交往中逐渐形成的。国际法基本原则的发展历程可以分为以下几个阶段：

（一）倡导传播时期（17 世纪至 18 世纪）

1648 年的《威斯特伐利亚和约》开创了由主权独立与平等原则主导的国际关系新时代。到 18 世纪，国家主权概念盛行，资产阶级为了反对封建压迫和禁锢，倡导了诸如国家主权、不干涉内政、国家平等等指导国家间关系的一般原则。

（二）逐步发展时期（一战以后）

第一次世界大战之后，国际社会的空间进一步扩大，在这个空间中出现了崭新的成员——社会主义国家，从此，国际法基本原则进入了一个新的发展阶段。经过《国际联盟盟约》和《巴黎非战公约》（又称《白里安——凯洛格公约》）等国际文件的确认，互不侵犯原则、和平解决国际争端原则等也初步确立起来了。

（三）重大发展时期（二战以后）

第二次世界大战后，国际格局发生深刻变化，人们在战后希望形成规范国际关系的基本准则。一些基本法律原则，如主权平等原则、不干涉内政原则等，在第二次世界大战大量国际法文书中得到确认，逐渐被各国普遍接受。联合国的成立对国际法基本原则的发展具有重大意义，从第二次世界大战废墟中诞生的《联合国宪章》，在第 1 条宗旨和第 2 条中确立了联合国及其会员国应当遵行的最基本的国际行为准则。

第二次世界大战后，随着民族解放运动的高涨，一大批独立国家兴起，这些国家倡导了一些指导国家间关系的基本原则，如亚非会议提出的十项原则。在此阶段，我国也对国际法基本原则的发展作出了独特贡献，中国与印度、缅甸共同倡导的和平共处五项原则，成了获得广泛认同的国际法基本原则。

20 世纪 60 年代以来，根据国际格局的变化和时代的要求，联合国大会先后通过了一系列载有国际法基本原则的决议，其中较为重要的是：1960 年《关于准许殖民地国家及民族独立之宣言》、1965 年《关于各国内政不容干涉及独立与主权之保护宣言》、1970 年《国际法原则宣言》、1974 年《各国经济权利和义务宪章》等。特别是 1970 年《国际法原则宣言》，郑重明确地宣布七项原则为"国际法基本原则"，要求"所有国家在其国际行为上"予以

"严格遵守"。这七项基本原则是：不使用武力威胁或使用武力；和平解决国际争端；不干涉任何国家内政；各国依照宪章彼此合作；各民族权利平等与自决；各国主权平等；善意履行宪章义务。这七项基本原则是国际社会第一次以联合国大会通过宣言的形式来列举并确认国际法的基本原则，这对所有国家在其国际行为上遵守国际法和贯彻《联合国宪章》的各种宗旨和原则，具有非常重要的意义。至此，一个由若干项原则构成的现代国际法基本原则体系就初步形成了。

20世纪80年代，联合国大会又通过了一系列阐释国际法基本原则的重要决议，例如，1981年《不容干涉和干预别国内政宣言》、1982年《关于和平解决国际争端的马尼拉宣言》和1987年《加强在国际关系上不使用武力或进行武力威胁原则的效力宣言》。这些宣言虽然并不具有法律约束力，但还是极大地丰富和完善了现代国际法基本原则的内容和体系。"冷战"结束以来，特别是进入21世纪之后，面对全球化的挑战，联合国大会通过新的宣言和决议重申和坚持了上述国际法基本原则。

三、《联合国宪章》与国际法基本原则

（一）《联合国宪章》对国际法基本原则的规定

宪章第1条宗旨中规定了尊重人民平等权利及自决原则、促成国际合作等原则；第2条明确规定了各会员国主权平等、善意履行宪章义务、和平解决国际争端、禁止武力威胁或使用武力、集体协助、确保非会员国遵守宪章以及不干涉内政等七项原则。其完整表述为："为求实现第一条所述各宗旨起见，本组织及其会员国应遵行下列原则：一、本组织系基于各会员国主权平等之原则。二、各会员国应一秉善意，履行其依本宪章所担负之义务，以保证全体会员国由加入本组织而发生之权益。三、各会员国应以和平方法解决其国际争端，俾免危及国际和平、安全及正义。四、各会员国在其国际关系上不得使用威胁或武力，或以与联合国宗旨不符之任何其他方法，侵害任何会员国或国家之领土完整或政治独立。五、各会员国对于联合国依本宪章规定而采取之行动，应尽力予以协助，联合国对于任何国家正在采取防止或执行行动时，各会员国对该国不得给予协助。六、本组织在维持国际和平及安全之必要范围内，应保证非联合国会员国遵行上述原则。七、本宪章不得认为授权联合国干涉在本质上属于任何国家国内管辖之事件，且并不要求会

员国将该项事件依本宪章提请解决；但此项原则不妨碍第七章内执行办法之适用。"[1]

（二）《联合国宪章》对国际法基本原则的发展

（1）宪章是首次系统地规定国际关系的基本原则的国际文件。在国际法律文件中，宪章是第一次系统地明文规定国际关系基本原则的多边条约，它改变了以前国际法基本原则的零散状态，标志着国际法基本原则的发展进入了较为系统的新时代。

（2）宪章所确立的基本原则，具有权威性。虽然《联合国宪章》是从组织法的角度规定联合国及其会员国应该遵守的基本原则，但是由于联合国成员国的广泛代表性和宪章本身的"造法性"，已使得这些原则具有普遍的法律意义。宪章是迄今拥有缔约国最多的一个多边条约，联合国是迄今拥有会员国最多的一个全球性的国际组织。由此所确认的原则，最具有普遍性和权威性。

（3）宪章是现代国际法基本原则的体系趋于完善的重要标志。随着国际关系的发展和变化，国际法基本原则也在不断演变和丰富。《联合国宪章》所确立的框架为后续国际法的发展提供了基础和指导，各国在实践中不断探索和拓展国际法基本原则的内涵和适用范围。无论是和平共处五项原则还是亚非会议十项原则，抑或是《欧洲安全与合作会议最后文件》（又称《赫尔辛基宣言》）十项原则、《国际法原则宣言》《各国经济权利和义务宪章》等，都与宪章的宗旨和原则保持一致，有的是对其原则进行强调或重申，有的则是对其原则进行完善和发展。

总之，《联合国宪章》是国际法基本原则体系的重要基石，对国际法基本原则的形成、发展、传播和实施发挥了关键作用，极大地推动了现代国际法基本原则体系的完善和发展，对维护国际和平与安全、促进国际合作与发展具有深远影响。

四、《国际法原则宣言》与国际法基本原则

（一）《国际法原则宣言》对国际法基本原则的规定

《国际法原则宣言》对七项国际法基本原则进行了进一步明确和阐释，并

---

〔1〕《联合国宪章》，载 https://www.un.org/zh/about-us/un-charter/full-text，2024 年 2 月 8 日访问。

宣布："本宣言所载之各项宪章原则构成国际法之基本原则，因之吁请所有国家在其国际行为上遵循此等原则，并以严格遵守此等原则为发展其彼此关系之基础。"

（二）《国际法原则宣言》对国际法基本原则的发展

（1）宣言进一步明确和细化了国际法的基本原则。例如，对于主权平等原则、不干涉内政原则、和平解决国际争端原则等，给出了更为具体和清晰的阐述，减少了模糊性和不确定性，使各国在实践中能更准确地遵循和运用这些原则。

（2）宣言适应了国际关系的新变化和发展需求。随着国际社会的不断发展，新的问题和挑战不断涌现，《国际法原则宣言》对国际法基本原则进行了拓展和补充，使其能够更好地应对这些新情况。

（3）宣言增强了国际法基本原则的权威性和约束力。联合国大会的一致通过，赋予了这些原则更高的国际认可度和遵循的必要性，为解决国际争端和规范国际行为提供了更有力的依据。

（三）《国际法原则宣言》与《联合国宪章》规定的原则的联系与区别

《国际法原则宣言》所阐释的七项基本原则与《联合国宪章》第 2 条所规定的七项原则，既有联系，又有区别。

尽管它们都来自《联合国宪章》，但并不是来自同一条文。《国际法原则宣言》七项原则中有五项原则来自宪章第 2 条的规定，另外两项原则来自宪章其他条文。虽然它们都是对国际法基本原则的编纂，但是路径和方式不同。宪章第 2 条所规定的七项原则是通过《联合国宪章》这一对全球所有国家产生普遍影响的最大公约，《国际法原则宣言》则是通过联合国大会决议。在国际法基本原则的发展方面，《国际法原则宣言》所载之各项宪章原则是对宪章第 2 条所规定的七项原则的澄清与补充，前者以后者为基础。另外，联合国大会有意把《国际法原则宣言》作为推进国际法编纂与进步发展的"里程碑"。

第二节　国际法基本原则的主要内容

国际法基本原则的数量、具体内容以及先后顺序在不同法律文件中表述不尽相同，但通常被广泛认可的国际法基本原则主要包括：国家主权平等、不干涉内政、禁止武力威胁或使用武力、和平解决国际争端、民族自决、善意履行国际义务等原则。

一、国家主权平等原则

国家主权原则是《联合国宪章》规定的首要原则，并由此引申和发展出其他原则。1970 年《国际法原则宣言》更是进一步肯定并重申国家主权原则的根本重要性，该宣言强调："唯有各国享有主权平等并在其国际关系上充分遵从此一原则之要求，联合国之宗旨始克实现。"

（一）国家主权的内涵

国家主权是国家的根本属性，是指国家独立自主地处理其内外事务的统治权力。国家主权不是国际法赋予国家的，而是国家固有的。国际法中的主权原则只是对国家这种最基本属性的一种宣示和确认。

国家主权体现在三个方面：一是对内最高权，国家在国内行使最高统治权，包括立法、行政、司法各个方面，也包括国家的属地优越权和属人优越权；二是对外独立权，国家在与他国的交往和国际关系中，不受任何外国意志的左右，独立自主地处理自己的内外事务，包括选择社会制度、确定国家形式和法律、制定对外政策等；三是自保权，包括国家在遭受外来侵略和武力攻击时进行单独或集体反击的自卫权，以及为防止侵略和武装攻击而建设国防的权力。

（二）国家主权平等原则的内容

根据《国际法原则宣言》的解释，国家主权平等原则包括下列内容：

（1）各国一律享有主权平等。

（2）各国不问经济、社会、政治或其他性质有何不同，均有平等权利与责任，并为国际社会之平等会员国。

（3）主权平等尤其包括下列要素：①各国法律地位平等；②每一国均享有充分主权之固有权利；③每一国均有义务尊重其他国家之人格；④国家之领土完整及政治独立不得侵犯；⑤每一国均有权利自由选择并发展其政治、社会、经济及文化制度；⑥每一国均有责任充分并一秉诚意履行其国际义务，并与其他国家和平相处。

（三）国家主权平等原则的要点

（1）国家主权平等原则是国际法基本原则体系的核心，是其他各项的基础与前提。

（2）国家主权平等原则中的平等应理解为各国在法律上的机会平等和地位平等，不应理解为各国的政治与经济平等，更不应理解为国际社会有义务消除国家之间实际存在的实力与能力的不平等。

（3）国家主权平等原则不禁止国家之间的不同待遇。在某些特定的情况下，为了实现公平和合理的目标，可以对不同的国家给予不同的待遇。例如，"共同而有区别的责任"原则，考虑到发达国家和发展中国家在历史排放、经济实力和技术能力等方面的差异，对它们在环境保护方面规定了有区别的责任。"普遍优惠制"则是给予发展中国家在贸易方面的优惠待遇，以促进其经济发展。

（4）国家主权平等，部分国家在宪章规定下承担特别责任和享受相应的特权。如《联合国宪章》赋予了安理会常任理事国在维护国际和平与安全方面的否决权等，这是在特定的国际组织框架内，基于维护全球秩序和和平的需要而作出的规定，并不违背国家主权平等原则，而是在平等的基础上为了实现共同的目标而进行的特殊安排。

二、不干涉内政原则

不干涉内政原则是国家主权平等原则的引申。该原则来源于国内法实践和国家政策，如 19 世纪美国的门罗主义。《国际联盟盟约》作为一个一般性多边条约首次纳入这项原则，其第 15 条规定，纯属国内管辖之事项，行政院不作解决该争议的建议。《联合国宪章》重述了这项原则，其第 2 条第 7 款将之表述为："本宪章不得认为授权联合国干涉在本质上属于任何国家国内管辖之事件，且并不要求会员国将陡项事件依本宪章提请解决。"后来，1965 年联合国大会的《关于各国内政不容干涉及独立与主权之保护宣言》《国际法原则宣言》第 3 项以及 1981 年《不容干涉和干预别国内政宣言》等文件都对该原则起到了明确和规范的作用。

（一）不干涉内政原则相关概念

1. 内政

内政就实质而言是国家在其管辖的领土上行使最高权力的表现，指的是国家在其管辖范围内自主处理其内部事务，包括政治、经济、文化、社会等各个方面，甚至包括外交事务。

内政不是一个单纯的地域上的概念。一个国家在本国境内的某些行为，也可能是违反国际法的，别国对此违法行为的干扰并不构成对内政的干涉。判断一个事项是否属于内政，其标准是国际法。如果某一事项原则上不受国际法规范，它就属于国家之国内管辖事项，是内政。反之亦然。

2. 干涉

干涉是指一个国家或国际组织对另一个国家内部事务的直接或间接、公开或隐蔽的干预行为。干涉的形式多种多样，如军事干涉、经济制裁、政治施压、文化渗透等。

干涉旨在对另一个国家或成员国强加某种行为或后果。因此，一个国家对另一个国家的内政外交表示关切、发表评论性意见、提出一般性建议或者提供斡旋或调停，可能被视为不友好，但是不构成干涉。干涉的一个本质特征是行为的非法性。如果一个国家事先给予同意，其他国家或者国际组织在同意范围内采取的行动不构成干涉，前者不能以不干涉内政原则作为对抗。

（二）不干涉内政原则的内容

不干涉内政是指任何国家或者国家集团都无权以任何理由直接或间接地对别国进行干涉，不得以任何借口干涉他国的内政和外交事务，不得以任何手段强迫他国接受别国的意志、社会政治制度和意识形态，同时也指国际组织不得干涉成员国国内管辖的事项。不干涉内政原则的内容包括：

（1）任何国家或国家集团不得以任何理由直接或间接干涉他国内政与外交。

（2）武装干涉和任何其他形式的干预或试图威胁，均系违反国际法。

（3）任何国家不得使用或鼓励使用经济、政治或任何其他强制措施以取得他国主权权利之行使和特殊利益。

（4）任何国家均不得组织、协助、煽动、资助、鼓励或容许以暴力推翻另一国政权之颠覆、恐怖或武装活动，或干预另一国之内争。

（5）使用武力剥夺各民族之民族特性构成侵犯其不可移让之权利及不干涉原则之行为。

（6）各国选择其政治、经济、社会及文化制度之不可移让之权利不受任何形式的干预。

三、禁止武力威胁或使用武力原则

《联合国宪章》是第一个明文规定禁止以武力相威胁或使用武力的国际公

约。宪章第 2 条第 4 款规定："各会员国在其国际关系上不得使用威胁或武力，或以与联合国宗旨不符之任何其他方法，侵害任何会员国或国家之领土完整或政治独立。"自宪章之后，联合国大会通过了众多决议重申该原则，如 1970 年《国际法原则宣言》不仅重申了这一原则，还将其置于原则之首，再如 1987 年《加强在国际关系上不使用武力或进行武力威胁原则的效力宣言》进一步强调和阐释了该原则。

（一）禁止武力威胁或使用武力原则的内容

禁止武力威胁或使用武力原则是指各国在其国际关系上不得以武力或武力威胁，侵害任何国家的政治独立和领土完整；不得以任何与《联合国宪章》或其他国际法原则所不符的方式使用武力。它包括下述内容：

（1）各国不得使用武力或武力威胁侵害任何国家领土完整或政治独立，并永不得将其作为解决国际争端的方法。

（2）侵略战争构成危害和平之罪行，在国际法上需负责任。

（3）各国不得从事侵略战争之宣传。

（4）各国不得使用武力侵犯他国现有之国际疆界和国际界线。

（5）各国不得使用武力为报复行为。

（6）各国不得采取剥夺人民自决、自由及独立权利之任何强制行动。

（7）各国不得组织或鼓励组织非正规军或武装团队，包括佣兵在内，侵入他国领土。

（8）各国不得在他国发动、煽动、协助或参加内争或恐怖活动，或默许在其本国境内从事以犯此等行为为目的之有组织活动。

（二）禁止武力威胁或使用武力原则的例外

禁止武力威胁或使用武力原则并不禁止合法使用武力，根据《联合国宪章》和国际实践，使用武力有四种例外情形：国家行使自卫权；安全理事会决定或授权使用武力；对第二次世界大战的"敌国"使用武力；受殖民地统治的人民行使自决权而使用武力。第三种情形已经失去意义，其他几种情形构成《联合国宪章》体制下的战争权。

（1）自卫行动。根据《联合国宪章》第 51 条，任何联合国会员国在受到武力攻击时，有权行使单独或集体自卫权。

（2）联合国授权行动。联合国安理会可以根据《联合国宪章》第 42 条的规定采取行动，授权区域组织或自行采取行动以维护国际和平与安全。

（3）民族自决和民族解放战争。允许殖民地或半殖民地人民为摆脱殖民统治而进行的武装斗争，以及非自治领土上的民族行使民族自决权时通过武力摆脱原宗主国或殖民国的统治。

（三）禁止武力威胁或使用武力原则的法律效果

禁止武力威胁或使用武力原则具有以下法律效果：

（1）各国或国际组织不能以协议的方式约定不受该原则的约束。

（2）与该原则不符或相冲突的任何协议、决定、义务和主张均属无效。

（3）该原则对世界上所有国家都有拘束力，每个国家都应承担相应的义务。

（4）即使《联合国宪章》今后不复存在或者进行了修改，该原则依然具有拘束力。

（5）违反该原则的行为将引起国际法律责任问题，包括国际法上的国家责任和个人的国际刑事责任。

四、和平解决国际争端原则

《联合国宪章》第 2 条第 3 款规定："各会员国应以和平方法解决其国际争端……"《国际法原则宣言》《关于和平解决国际争端的马尼拉宣言》和其他有关文件对该原则作了进一步澄清和解释。

（一）和平解决国际争端原则的内容

和平解决国际争端原则是指国家之间在交往和合作过程中，一旦发生争执或纠纷，当事国应当而且必须以和平的方法来解决，禁止任何使用武力或武力威胁的方法。它包括下述主要内容：

（1）所有国际争端必须且只能以和平方法解决。

任何国际争端当事方不得因为争端的存在，或者某一种和平解决争端程序的失败，而使用武力或以武力相威胁。

（2）任何国际争端的解决，必须依据国际法和正义原则且不得危及国际和平、安全及正义；除遵守国际法基本原则外，还必须遵守可以适用于争端当事方的普遍性条约、区域性条约和双边条约以及国际习惯法等。

（3）国际争端应在主权平等和自由选择方式原则的基础上，尽早地、迅速地及公平地实现完全的解决。

（4）在寻求国际争端的和平解决时，争端当事各方及其他国家均不得采取可能使情况恶化的任何行动。

（5）争端各方在解决争端活动中负有合作的义务。

（6）国际争端的和平解决不得违反公平和正义原则。

（二）和平解决国际争端的方法

在长期国际关系的实践中，产生和发展了一些解决国际争端的和平方法，包括但不限于谈判、斡旋、调停、调查、调解、仲裁、司法解决、区域协商，以及联合国调处等。

五、民族（或人民）自决原则

《联合国宪章》是第一个正式载入民族自决的国际多边条约。《联合国宪章》第 1 条第 2 款规定："发展国际间以尊重人民平等权利及自决原则为根据之友好关系，并采取其他适当的办法，以增强普遍和平。"自宪章之后，联合国大会通过了一系列宣言和决议，使该原则得到进一步明确和发展，如 1952 年《关于人民与民族的自决权的决议》、1970 年《国际法原则宣言》等。

（一）民族自决原则的主体

在国际法上享有自决权的是人民。在英文中，这里的"peoples"（人民）概念与"people""populations"（人口）不是同义词。根据《联合国宪章》和联合国实践，殖民地人民、受外国奴役、统治与剥削的人民、托管领土的人民、非自治领土的人民或构成一个国家组成部分的历史上独立国家的人民是享有自决权的主体。中国在对国际法院 2008 年"科索沃单方面宣布独立是否符合国际法案"所提交的书面意见中指出，人民自决权的行使仅限于受殖民统治或外国占领下的情形。这里值得一提的是，香港和澳门在中国恢复对其主权之前不是外国的殖民地。另外，台湾既不是外国的殖民地，又不处于外国占领之下。台湾是中国领土一部分的法律地位，无论在国内法还是在国际法上，都是明确的。

但是，一个主权国家内在族裔、语言、文化或传统方面具有独特性的那些人是否享有自决权，这是一个相当有争议的问题。一种意见认为，一个国家内的这部分人享有自决权；另一种意见则认为，一个国家的所有人民才享有自决权。后一种观点显然是对人民自决权的正确理解，即人民是一个整体的概念，而非部分的概念。1952 年联合国大会《关于民族与国族的自决权决议》将人民与国族（nations）概念并列使用，并规定"联合国会员国依照宪章规定，应尊重其他国家内自决权之维护"。《关于准许殖民地国家及民族独立之宣言》提出，"确信各民族均有享受完全自由、行使主权及维持国家领土完整之不可剥夺之权利"，因而将人民与行使主权和维护国家领土完整联系在一起。在"1965 年查戈斯群岛从毛里求斯分裂的法律后果案"咨询意见中，国际法院指出，非自治领土的全体人民作为一个整体享有人民自决权。……非自治领土的人民有权作为一个领土整体行使自决权。因此，在一个独立的主权国家中，享有自决权的人民与"国族"是同一个概念，也就是指一个国家的所有人民。

（二）民族自决原则的内容

民族自决原则，是指被殖民主义奴役和压迫的民族，有权采取国际法确认的一切合法手段，摆脱殖民统治，建立民族独立的主权国家，并选择适合于自己的社会政治制度，发展民族经济的权利。它包括下述内容：

（1）根据《联合国宪章》所尊崇之各民族享有平等权利及自决权之原则，各民族一律有权自由决定其政治地位，不受外界之干涉，并追求其经济、社会及文化之发展，且每一国均有义务遵照宪章规定尊重此种权利。

（2）每一国均有义务依照宪章规定，以共同及个别行动，促进各民族享有平等权利及自决权原则之实现，并协助联合国履行宪章所赋关于实施此项原则之责任。

（3）每一国均有义务依照宪章以共同及个别行动，促进对于人权与基本自由之普遍尊重与遵行。

（4）一个民族自由决定建立自主独立国家，与某一独立国家自由结合或合并，或采取任何其他政治地位，均属该民族实施自决权之方式。

（5）每一国均有义务避免对上文阐释本原则时所指之民族采取剥夺其自决、自由及独立权利之任何强制行动。

（6）殖民地领土或其他非自治领土，依宪章规定，享有与其管理国之领土分别及不同之地位；在该殖民地或非自治领土人民依照宪章尤其是宪章宗旨与原则行使自决权之前，此种宪章规定之分别及不同地位应继续存在。

（7）以上各项不得解释为授权或鼓励采取任何行动，局部或全部破坏或损害在行为上符合上述各民族享有平等权及自决权原则并因之具有代表领土内不分种族、信仰或肤色之全体人民之政府之自主独立国家之领土完整或政治统一。

(8) 每一国均不得采取目的在局部或全部破坏另一国国内统一及领土完整之任何行动。

六、善意履行国际义务原则

《联合国宪章》第 2 条第 2 款规定："各会员国应一秉善意，履行其依本宪章所担负之义务，以保证全体会员国由加入本组织而发生之权益。"该原则的法律地位和在国际法中的重要性，得到了联合国大会多项重要文件的反复确认，其中最主要的有 1962 年《关于自然资源永久性主权宣言》、1974 年《各国经济权利和义务宪章》和 1981 年《和平解决国际争端马尼拉宣言》等。

（一）善意履行国际义务原则的内容

善意履行国际义务原则包含四项基本内容：一是各国均有责任一秉善意履行其依《联合国宪章》所负之义务；二是各国均有责任一秉善意履行其依公认国际法原则与规则所负之义务；三是各国均有责任一秉善意履行其根据公认国际法原则与规则生效之国际协定所负之义务；四是如依其他国际协定所负之义务与《联合国宪章》所负之义务发生抵触时，宪章义务优先。

（二）善意履行国际义务原则的地位

善意履行国际义务原则在国际法中具有根本性的基础地位。国家主权平等原则派生的一项国际法基本规范是"国家非经其同意不受约束"，通过主权国家的明示同意或默示同意才能产生的国际法，是在相互寻求共识的基础上逐渐形成的一种较为确定的行为规范，虽然必要时可由外力加以强制实施，但主要依靠国家及其他国际法主体的自愿遵守和善意履行。国际法的有效性依赖于各国对其规定的义务的切实履行。如果各国不善意履行义务，国际法将失去其约束力和权威性，国际法律秩序将陷入混乱。

国际法基本原则作为国际法律体系的支柱，对于维护国际和平与安全、促进国际合作与发展具有不可替代的重要作用。国家主权平等原则奠定了国际关系的平等基础，不干涉内政原则保障了各国的自主发展权利，禁止武力威胁或使用武力原则维护了国际和平的环境，和平解决国际争端原则提供了化解冲突的和平途径，民族自决原则推动了民族解放运动，善意履行国际义务原则确保了国际法的有效实施。在当代国际关系中，尽管面临诸多挑战，但坚持和遵守国际法基本原则是实现国际社会公平正义、和平稳定的必由之路。同时，国际法基本原则的范围可能会随着国际关系的发展和变化而有所演变。在当前阶段，除上述原则外，尊重和保障人权原则、国家责任原则等也被认为是国际法基本原则的重要组成部分。不过，对于这些原则的具体内容和适用范围，国际社会可能存在不同的观点和解释，需要在具体的国际法律实践中进行探讨和确定。

案例分析

案例一：湖广铁路债券案

1911 年 5 月 20 日，中国清政府以建筑湖广铁路的名义，向英国汇丰、法国东方汇理、德国德华和美国花旗等银行借款 600 万金英镑。借款合同规定：上述各银行得以清政府名义发行债券销售；铁路器材须向上述国家购买；各段铁路总工程师由这些国家的国民担任；铁路财务由各银行派人审查；以中国厘金、盐税为担保，如有拖欠，即交出海关管理等苛刻条件。这次借款银行以清政府名义发行的债券即所称的湖广铁路债券。该债券票面额分为 100 英镑和 50 英镑两种，年利 5 厘，半年付息一次。该债券通过金融市场分散到私人手中。债券利息从 1938 年起停付，本金 1951 年到期未付。

1979 年 11 月，美国持券人杰克逊等 9 人代表 243 名持券者，在美国亚拉巴马州地方法院北区东部分庭（以下简称"美国地方法院"），对中华人民共和国提出起诉，要求中国偿还他们的债券本息。美国地方法院受理了此案。这就是所谓"湖广铁路债券案"。

1979 年 11 月 13 日美国地方法院向中华人民共和国发出传票，指名由中国外交部部长收，限在收到传票后 20 天内提出答辩，否则将"缺席判决"。对此，中国政府曾多次照会美国国务院，声明中国作为一个主权国家，根据国际法享有主权豁免，不受任何外国法院的管辖。然而，美国地方法院无视中国照会，于 1982 年 9 月 1 日开庭审理了这个案件，并且作出了"缺席判决"，"命令、判处、指令"中国政府偿还原告 4000 多万美元。最后还声称，如果中国政府对判决置之不理，将扣押中国在美国的财产，以强制执行判决。1983 年 2 月 2 日中国外交部向美国国务院递交了一份备忘录，表明了中国政府的严正立场，并指出如果美国政府无视国际法，强制扣押中国在美国的财产，中国政府保留采取相应措施的权利。经过外交周旋，美国亚拉巴马州上诉法院于 1983 年 2 月 27 日，以"无权管辖"为由撤销了原来的判决。但杰克逊等人仍要求赔偿，10 月 26 日美国地方法院作出"拒绝受理"的决定，杰克逊等人不服提出上诉。最后，本案以撤诉告终。

本案主要涉及的一项国际法基本原则，主权平等原则。该原则在国家行为的重要体现就是根据平等者之间无管辖权，国家主权豁免原则。所谓国家主权豁免原则是指一个主权国家未经其同意，不受另一国法院的管辖；一国法院不得对外国国家的行为和财产行使管辖权。国家主权豁免的内容具体包括以下几点：①一国法院不得受理外国国家为被告的诉讼，除非得到后者的同意；②外国国家可以作为原告向法院起诉，在这种场合，法院可以受理对方所提出的同本案有直接关系的反诉；③即使外国国家在法院败诉，也不受强制执行。

【法律问题】

湖广铁路债券案涉及的法律问题是国家主权豁免原则。国家主权豁免是指一个国家及其财产不受其他国家的司法管辖，这一原则源于国家主权平等原则。国家主权豁免是国家主权平等原则的具体体现，确保各国在国际交往中相互尊重主权和独立。在湖广铁路债券案中，美国法院试图对中国政府提起诉讼，要求其偿还清政府时期发行的债券债务，但中国政府始终坚持国家主权豁免原则，认为美国法院无权对中国政府行使司法管辖。

【中国立场及思政元素分析】

中国政府在湖广铁路债券案中坚决维护国家主权豁免原则，强调国家在国际法下的独立地位，坚持维护国家主权，拒绝继承恶债。中国政府通过法律途径和外交协调，成功捍卫了国家利益，展现了在国际法框架下维护国家主权的决心。

通过分析湖广铁路债券案，可以发现湖广铁路债券案体现了中国政府在国际舞台上维护国家主权和尊严的坚定立场，借此可以激发学生对国家主权的认同感和爱国主义情怀，培养学生的国家主权意识。通过案例分析，学生可以深刻理解国际法基本原则在实际案件中的运用，增强其对国际法的学习兴趣和法治意识。此外，湖广铁路债券案反映了中国在国际法领域的斗争历程，引导学生认识到作为法律人的历史使命，培养其为国家发展贡献力量的责任感。

案例二：中国与和平共处五项原则

【案情介绍】

和平共处五项原则，是由中国政府提出，并与印度和缅甸政府共同倡导的在建立各国间正常关系及进行交流合作时应遵循的基本原则，内容为"互相尊重领土主权（后改为互相尊重主权和领土完整）、互不侵犯、互不干涉内政、平等互惠（后改为平等互利）和和平共处"。

一、和平共处五项原则的产生与发展

（一）首次提出

和平共处五项原则最早由中国提出，在 1953 年 12 月 31 日，中印两国政府代表团在北京就中国西藏地方的关系问题举行谈判时，周恩来总理在谈话中首先提出了这五项原则。

（二）得到认可

1954 年 4 月 29 日，经过 4 个月的谈判，中国和印度两国签订《中华人民共和国和印度共和国关于西藏地方和印度之间的通商和交通协定》，在序言中，写入和平共处五项原则，并声明以这五项原则作为该协定的基础，这是和平共处五项原则首次以书面形式写入具有法律效力的国际性文件。

1954 年 6 月 25 日，周恩来总理访问印度期间，与印度总理尼赫鲁发表联合声明，重申了和平共处五项原则，并指出这些原则不仅适用于中印两国之间的关系，也适用于一般的国际关系问题。

在随后的国际事务中，和平共处五项原则也得到了广泛认可，成为国际关系的基本准则。例如，在 1955 年的万隆会议上，20 多个亚非国家在五项原则基础上提出了处理国家间关系的十项原则，倡导团结、友谊、合作的万隆精神。此外，20 世纪 60 年代兴起的不结盟运动将五项原则作为指导原则。1970 年第二十五届联合国大会通过的《国际法原则宣言》、1974 年第六届特别联大通过的《建立新的国际经济秩序宣言》，都明确采纳该五项原则。该五项原则被相继载入一系列重要国际文件，得到国际社会广泛认同和遵循。

中国是和平共处五项原则的积极倡导者和坚定实践者，并于 1975 年将其载入国家的宪法中昭告于世界，成为中国外交政策的基石。

70 年来，和平共处五项原则已经被国际社会特别是发展中国家广泛接受和履行，作为指导国际关系的准则发挥了不可磨灭的历史作用，并且证明了其历久弥坚、始终具有伟大生命力。到目前为止，在和平共处五项原则的指导下，中国已经同183个国家建立了外交关系。在当今新的国际国内的严峻形势下，在不同社会制度、不同思想体系的对立和斗争中，对于推动建立公正合理的国际政治经济新秩序、争取长期和平国际环境，仍然具有重大的现实意义。

二、和平共处五项原则的内容

和平共处五项原则内容为互相尊重领土主权（后改为互相尊重主权和领土完整）、互不侵犯、互不干涉内政、平等互惠（后改为平等互利）和和平共处。

（一）互相尊重主权和领土完整原则

该原则是五项原则中的首项，是五项原则中最关键的一项，是五项原则的基础和核心，其他原则如互不侵犯、互不干涉内政、平等互利和和平共处都是在此基础上延伸出来的。该原则强调国家之间的相互尊重是建立和维护国际关系的基础，包括互相尊重主权和互相尊重领土完整两个方面，不仅体现了对国家核心利益的尊重，还是国际法原则的根基所在，离开了这一点，其他所有的国际合作和和平共处都失去了基础。

（三）互不侵犯原则

该原则是从互相尊重主权和领土完整原则直接引申出来的，也是第一项原则的重要保证。在国际法上，互不侵犯是指各国在相互交往中不得以任何借口进行侵略，不得以违反国际法的任何形式来使用武力或以武力相威胁，不得侵犯他国的主权与领土完整，不得以战争作为解决国际争端的手段。这一原则反对将武力作为处理国家间关系的工具，是对传统强权政治的否定。

（三）互不干涉内政原则

该原则也是从互相尊重主权和领土完整原则直接引申出来的。这一原则要求各国自主地选择本国的政治制度、经济制度、社会文化制度，任何其他国家不得以任何借口直接或间接干预他国的国内事务和外交事务，禁止使用或鼓励使用经济、政治或其他任何形式的措施强迫另一国家屈从于自己的意志，也不得组织、协助、煽动、资助目的在于颠覆他国合法政府的组织或活动。

（四）平等互利原则

该原则既是从互相尊重主权和领土完整原则直接引申出来的，又是在传统的平等原则基础上发展起来的一项新原则。该原则倡导"互利"，抓住了国际关系的实质，注重国与国的务实合作。这一原则要求各国在交往中应相互尊重对方的权利和利益，不干涉对方的内部事务，同时通过合作实现互利共赢。

（五）和平共处原则

该原则既是从互相尊重主权和领土完整原则直接引申出来的，又是五项原则的总称，还是一项单列原则。这一原则强调通过和平方式解决国际争端，避免使用武力或威胁使用武力。

和平共处五项原则是一个互相联系、相辅相成的有机整体，互相尊重主权和领土完整是基础，互不侵犯是保障，互不干涉内政是关键，平等互利是要求，和平共处是前四项原则的最终目标和必然结果，五项原则共同构成一个全面、系统、完整的国际关系准则体系。

三、和平共处五项原则在国际法基本原则中的地位

和平共处五项原则，是国际法基本原则的重要组成部分，丰富和发展了以宪章原则为核心的国际法基本原则。在整个国际法基本原则体系中，和平共处五项原则占有重要地位，主要表现为：

（一）与《联合国宪章》的宗旨和原则是一致的

和平共处五项原则不仅生动反映了《联合国宪章》的宗旨和原则，而且赋予这些宗旨和原则以可见、可行、可依循的内涵。

（二）浓缩了国际法基本原则体系各项原则的精华

虽然五项原则中的每一单项原则早已存在，但是将它们作为一个彼此既有区别的含义又有密切的内在联系的整体提出来，无疑是一种创造性的发展。

（三）科学揭示了正常国际关系的本质特征

五项原则中的前四项都有一个"互"字，后一项有一个"共"字。这不是简单的措辞技巧，而是高度概括了国际社会主权国家相互间彼此依存、共同发展的最基本的特征。它意味着：以国际法基本原则为核心的国际法，只有建立在主权国家"互相尊重""和平共处"的基础上，才能成为一种真正有效促进人类和平与发展的法律秩序。

（四）体现了中国智慧

和平共处五项原则代表了发展中国家和新独立国家建立平等国际关系的愿望，反映了国际法的本质要求，表明了发展中国家遵循国际法基本原则的坚定立场。

四、和平共处五项原则的贡献

70年来，和平共处五项原则跨越时空、超越隔阂，经久愈韧、历久弥新，成为开放包容、普遍适用的国际关系基本准则和国际法基本原则，为人类进步事业作出了不可磨灭的历史贡献。

（一）和平共处五项原则为国际关系和国际法治树立了历史标杆

五项原则充分体现《联合国宪章》宗旨和原则，顺应国际关系发展的时代潮流，符合世界各国人民根本利益。同时，强调国与国关系相互、平等的实践要求，凸显了各国权利、义务、责任相统一的国际法治精神。五项原则涵盖国与国在政治、安全、经济、外交等方面和平共处的基本规范，为各国践行国际法治精神、建立正确相处方式提供了准确清晰、行之有效的行为准则。

（二）和平共处五项原则为不同社会制度国家建立和发展关系提供了正确指导

凡是遵循五项原则，即使社会制度和意识形态不同、历史文化和宗教信仰不同、发展水平和体量规模不同的国家，也完全可以建立和发展相互信任和友好合作的关系。五项原则为和平解决国家间历史遗留问题及国际争端开辟了崭新道路，超越了"集团政治""势力范围"等陈旧狭隘观念和对立对抗思维。

（三）和平共处五项原则为发展中国家团结合作、联合自强汇聚了强大合力

五项原则凝结了发展中国家对改变自身命运、追求变革进步的深刻思考。在五项原则激励和鼓舞下，越来越多亚非拉国家相互声援和支持，奋起抵御外来干涉，成功走出独立自主的发展道路。五项原则还促进了南南合作，推动了南北关系改善和发展。

（四）和平共处五项原则为国际秩序改革和完善贡献了历史智慧

五项原则的出发点就是维护弱小国家在强权政治环境中的利益和诉求，旗帜鲜明地反帝、反殖、反霸，摒弃了穷兵黩武、以强凌弱的丛林法则，为推动国际秩序朝着更加公正合理方向发展奠定了重要思想基础。

【法律问题】

1. 和平共处五项原则在我国立法中的呈现。和平共处五项原则是中国外交政策基本原则和行为准则，在宪法及多部法律中得到体现和强调。《中华人

民共和国宪法》序言部分明确规定："中国坚持独立自主的对外政策，坚持互相尊重主权和领土完整、互不侵犯、互不干涉内政、平等互利、和平共处的五项原则，坚持和平发展道路，坚持互利共赢开放战略，发展同各国的外交关系和经济、文化交流，推动构建人类命运共同体；坚持反对帝国主义、霸权主义、殖民主义，加强同世界各国人民的团结，支持被压迫民族和发展中国家争取和维护民族独立、发展民族经济的正义斗争，为维护世界和平和促进人类进步事业而努力。"《中华人民共和国国防法》第 67 条和《中华人民共和国反外国制裁法》第 2 条也都明确提到了和平共处五项原则。

2. 和平共处五项原则的精髓是国家主权平等。互相尊重主权和领土完整是一切国家生存和发展的必要前提，又是各国人民自由平等交往的必要条件。互不侵犯和互不干涉内政是实现各国之间和平共处的根本保证。平等互利是尊重国家主权和领土完整的必然发展。和平共处五项原则是中国奉行独立自主的和平外交政策的基础和完整体现，被世界上绝大多数国家接受，成为规范国际关系的重要准则。

【中国立场及思政元素分析】

和平共处五项原则的创立是时代的呼唤、历史的选择。第二次世界大战结束后，民族独立和解放运动风起云涌，世界殖民体系土崩瓦解。同时，冷战阴云笼罩世界，"强权即公理"甚嚣尘上。刚刚获得独立的新生国家渴望维护国家主权、发展民族经济。新中国坚持独立自主，积极谋求同世界各国和平共处，努力改善外部环境尤其是周边环境。在此背景下，中国领导人首次完整提出互相尊重主权和领土完整、互不侵犯、互不干涉内政、平等互利、和平共处五项原则，并将其纳入中印、中缅联合声明，共同倡导将五项原则确立为指导国家间关系的基本准则。

和平共处五项原则早已载入中国宪法，成为中国独立自主和平外交政策的基石。当前，中国正在以中国式现代化全面推进强国建设、民族复兴伟业。新征程上，中国将继续弘扬和平共处五项原则，同各国携手推动构建人类命运共同体，为维护世界和平、促进共同发展作出新的更大贡献。

70 年前，面对热战的惨痛浩劫和冷战的分裂对峙，那一代人为了维护和平、捍卫主权，给出了和平共处五项原则的历史答案。这个答案经受住了国际风云变幻的考验，不仅没有褪色过时，反而焕发出更加引人注目的光芒。

70 年后的今天，面对"建设一个什么样的世界、如何建设这个世界"的重大课题，中国又给出了构建人类命运共同体这个时代答案。现在，构建人类命运共同体已经从中国倡议扩大为国际共识，从美好愿景转化为丰富实践，有力推动世界走向和平、安全、繁荣、进步的光明前景。构建人类命运共同体理念与和平共处五项原则一脉相承，都根植于亲仁善邻、讲信修睦、协和万邦的中华优秀传统文化，都彰显了中国外交自信自立、坚持正义、扶弱扬善的精神风骨，都体现了中国共产党人为人类作出新的更大贡献的世界情怀，都展现了中国坚持走和平发展道路的坚定决心，是新形势下对和平共处五项原则最好的传承、弘扬、升华。

案例思考题

1. 结合湖广铁路债券案，分析国家主权豁免原则在国际法中的重要性及其在本案中的体现。

2. 在湖广铁路债券案中，中国政府是怎样运用国际法原则维护本国利益的？

3. 和平共处五项原则体现了什么样的东方智慧？

4. 论述什么是民族自决原则？台湾人民能否行使民族自决权？为什么？

概述；国际法主体的种类；个人的国际法地位。

第一节　概述

一、国际法主体的概念

国际法主体是指能够独立参与国际法律关系，并直接在国际法上享受权利和承担义务的国际法律人格者。

丹麦国际法学家索伦森认为国际法主体的构成要件包括：其一，能承担国际法上的义务，并且在违反义务时会引起国际责任；其二，能主张其在国际法上的权利；其三，可以与国际法的其他主体缔结契约或发生其他法律关系。[1] 在国际法领域，关于国际法主体的具体要件存在一定的学术讨论和争议。除了索罗森提出的这三个条件外，还有其他学者提出了不同的观点，例如王铁崖教授认为国际法主体应具有独立参加国际关系的能力、能直接承受国际权利与义务、是集合体。[2] 而《中国大百科全书·法学》认为，国际法主体需具备独立参加国际法律关系的行为能力、依法享受权利和承担义务的资格的权利能力。有些学者则指出，国际法主体资格的构成要件还包括进行国际求偿的能力以及具有相对稳定的机构或代表。

结合各方观点，国际法主体应具备以下条件：

---

〔1〕　Max Sørensen（ed.），*Manual of Public International Law* 6th ed.，But- terworth，1967，p. 249.

〔2〕　王铁崖主编：《国际法》，法律出版社 1995 年版，第 36~42 页。

（1）具有独立参加国际关系的能力：这意味着能够在国际层面上进行交往、谈判、签订条约等活动，不受其他主体的任意支配和干涉。

（2）具有直接承受国际法上权利和义务的能力：能够以自己的名义享有国际法上的权利，如主权国家享有独立权、平等权等，同时也要承担相应的义务，如遵守国际条约、尊重他国主权等。

（3）具有独立进行国际求偿的能力：当自身的合法权益受到侵害时，能够以自己的名义通过国际法律程序提出申诉、要求赔偿或采取其他救济措施。

（4）具有相对稳定的组织结构和代表：这是有效参与国际法律关系和履行国际义务的基础。

二、国际法主体的范围

（一）国际法主体范围的发展历程

有关国际法主体范围的认识，大体经历了以下三个阶段：

1. 18 世纪以前的早期国际法时期

对国际法主体范围的理解和实践持相当开放的态度，既承认民族国家的国际人格，也不排斥和否定其他个体，如君主、军队、商人、教士、流亡者和居民个人的国际法主体地位。

2. 18、19 世纪的实在法时代（资产阶级革命）

这一时期，欧洲实现了向资本主义社会的转型，主权国家成为国际舞台上角逐的最后胜利者，欧洲社会形成相对单纯、完整的国家间体制。国际法主体制度相当封闭，强调国家的主权和独立地位，主权国家被视为国际法的主要主体。其他一些实体，如国际组织等，在当时的国际法体系中地位和作用相对有限。

3. 20 世纪之后

除民族国家以外，政府间国际组织和争取独立的民族也在一定范围内具有国际法主体资格，学界对个人的国际法主体地位问题都抱有较积极和开放的态度。

（二）国际法主体的范围

国际法主体包括国家、国际组织、争取独立的民族、非政府组织、法人和自然人。国家是基本主体，国际组织、争取独立的民族、非政府组织、法人和自然人是不同程度上的有限的主体。

国际法主体可分为两类：基本主体和派生主体。前者指在国际法律体系中具有自主和独立能力的主体，只有国家为基本主体。派生主体指在国际法律体系中只具有有限和被动能力的主体，包括政府间国际组织、争取独立的民族。这些主体之所以被称为被动主体，是因为国家在国际法律体系中扮演"守门人"的角色，它们只有经国家同意、接受或承认才能参与国际法律体系，其本身没有独立参与国际法律体系的能力。

第二节　国际法主体的种类

一、国家的国际法主体资格

国家曾经是国际法的唯一主体。在现代，国际法主体的范围虽然有所扩大，但是，国家仍然是国际法的基本主体。在当今的国际社会中，如果没有国家，也就不会有国际法。无论是国际法规范的形成和发展，还是国际法规范的遵守和实施，国家都发挥着其他国际法主体不可替代的主导作用。

国家是国际法的基本主体，理由是：

（1）国家具有主权。主权是国家的根本属性，使国家能够独立自主地处理对内对外事务，不受其他国家的干涉和支配。这种主权赋予了国家在国际法律关系中独立决策、参与和承担责任的能力。主权国家是构成现代国际关系和国际社会的基本要素，国家与国家之间的关系仍是国际法律关系的主要部分和基本形式。

（2）国家具有最全面的权利能力和行为能力。国家能够在广泛的领域内享有国际法上的权利，如独立权、平等权、自卫权等，并承担相应的义务，如遵守国际条约、尊重他国主权等。

（3）国际法的调整对象主要是国家之间的关系。国家是国际法规范的主要制定者。国际条约和国际习惯法的形成往往依赖于国家之间的协商和共同意志。国际法的实施主要依靠国家。当国家违反国际法时，应承担相应的责任，这种责任的承担是维护国际法秩序的重要保障。

二、国际组织的国际法主体资格

政府间国际组织作为国际社会在"维持国际和平及安全""推动全球人民

经济及社会之发展"等方面展开合作的重要组织与法律形式,其国际法主体资格是随着自身的演进逐渐被广泛承认的,这种承认体现在以下几个方面:

(1) 许多国际文件和条约均明文确认国际组织的国际法主体地位。例如,《联合国宪章》第 104 条清晰表明,联合国于各会员国领土内,应当享有为执行职务及达成宗旨所必需的法律行为能力。1946 年《联合国特权和豁免公约》也规定,联合国具有法律人格,有订立契约、取得并处置财产和进行诉讼的权利。与联合国有所不同,后续的国际组织,尤其是近年来新成立的国际组织,在它们的组织文件里会被明文赋予国际法律人格。举例来说,1994年《马拉喀什建立世界贸易组织协定》规定,世界贸易组织具有法律人格,并拥有每个成员赋予其履行职能所必要的法律能力。2007 年《里斯本条约》第 46 条规定,欧洲联盟(EU)具有法律人格。《国际刑事法院罗马规约》也存在类似规定。

(2) 国际组织的国际法主体地位为广泛的国家实践所确认。例如,1947年,瑞士与联合国签订协定,确认联合国的法律人格和法律上的权利能力。

(3) 国际组织的国际法主体地位为国际法院的咨询意见所肯定。例如,在 1949 年的"执行联合国职务时所受损害的赔偿案"咨询意见当中,国际法院明确判定联合国具有国际法律人格,是国际法的主体。

虽然国际组织具有国际主体资格已成为共识,但相较于国家,国际组织的国际法主体地位是有限且派生的。国际组织仅仅是有关国家为了在特定领域进行合作而创建的一种法律形式,并非真正意义上的国家,其权利能力和行为能力是由成员国通过协议赋予的,其活动范围也被限制在组织章程所规定的框架内。在 1996 年"一国在武装冲突中使用核武器的合法性案"咨询意见中,国际法院指出:"国际组织属于国际法主体,但和国家存在差异,它们不拥有普遍的权限。"

三、争取独立民族的国际法主体资格

争取独立的民族,是指那些在外国统治、殖民、占领或奴役下,具有强烈的民族认同感和共同意志,为摆脱这种外部控制,争取实现民族自决、建立独立主权国家而积极斗争的民族群体。

作为国际法主体,争取独立民族的国际主体资格问题是在非殖民化过程中被提出来的,是随着 20 世纪民族解放和独立运动的发展而逐步得到承认

的。例如，在第一次世界大战期间，捷克斯洛伐克和波兰人民为争取民族独立，在巴黎成立民族委员会，先后获得英、法等国的承认，并作为协约国的同盟国参加 1919 年的巴黎和会。

争取独立民族之所以具有国际法主体资格，其法律基础是人民自决权原则。民族自决权的确立，为争取独立民族的国际法主体地位奠定了法律基础；争取独立民族国际法主体的确定，也是实现民族自决权的客观需要。

作为国际法主体，争取独立的民族不能与国家相比拟，它至多只是一种过渡型"国家"，因而是一种特殊的和有限的国际法主体。

四、个人或法人的国际法主体资格

个人或法人是否具有国际法主体资格，在理论界存在不同的观点和争论，有肯定说、否定说以及有限肯定说三种观点。"肯定说"认为个人或法人具有国际法主体资格，代表人物如劳特派特，他强调个人在国际人权法和国际刑法等领域具有直接的权利和义务，能够成为国际法的主体。"否定说"认为国际法主要是调整国家之间关系的法律，个人或法人的权利和义务是由国内法规定的，其在国际法中的地位是间接的、派生的。"有限肯定说"认为个人或法人在特定情况下具有国际法主体资格。例如，在国际人权法、国际经济法的某些领域，个人或法人可以享有一定的权利和承担一定的义务。

个人或法人（公司，包括跨国公司）根据国际法享有某些权利、能力和履行某些义务，就此而言，个人（或公司）是国际法的主体。例如，《欧洲人权公约》第 34 条规定，欧洲人权法院（ECHR）可以受理声称成为一个缔约国侵犯公约所载权利之受害者的任何个人、个人群体或非政府组织的申诉。1965 年《关于解决各国和其他国家国民之间投资争端的公约》第 25 条规定：缔约国和另一缔约国国民之间直接因投资而产生的任何法律争端，只要经双方书面同意，外国个人或公司即可将该项争端提交解决投资争端国际中心（ICSID）。又如，《国际刑事法院罗马规约》第 25 条不仅规定了"个人的刑事责任"，还在第 67 条规定了"被告人的权利"以及在第 68 条规定了"被害人和证人的保护及参与诉讼"。

对于个人或法人是否具有国际法主体资格，目前尚无定论。在我国主流的国际法观点中，一般不认为个人或法人具有完全的国际法主体资格。

案例分析

案例一：中国承认黑山共和国

【案情介绍】

2006 年 6 月 14 日，中国外交部时任部长李肇星复信黑山共和国时任外长米奥德拉格·弗拉霍维奇，表示中国政府决定自即日起承认黑山共和国，并强调中方愿在和平共处五项原则基础上发展同黑山共和国的友好合作关系。

黑山共和国于 2006 年 5 月 21 日就独立问题举行全民公决并获通过，6 月 3 日正式宣布独立。6 月 28 日，联合国接纳黑山为第 192 个成员国。同年 7 月 6 日，中华人民共和国代表外交部时任部长李肇星和黑山共和国代表外交部时任部长米奥德拉格·弗拉霍维奇在北京签署了《中华人民共和国和黑山共和国建立外交关系联合公报》，两国自即日起建立大使级外交关系。公报内容包括：中华人民共和国和黑山共和国根据两国人民的利益和愿望，决定自 2006 年 7 月 6 日起建立大使级外交关系；两国愿在相互尊重主权和领土完整、互不侵犯、互不干涉内政、平等互利、和平共处原则基础上，发展两国之间的友好合作关系；中华人民共和国尊重黑山共和国的独立、主权和领土完整，黑山共和国承认世界上只有一个中国，中华人民共和国政府是代表全中国的唯一合法政府，台湾是中国领土不可分割的一部分，反对任何形式的"台湾独立"，反对台湾加入任何必须由主权国家参加的国际和地区组织，承诺不与台湾建立任何形式的官方关系或进行官方往来；两国将根据平等互利的原则和国际惯例，互相为对方建立使馆和履行公务提供一切必要的协助。

【法律问题】

国际法主体包括国家、国际组织、争取独立的民族等。国家是国际法的基本主体，具有完全的权利能力和行为能力。国家可以独立地参与国际关系，享有国际法上的权利和承担国际法上的义务。2006 年 5 月，黑山共和国就国家独立举行公民投票并获通过；同年 6 月 3 日，黑山共和国宣布独立标志着一个欧洲新主权国家的诞生。

【中国立场及思政元素分析】

中国承认黑山共和国这一案例，充分展现了中国秉持和平共处五项原则的坚定立场。中国尊重各国人民自主选择发展道路的权利，承认黑山共和国体现了中国对他国主权和领土完整的尊重，以及对国际和平与稳定的维护。这一立场彰显了中国在国际事务中倡导平等、公正、包容的理念，展示了中国作为负责任大国的形象。

中国的这一行动彰显了开放包容的精神，积极融入国际社会，促进各国友好交流与合作。同时，也体现了中国对国际法和国际秩序的尊重与维护，传递出中国愿与各国共同构建公平正义、和谐稳定的国际环境的积极意愿，凸显了中国在推动全球治理体系变革中的建设性作用。

案例二：伪满洲国

【案情介绍】

1931 年 9 月 18 日，日本关东军在南满铁路柳条湖段制造爆炸事件，借口遭到中国军队攻击，袭击沈阳的中国军队营地，发动了九一八事变。随后两个月内，日本军队迅速占领了辽宁、吉林、黑龙江三省，并在各省成立了地方性的亲日政权。

1931 年底，日本原陆军大臣南次郎前往中国东北，与关东军司令本庄繁和特务机关长土肥原贤二会谈，商讨事变进展，确立了迎接溥仪至东北建立"复国"的方案。1932 年所谓建国时称"满洲国"，1934 年改称"大满洲帝国"。

日本利用汉奸组建傀儡机构，最早始于 1931 年 9 月 25 日成立的"辽宁省地方维持会"。关东军还拉拢地方实力派军阀，如迫使于芷山、张海鹏、张景惠、熙洽、臧式毅等投靠日军。一直企图复辟清朝的前清贵族也参与其中，吉林省时任代理长官的熙洽等前满洲贵族提出迎接溥仪至东北、建立君主制国家，而日本关东军也早已认定溥仪是合适的傀儡人选。

日本为掩盖其侵略阴谋，企图通过操纵傀儡政权来逃避国际义务和谴责。1933 年 2 月，国际联盟以 44 票赞成、1 票弃权、1 票反对（日本）的压倒性优势通过决议，肯定中国对东北拥有主权，不承认伪满洲国的合法性。

然而，仍有部分国家或政权承认了伪满洲国，如萨尔瓦多、意大利、德国、罗马尼亚、保加利亚、匈牙利、克罗地亚、斯洛伐克、西班牙、芬兰、丹麦、泰国、印度临时政府、缅甸巴莫政权、菲律宾劳雷尔政权、维希法国、波兰、梵蒂冈，以及当时中国境内的蒙古、汪伪政府、蒙疆自治政府等。

【法律问题】

国际法主体资格是指一个实体在国际法上能够独立享有权利、承担义务，并能在国际法庭等国际机构中提起诉讼或被诉的资格。在国际法中，主要的国际法主体包括主权国家、国际组织、正在争取独立的民族等。伪满洲国案涉及的国际法主体资格问题，核心在于其是否符合国际法上的国家构成要件以及国际社会的承认效力。

【中国立场及思政元素分析】

伪满洲国案是日本帝国主义妄图分裂中国、实施侵略的罪恶行径的集中体现。在这一黑暗的历史事件中，中国的立场坚定如磐、毫不动摇。中国坚决反对任何形式的分裂行为，始终坚守维护国家主权和领土完整的原则底线。中国人民在这场民族浩劫中展现出了无畏的勇气和顽强的抗争精神。无数仁人志士挺身而出，为了保卫祖国的每一寸土地，不惜抛头颅、洒热血。这种坚定的立场不仅是对国家尊严的捍卫，更是对民族精神的坚守，向全世界昭示了中国人民绝不屈服于外敌侵略的钢铁意志，彰显了中国对正义的执着追求，对和平的渴望。中国始终坚信，任何试图分裂国家主权、践踏领土完整的阴谋都注定会失败，正义必将战胜邪恶，和平终将取代战争。

伪满洲国案犹如一面沉重的历史铜镜，时刻警示着我们铭记那段充满血泪与屈辱的过往，勿忘国耻，以史为鉴。这段历史也激发了我们强烈的民族自豪感和责任感。同时，也体现了中国共产党领导下的人民在面对外敌侵略时的团结一心、英勇无畏，展现了中国人民为了民族独立和解放而不懈奋斗的精神。这一历史事件让我们深刻认识到国家强大是维护和平与尊严的保障，激励着我们为实现中华民族伟大复兴而努力拼搏。

案例思考题

1. 黑山共和国在被承认之前，是否具有国际法主体资格？

2. 伪满洲国作为日本扶植的傀儡政权，是否能被视为具有国际法主体资格的"国家"？其所谓的"国家地位"在国际法上是否有任何合法性基础？

3. 从国际法主体资格的构成要素来看，伪满洲国是否具备独立参与国际交往、承担国际权利和义务的能力？

第六章

国际法上的国家

本章知识点

国家的构成要素；国家的类型；国家的基本权利和义务；国家豁免；国际法上的承认；国际法上的继承。

第一节　国家的构成要素和类型

一、国家的构成要素

国际法上的国家是指具有定居的居民、确定的领土、一定的政权组织或政府和拥有主权的政治法律实体。

作为国际法意义上的国家，必须具备以下要素：

1. 定居的居民

国家首先是由一定的人组成的，这是构成国家的基本条件。具有定居的永久性居民，才能形成社会，发展出政治、经济、文化体系，进而构成国家。没有定居的居民不构成国家，例如，南极洲虽然有广阔的陆地，但由于气候极端恶劣，没有定居的居民，因此不能成为一个独立的国家。至于居民数量的多寡，民族、种族的构成如何，并不影响一个国家的存在。

2. 确定的领土

确定的领土是国家存在的物质基础。"皮之不存，毛将焉附"如果领土不存在了，国家也便不复存在了。国家对其领土拥有主权。国家的领土可大也可小，领土面积的大小不影响国家的存在。并且无论是领土面积最大的俄罗斯，还是领土面积最小的梵蒂冈，他们在国际上都具有平等的地位。

3. 一定的政权组织或政府

国家不能没有政府，政府是执行国家职能，即对内实行管辖、对外进行国际交往的组织机构。一个无政府状态的社会，自然就不能称为国家。至于一个国家政府叫什么名字或者采取何种形式的政权组织，是各国的内政问题。在国际法上，中央政府代表国家。

4. 主权

主权是国家的根本属性和固有权利，是对内的最高权和对外的独立权。主权具有全面独立的意思，意味着国家在国际社会中具有独立自主地处理对内对外事务的最高权力，不受其他国家的干涉和支配。如果没有主权，国家就不能成为国际法上完整意义的国家。

总之，人口、领土、政府和主权这四个要素相互关联、缺一不可，共同构成了一个完整的国际法上的国家。例如，巴勒斯坦解放组织，虽然具有一定的组织形式和代表其利益的机构，但因为没有确定的领土，所以不被视为一个完整意义上的国家。而山东省，尽管拥有人口、政府等要素，但它没有主权，所以其只是中国的一个地方行政区域。

二、国家的类型

按照不同的标准可以将国家划分为不同的类型。

（一）单一国和复合国

按照国家的结构形式，可分为单一国和复合国。

1. 单一国

单一国（单一制国家），是指由若干行政区域构成的统一主权国家。单一国具有以下特点：全国只有一部宪法，只有一个中央政权机关，只有一个国籍，国家只有一套立法、司法和行政系统。中央政府统一行使对内对外的权力，地方行政单位接受中央政府的领导。

中国就是典型的单一国。中国拥有一部统一的宪法，即《中华人民共和国宪法》。中央政府即国务院，对全国事务进行统一领导和管理。全国人民只有一个国籍，即中华人民共和国国籍。中国的立法机关是全国人民代表大会及其常务委员会，司法机关包括最高人民法院、最高人民检察院等，行政机关包括各级人民政府，形成了统一的体系。地方各级行政区域，如省、市、县等，都在中央政府的统一领导下开展工作。台湾是中国的一个省，香港、澳门虽然在中央政府授权下可享有部分对外交往的权力，但不影响我国作为单一制国家的国家形式。

2. 复合国

复合国（复合制国家）是指由两个或两个以上的成员邦组联合形成起来的复合结构的国家或国家联合体。复合国主要分为联邦和邦联两种形式。历史上曾出现过"君合国"和"政合国"两种不同的国家组织形式，不过，目前已无此类复合国形式存在。

（1）联邦

联邦是由两个或两个以上的成员单位（州、邦、共和国等）根据联邦宪法组成的国家。联邦是复合国中最典型和最主要的形式。联邦国家具有以下特点：有统一的联邦宪法和立法、司法、行政机构，人民拥有统一的联邦国籍。对外权力主要由联邦政府行使，各成员单位在一定程度上拥有自治权，但不具备国际法主体地位。不过，各联邦国家的成员国单位的对外交往权有所区别。

美国是一个联邦制国家，由 50 个州组成。美国有一部联邦宪法，规定了联邦政府和各州的权力范围。联邦政府在国防、外交等领域拥有主要权力，各州在教育、治安等方面有一定的自治权。另外，俄罗斯、德国、加拿大、印度、巴西、墨西哥等都是联邦国家。

（2）邦联

邦联是若干主权国家为维持它们对内对外独立特定目的根据条约组成的一种松散的国家联合体。邦联国家具有以下特点：邦联本身没有统一的立法、行政、司法机关，人民也没有统一的国籍，各成员是独立的主权国家，分别是国际法主体，而邦联本身不是一个国家，不是国际法主体。

历史上曾出现过一些邦联制国家，但目前被广泛认为是邦联制的国家极少。

（二）独立国与附属国

按照国家享有主权的程度，国家可分为独立国和附属国。

1. 独立国

独立国是指拥有完全主权，能够独立自主地处理国内外事务的国家。独立国拥有独立的政治、经济、军事、外交等权力，不受其他国家的支配和干涉。例如，中国是一个独立国，拥有完整的主权，能够自主制定国家政策，开展对外交往，决定自身的发展道路。

2. 附属国

附属国是指名义上拥有主权，实际上在外交、金融经济和军事等方面依附于帝国主义强国并受其控制的国家。附属国有附庸国和被保护国两种类型。

附庸国在名义上保持一定的主权，但在内政、外交和经济等方面实际上从属于另一个国家。这种从属关系通常表现在外交上，附庸国的大部分或全部外交事务由另一个国家代表，但在国家内部事务上仍享有相对独立的地位。如在 19 世纪中期，保加利亚、埃及、罗马尼亚等，均为土耳其帝国的附庸国。被保护国者是指依据条约，将其重要的国际事务交由一个强国处理，从而处于被保护关系下的独立国家。这种国家在国际关系中几乎完全依赖于保护国，通常是因为军事、经济或其他方面的弱点而寻求保护。被保护国在国际事务中的行动和决策往往受到保护国的显著影响。总的来说，附庸国在内部事务上保留一定的自主性，而被保护国则在国际关系和内部事务上都较为依赖保护国。

在古代，朝鲜在一定时期可以被视为中国的附庸国；而在近代，一些中东和非洲国家曾作为被保护国处于欧洲列强的控制之下。随着现代国际关系的发展和对国家主权平等原则的强调，严格意义上的附属国已不复存在。

（三）永久中立国

在国际法上，永久中立国是具有特殊地位的独立国。

中立和中立国原是战时国际法上的概念，它指一个国家在其他国家间发生的战争中，不参加任何一方。战时中立是临时的，是在战争中对交战方采取不偏不倚政策的结果，因此是可变化的。永久中立国不同于战时中立国和执行中立政策的国家，它以国际条约或国际承认为根据，在对外关系上承担永久中立义务。这些义务包括：①除自卫外，不得对他国进行战争，也不得参加其他国家间的战争。②不得缔结诸如军事同盟条约、共同防御协定之类的与中立地位抵触的条约，以及不得参加任何军事集团或联盟。③不得采取任何可能使它卷入战争的行动或承担这方面的义务，如不得允许外国军队过境或在其境内建立军事基地和组织军队；不得为他国提供准备、发动和进行战争的任何条件；不得接受附有任何政治条件以致损害自己中立地位的援助等。

永久中立国承担上述义务，使其主权在与战争有关的国际活动方面受到一定限制，但是并不影响其主权地位，因为其一，它所放弃的主权有限；其二，这种放弃是基于自愿，这本身就是行使主权的表现。在世界近 200 个国家中，有 4 个永久中立国，并得到国际上的普遍承认，他们分别是奥地利、爱尔兰、哥斯达黎加和土库曼斯坦。世界上首个永久中立国家是瑞士，其于 1815 年通过《维也纳公会宣言》成为永久中立国，并得到《维也纳公会决议书》等公约的认定。2022 年，瑞士宣布将参与欧盟对俄罗斯的制裁计划，打破了其政治中立传统。

第二节　国家的基本权利和义务

国家的基本权利是指由国家主权直接派生出来的国家所固有的权利，是主权国家所不可缺少的。其他权利则是从国家基本权利中引申出来的，是派生权利。国家享有基本权利，同时又必须承担尊重他国基本权利的义务。

一、独立权

（一）独立权的概念

独立权是指国家按照自己的意志处理本国对内对外事务而不受他国的控制和干涉的权利。

现代国际法上的独立权，不仅包括政治上的独立权，而且包括经济上的独立权，即不受外国剥削和掠夺的权利。

（二）独立权的特征

独立权包含两个特征：独立自主和不受干涉。前者体现自主性，即国家有权独立自主地处理其主权范围内的国内外事务。对内可独立自主地选择本国的政治、经济、文化、社会等制度，发展道路按照自己认为适当的方式处理本国的行政事务，制定本国的政策法律等。对外，除受国际法限制外，可独立自主地实行本国的对外政策，处理其国际事务，例如，订立国际条约，派遣和接受外交使节等。后者体现排他性，即国家处理主权范围内的事务不受外来干涉。

（三）独立权对应的义务

与独立权这一国家基本权力对应的国家基本义务是不干涉别国内政。独立权是不干涉内政原则的基础，干涉别国内政构成对别国独立权的侵害。

二、平等权

（一）平等权概念

平等权是指国家在国际法上具有地位平等的权利。平等权是国家主权的直接体现。不论其居民数量多少、领土面积大小、经济实力强弱，不论其选择社会、政治、经济、文化制度，也无论其发展水平如何，国家在国际法上均享有平等的法律地位，均有权平等地参加国际关系，享受国际法上的权利以及承担国际法上的义务。

（二）平等权的表现

国际法上的主权平等并非绝对平等，而是一种相对平等。这种平等主要体现在以下几个方面：

（1）在国际会议和国际组织中享有同等的选举权和投票权。这确保了不同国家在决策中的平等地位。

（2）各国在外交文本上有使用本国文字的权利，缔约时本国语文与别国语文具有同等效力。按照"轮署制"，每个缔约国在其保存的文本上名列首位。

（3）国家在外交礼仪上享受平等的尊荣权。国家元首、国旗、国徽不受侮辱。

（4）国家在外国享有司法豁免权。国家行为和国家财产不受外国法院管辖，这保护了国家的主权和财产权不受外国法律的非正常干涉。

（5）各国对于外侨不得以其国籍不同，在法律上特别是人身和财产方面有所歧视。

（6）各国均有权在平等的基础上与他国缔结条约，非缔约国不承担义务。

三、自卫权

（一）自卫权的概念

自卫权是指国家为了保卫自己的生存和独立而具有的权利。广义的自卫权，又称为"自保权"，它包括两个方面的内容：国防权（平时）是指国家有权使用自己的一切力量，进行国防建设，防备可能来自外国的侵犯；狭义的自卫（战时）权是指当国家遭到外国的武力攻击时，有权实施单独或集体的武装自卫行动。

（二）自卫权的行使条件

自卫权的行驶受到严格的条件限制，根据《联合国宪章》第51条和国际习惯法，其行使的条件包括：

1. 受到武力攻击

这是行使自卫权的唯一前提，武力攻击必须是已经发生的、实际存在的，而非仅仅是威胁或潜在的可能。

2. 适时性

自卫行动必须是在遭受武力攻击之后立即采取的，不能有不适当的迟延。并且，自卫行动应在安全理事会采取维持国际和平与安全的必要办法之前，一旦安全理事会采取维持国际和平与安全的必要办法，比如集体军事行动，自卫行动必须停止。

3. 报告义务

行使自卫权的国家应将自卫行动立即报告安全理事会，并不得影响安全理事会采取其所认为必要行动的权责。

4. 遵守必要性和比例性原则

自卫行动必须是必要的，即没有其他可行的和平手段可以制止攻击或消除威胁。必要性与和平解决国际争端原则相关。自卫措施应与所遭受的武力攻击在程度和规模上相称。自卫行动不能超过击退攻击、消除威胁所需的合理限度。

四、管辖权

（一）管辖权的概念

管辖权是指国家根据国际法对特定的人、物和事件进行管理或施加影响的权利。国家管辖权与国际管辖权（即国际机构的管辖权）相对，反映了国家主权平等原则和不干涉内政原则。

（二）管辖权的分类

管辖权通常按行使依据区分，分为属地管辖权、属人管辖权、保护性管辖权和普遍管辖权。其中，属地管辖权和属人管辖权是主要的。

1. 属地管辖权

（1）属地管辖权的概念。属地管辖权，又称"领域管辖权"或"属地最高权"，是指对其领域内的一切人、物和所发生的事件，除国际法公认的豁免者外，行使管辖的权力。

根据属地管辖权，外国自然人和法人都必须遵守居留国的法律，并服从当地的立法、司法和执行管辖。例如，《中华人民共和国刑法》（以下简称《刑法》）第6条规定："凡在中华人民共和国领域内犯罪的，除法律有特别规定的以外，都适用本法。凡在中华人民共和国船舶或者航空器内犯罪的，也适用本法。犯罪的行为或者结果有一项发生在中华人民共和国领域内的，就认为是在中华人民共和国领域内犯罪。"

（2）属地管辖权的例外或受限制的情形。属地管辖权并非绝对，存在例外或受限制的情形：一是基于外交豁免，一国不得对外国国家元首或外交代表行使属地管辖权，《刑法》第11条规定："享有外交特权和豁免权的外国人的刑事责任，通过外交途径解决。"二是基于国家主权豁免原则，国家行为和财产不受他国管辖。三是他国船舶在本国领海内有无害通过权，一般不应干预外国船舶的内部事务。四是一国属地管辖权与他国属人管辖权相冲突，属地管辖权的行使有时受到外国属人管辖权的限制，如国家无权强迫在其本国内的外国人服兵役。

2. 属人管辖权

（1）属人管辖权的概念。属人管辖权，又称"国籍管辖权"或"属人最高权"，是指国家对具有本国国籍的人实行管辖的权利，无论该人位于国内还是国外。属人管辖的范围包括自然人，也包括法人。根据该管辖权，国家可以对在外国犯罪的本国人进行司法管辖。例如，我国《刑法》第7条规定："中华人民共和国公民在中华人民共和国领域外犯本法规定之罪的，适用本法，但是按本法规定的最高刑为三年以下有期徒刑的，可以不予追究。中华人民共和国国家工作人员和军人在中华人民共和国领域外犯本法规定之罪的，适用本法。"

（2）属人管辖权的例外或受限制的情形。属人管辖权的行使会受到所在国属地管辖权的限制。例如，如果没有所在国相关当局的同意，对在外国境内的本国公民一般不能采取强制措施。

3. 保护性管辖权

保护性管辖权又称"域外管辖权"，是指国家对于外国人在该国领域外侵害该国的国家或公民的重大利益的犯罪行为有权行使管辖。

该管辖权的行使一般应考虑以下三个方面：一是管辖的目的，国家基于保护本国的国家安全、领土完整和重大的经济利益（包括本国国民的重大利益）免受犯罪行为的严重侵害而实施的。二是进行司法管辖的对象是外国人在国外从事的犯罪行为，这些行为一般都是世界各国所公认的犯罪行为，例如，间谍罪、杀人罪、纵火罪等。我国《刑法》第8条规定："外国人在中华人民共和国领域外对中华人民共和国国家或者公民犯罪，而按本法规定的最低刑为三年以上有期徒刑的，可以适用本法，但是按照犯罪地的法律不受处罚的除外。"三是该管辖权的行使受到罪行发生地属地管辖权的限制，一般需要借助如引渡等其他程序实施。

4. 普遍管辖权

普遍管辖权，又称"普遍性管辖权"或"普遍管辖原则"，是指根据国际法的规定，对于严重危害国际和平与安全以及全人类共同利益的某些特定的国际犯罪行为，各国均有管辖权，而不问这些犯罪行为发生的地点和犯罪嫌疑人的国籍。

普遍管辖权突破了地域（属地管辖权）、国籍（属人管辖权）和利益（保护性管辖权）这三种传统管辖的因素，因而受到严格限制。基于此，普遍管辖权管辖的犯罪应是国际社会公认为其行为的严重性非常之大，以至于这些罪行应该受到所有国家的管辖。至于哪些犯罪被认为是应该受到所有管辖的，具体罪名并无明确规定，但海盗行为、奴隶贸易和战争罪已获公认，灭绝种族、空中劫持、贩卖和走私毒品、危害人类罪也逐渐获得认同。另外，一国只能在本国管辖范围内或者不属于任何国家管辖的区域行使普遍管辖权。

第三节　国家豁免

鉴于国家元首、政府首脑和外交代表所享有的外交特权和豁免权在其他章节有专门阐述，本节仅从国家行为和国家财产两个方面介绍国家豁免问题。

一、国家豁免的概念

国家豁免，又称"国家主权豁免""主权豁免"或"国家管辖豁免"，是指根据国家平等原则，国家及其机构的行为和财产不受他国管辖的特权。主要包括司法管辖豁免权与执行管辖豁免权。

国家豁免的内容主要包括三个方面：一是司法管辖豁免指的是未经一国明确同意，任何其他国家的法院都不得受理以该外国国家为被告或者以该外国国家的财产为诉讼标的的案件。然而，一国法院可以受理外国国家作为原告提起的民事诉讼，且该外国法院也可审理诉讼中被告提起的同该案直接有关的反诉。二是诉讼程序豁免是指未经一国同意，不得强迫其出庭作证或提供证据，不得对该外国的国家财产采取诉讼保全等诉讼程序上的强制措施。三是强制执行豁免指非经该外国国家明确同意，即使主权国家在另一国法院应诉并且败诉，其国家财产也免于强制执行。

国家豁免在性质上是程序性的，只是一项程序性抗辩，主要功能在于确定有关管辖权的行使问题，与有关外国的行为不当性、救济和责任问题无关。

二、国家豁免的主体

国家是国家豁免权的当然享有者。然而，"国家"是一个抽象的概念，国家的行为是由代表国家的机关团体或者个人来完成，因此，国家作为豁免权的主体实际上涉及谁可以代表国家从而成为国家豁免的主体。

根据《联合国国家及其财产管辖豁免公约》第 2 条第 1 款第（b）项对"国家"一词的阐释，享有国家豁免权的主体有以下四类：

（1）国家及其政府的各种机关。

（2）有权行使主权权力并以该身份行事的联邦国家的组成单位或国家政治区分单位。

（3）国家机构、部门或其他实体，但须它们有权行使并且实际在行使国家的主权权力。这里的"实体"一词系指作为独立法人的国家，以及具有独立法人地位的联邦制国家的组成部分、国家政治区分单位、国家的机构或部门或其他实体。

（4）以国家代表身份行事的国家代表。

《中华人民共和国外国国家豁免法》（以下简称《外国国家豁免法》），自 2024 年 1 月 1 日起施行，其第 2 条对"外国国家"的定义，也可视为对国家豁免权主体的规定，具体为外国主权国家；外国主权国家的国家机关或者组成部分；外国主权国家授权行使主权权力且基于该项授权从事活动的组织或者个人。

国有企业原则上不具有这种地位，不能对其行为主张国家豁免权，除非它们有权并实际在行使国家的主权权力。在 2019 年伊朗诉美国关于"某些伊朗资产案"初步反对意见判决中，国际法院确认，从事统治权活动的国有实体根据习惯国际法享有豁免权。同样道理也适用于国家主权财富基金。中国主张，"中国的国有企业和公司是具有独立法人资格的实体，不享有主权豁免"[1]。

三、国家豁免的例外

《联合国国家及其财产管辖豁免公约》第 10 条至第 17 条列举了国家豁免的八种情形。《外国国家豁免法》确立外国国家管辖豁免的原则与例外，例外情形包括外国明示和默示接受管辖，以及商业活动争议、劳动和劳务相关合同争议、相关人身和财产损害争议、财产性争议、知识产权争议、仲裁争议等外国国家非主权行为引发的诉讼，我国法院可以行使管辖权。结合上述规定，国家豁免的例外情形主要包括以下八种：

1. 国家同意放弃豁免

根据国家主权原则，国家享有豁免权，但如果国家明示或默示地同意放弃豁免，那么该国家将不再享有豁免权。国家明示和默示接受管辖即视为放弃。

2. 商业交易

当国家从事商业交易时，它可能被视为与普通当事人平等的商业实体，从而不再享有豁免权。

3. 侵权行为

如果国家或其代表在外国从事侵权行为，如造成人身伤害或财产损失，那么该国家可能不再享有豁免权。

4. 知识产权和财产权

当国家或其代表在外国侵犯他人的知识产权或财产权时，该国家可能不再享有豁免权。

5. 劳动争议

涉及国家或其代表的劳动争议可能不适用豁免权，因为这些争议通常被视为私人性质的争议。

6. 参加国际组织的国家

当国家加入国际组织并接受该组织的规则时，它可能需要根据该组织的

---

〔1〕 段洁龙主编：《中国国际法实践与案例》，法律出版社 2011 年版，第 26 页。

规则放弃部分豁免权。

7. 仲裁协议

如果国家与其他当事人达成仲裁协议，那么该国家可能需要根据仲裁协议放弃豁免权。

8. 强制执行豁免的放弃

即使国家在其他方面享有豁免权，但如果它明示或默示地同意放弃强制执行豁免，那么其他国家可以采取强制执行措施。

四、国家豁免权的放弃

国家豁免权的放弃并不是一个在法律条文中明确界定的概念，它通常指的是一个国家在特定情况下，自愿放弃其作为国家所享有的某些豁免权利，接受外国法院的管辖。国家豁免权的放弃是国家的一种主权行为，但这种放弃行为必须是自愿的，且是清楚确定的。

（一）国家豁免权放弃的形式

国家豁免权的放弃形式包括两种：明示放弃和默示放弃。

1. 明示放弃

明示放弃即国家以国际协定、书面合同或仲裁协议、在法院发表的声明或在特定诉讼中或在当事方发生争端后提出的书面函件等方式明示同意外国法院对某一事项或案件行使管辖或采取强制措施。

《联合国国家及其财产管辖豁免公约》第 7 条第 1 款对国家豁免权的明示放弃形式做出了规定："一国如以下列方式明示同意另一国法院对某一事项或案件行使管辖，则不得在该法院就该事项或案件提起的诉讼中援引管辖豁免：（a）国际协定；（b）书面合同；或（c）在法院发表的声明或在特定诉讼中提出的书面函件。"

我国《外国国家豁免法》第 4 条第 1 款对放弃国家豁免的形式也作了规定："外国国家通过下列方式之一明示就特定事项或者案件接受中华人民共和国的法院管辖的，对于就该事项或者案件提起的诉讼，该外国国家在中华人民共和国的法院不享有管辖豁免：（一）国际条约；（二）书面协议；（三）向处理案件的中华人民共和国的法院提交书面文件；（四）通过外交渠道等方式向中华人民共和国提交书面文件；（五）其他明示接受中华人民共和国的法院管辖的方式。"

2. 默示放弃

默示放弃是指国家通过做出与诉讼直接有关的积极行为，如参与诉讼、提起诉讼、介入特定法律程序等，被推断为放弃了豁免权。

《联合国国家及其财产管辖豁免公约》第 8 条和第 9 条规定，默示放弃包括一国本身在外国法院提起诉讼、介入该诉讼或采取与案件实体有关的任何其他步骤、提起反诉。在上述情形下，一国不得在另一国法院的诉讼中援引管辖豁免。

我国《外国国家豁免法》第 5 条也作了规定："外国国家有下列情形之一的，视为就特定事项或者案件接受中华人民共和国的法院管辖：（一）作为原告向中华人民共和国的法院提起诉讼；（二）作为被告参加中华人民共和国的法院受理的诉讼，并就案件实体问题答辩或者提出反诉；（三）作为第三人参加中华人民共和国的法院受理的诉讼；（四）在中华人民共和国的法院作为原告提起诉讼或者作为第三人提出诉讼请求时，由于与该起诉或者该诉讼请求相同的法律关系或者事实被提起反诉。外国国家有前款第二项规定的情形，但能够证明其作出上述答辩之前不可能知道有可主张豁免的事实的，可以在知道或者应当知道该事实后的合理时间内主张管辖豁免。"

（二）不视为放弃豁免权的情形

根据《联合国国家及其财产管辖豁免公约》第 7 条第 2 款和第 8 条第 2 至第 4 款的规定，在下列情况下，一国的行为不应解释为同意另一国的法院对其行使管辖权：①一国同意适用另一国的法律；②一国仅为援引豁免或对诉讼中的财产主张权利；③一国代表在另一国法院出庭作证；④一国未在另一国法院的诉讼中出庭。

我国《外国国家豁免法》第 6 条也作了规定："外国国家有下列情形之一的，不视为接受中华人民共和国的法院管辖：（一）仅为主张豁免而应诉答辩；（二）外国国家的代表在中华人民共和国的法院出庭作证；（三）同意在特定事项或者案件中适用中华人民共和国的法律。"

需要特别指出的是，放弃管辖豁免与放弃强制措施豁免是分离的行为，也就是说国家在外国法院放弃管辖豁免，并不意味着也放弃执行豁免，对此，在《外国国家豁免法》第 13 条也有对应规定："外国国家的财产在中华人民共和国的法院享有司法强制措施豁免。外国国家接受中华人民共和国的法院管辖，不视为放弃司法强制措施豁免。"

对于放弃司法强制措施豁免的形式，根据《外国国家豁免法》第 18 条和第 19 条规定，只能以明示方式作出。这与我国豁免法的规定不同。我国《外国国家豁免法》第 14 条规定："有下列情形之一的，外国国家的财产在中华人民共和国的法院不享有司法强制措施豁免：（一）外国国家以国际条约、书面协议或者向中华人民共和国的法院提交书面文件等方式明示放弃司法强制措施豁免；（二）外国国家已经拨出或者专门指定财产用于司法强制措施执行；（三）为执行中华人民共和国的法院的生效判决、裁定，对外国国家位于中华人民共和国领域内、用于商业活动且与诉讼有联系的财产采取司法强制措施。"由此可见，司法强制措施豁免放弃的形式除明示作出外，还可以以实际行动默示作出。

第四节　国际法上的承认

一、承认的概念特征与方式

国际法上的承认，是指既存的国际法主体对新出现的国家、政府、国际组织、民族解放组织、交战团体、叛乱团体或某种情势的确认，并表明愿意与有关实体发展正常关系的单方面行为。

（一）承认的特征

1. 承认的主体

承认通常由现存的国家或国际组织作出。

2. 承认的对象

承认的对象可以是新成立的国家、新政府、交战团体或叛乱团体的承认，以及领土变更或附属领土地位变更的承认等。

3. 承认的效果

承认一旦作出，即产生特定的法律效果。对于被承认的新国家或新政府而言，其法律地位得到国际社会的认可，从而能够享有国际法上的权利和承担国际法上的义务。

4. 承认的不可撤销性

承认一旦作出，通常被认为是不可撤销的，除非承认国在作出承认时明确保留了撤销的权利。

（二）承认的方式

承认可以是明示的，也可以是默示的。明示承认通常通过发表声明、照会或函电等方式表达；默示承认则可能通过与新国家或新政府建立外交关系、缔结条约等行为来体现。

明示承认是最常用的承认表现形式。默示承认则是一种间接的，通过新国家或新政府建立外交关系、缔结条约等行为表示的承认。然而，与新国家共同参加国际组织、国际会议或多边国际公约，不视为对新国家的默示承认。

（三）承认的分类

根据承认的内容和法律效力可以将国家承认区分为法律上的承认和事实上的承认。

法律上的承认，也称"正式承认"，是一种完全的、永久的承认，表明承认者愿意与被承认者进行全面交往，构成两者之间发展正常关系的法律基础，不可撤销。

事实上的承认，承认者与被承认者之间只发生一定的交往，不建立全面的正式关系，可撤销或收回。

二、国家承认

（一）国家承认的概念

国家承认是指既存国家（或国际组织）以明示或默示方式对新国家这一事实的确认，并表示愿意与新国家建立外交关系的单方面国家行为。

承认包含两层含义：①承认国对某一地区的居民组成为一个国家这一事实的确认；②承认国表明它愿意与新国家建立正式外交关系。

对于承认产生的法律效果，应注意承认不等于建交，但承认往往成为双方建交的法律基础。

（二）国家承认的法律性质和作用

关于国家承认的法律性质和作用，即承认对新国家的国际法主体资格的影响问题，学界有以下两种学说：

1. 构成说（创设说）

一个新国家只有经过既存国家的承认才能成为国际法主体，承认具有创造国际法主体的作用，国家之所以能够成为国际人格者从而成为国际社会的成员，是承认的结果。

可以说承认可为相关实体提供具备国家资格的强有力证据，但存在诸多问题：①新国家是先于并独立于外国的承认而实际存在的，并不是由于承认才被创造出来的；②新国家一经出现，就享有主权和由此引申出来的基本权利，其基本权利不是承认国赋予的；③按照构成说会出现一个实体在同一时期既是国际法主体又不是国际法主体的矛盾情况。

2. 宣告说

承认只是既存国家对新国家已经存在这一事实的确认或宣告，不具有创造国际人格的作用，国家的成立及其国际法主体资格的取得不依赖于任何其他国家的承认。

（三）国家承认的情形

国家承认通常发生在国家的合并、分离、分立和独立四种情形下：

（1）合并即两个或两个以上的国家合并为一个新国家。

（2）分离即一国的某一部分或某几个部分领土脱离该国成立一个或数个新独立国家，而原国家仍然存在的情况。例如，2011 年 7 月，南苏丹从苏丹独立出来。

（3）分立即"解体"，一个国家分裂为几个新国家，而母国不复存在的情况。如，苏联于 1991 年解体为俄罗斯等 15 个国家。

（4）独立即原来的殖民地取得独立后，成立新的独立国家。

（四）国家承认的效果

对新国家进行承认将产生以下法律效果：

（1）国家承认奠定承认国与被承认国之间全面交往的基础，两国之间可以建立正式外交关系和领事关系；法律上承认的效果之一是双方可以建交，但承认不等于建交。

（2）双方可以缔结政治、经济、文化等各方面的条约或协定。

（3）承认被承认国的法律法令的效力及其立法、行政和司法行为的有效性。

（4）承认被承认国取得在承认国法院进行诉讼的权利及其本身或国家财产的司法豁免权。

（5）被承认国或政府有权要求和接收坐落在承认国管辖范围内前政府消灭时原属前政府的财产等。

三、政府承认

(一) 政府承认的概念

政府承认，是指既存国家承认另一既存国家的新政府，即承认某一新政府为国家的正式代表，并表明愿意与它建立或继续保持正常关系的行为。一般发生在由于社会革命或叛乱等以非宪法手段造成的政府更迭情况。

政府承认与国家承认的联系和区别。联系表现在：当新国家产生时，总是同时建立新政府，因此，承认了新国家同时也就承认了新政府；反之，承认了新国家的政府，当然也就承认了它所代表的新国家。区别在于：政府承认不涉及或影响国家的国际人格，国家的国际法主体资格不因政府更迭而受影响；国家承认是承认一个新的国际法主体。例如，对中华人民共和国的承认，属于对新政府的承认，而不是对新国家的承认。中华人民共和国作为国际法主体是旧中国的继续。

(二) 政府承认的条件

根据国际实践，新政府获得承认的必要条件是"有效统治"，即新政府已经在其国家的全部或绝大部分领土内有效行使权力或有效控制。基于"有效统治"，对新政府的承认一般不考虑该政府的政权起源以及其存在的法律依据。值得指出的是，一国可以对新政府予以承认或不予承认，但不能利用承认干涉别国内政。

(三) 政府承认的法律效果

现存国家对新政府的承认，往往成为双方建立或保持外交关系的基础。承认者应承认新政府拥有作为国家合法代表的一切资格和权利。承认者自动终止和撤销对原政府的承认，原政府在承认国不再享有任何基于承认的权利。

第五节　国际法上的继承

一、继承的概念与特征

国际法上的继承是指国际法上的权利和义务由一个承受者转移给另一个承受者所发生的法律关系。根据参加继承关系的主体不同，国际法上的继承可以分为国家继承、政府继承和国际组织的继承。最主要和最基本的是国家继承。

国际法上的继承具有如下特征：

（1）参与继承法律关系的主体，可以是国家或政府，还可以是国际组织，但不是个人。

（2）继承的对象是国家的权利和义务，而不是个人的权利和义务。

（3）继承国可以选择性地继承被继承者的某些权利和义务，不同于国内法上的继承。

（4）发生继承的原因，是由于国家领土的变更、政府的变更或国际组织的变更，而不是自然人的死亡。

二、国家继承

（一）国家继承的概念

国家继承，是指因国家领土变更而引起一国的权利和义务转移给另一国的法律关系。

引起国家继承的原因是国家领土的变更，主要包括：合并、分离、解体、部分领土转移（领土割让或交换）和独立。

（二）国家继承必须具备的基本条件

根据国际法，国家继承必须具备以下两个条件：

（1）合法性，条约和条约以外事项的权利和义务，必须符合国际法，一切与国际法相抵触的权利和义务，均不属于继承范围。

（2）领土性，国家继承的权利和义务必须与所涉领土有关联，与所涉领土无关的权利和义务不属于国家继承范围。

（三）国家继承的对象

1. 条约继承

条约的继承指继承国对被继承国所订条约中规定的权利、义务的继承，其实质就是被继承国签订的条约对继承国是否继续有效的问题。

（1）条约继承的一般原则。

第一，一般不继承：与国际法主体资格相联系的所谓"人身条约"，例如参加某一国际组织的条约，是随着被继承国国际人格的消灭而消灭的；政治性条约，如同盟条约、共同防御条约等，一般不继承。

第二，一般继承：处理与所涉领土有关事务的所谓"非人身条约"，即

"处置条约"，如有关边界和边境制度的条约，有关河流使用、水利灌溉、铁路交通的条约，有关中立化或非军事区的条约，特别是为当地利益而缔结的条约等，一般应予继承。

第三，酌情继承：经济性条约一般需要根据条约的内容来确定是否予以继承。

（2）条约继承的具体规则。

1978 年《关于国家在条约方面的继承的维也纳公约》对条约的继承具体规定了以下制度。

第一，合并：两个或两个以上国家合并为一个国家时，对其中的任何一个国家有效的任何条约，除非另有协议，或其继续适用将不符合条约的目的和宗旨，或根本改变实施条约的条件，应继续对继承国有关领土有效。

第二，分离或解体：在一国的一部分或几部分领土分离而组成一个或一个以上国家时，不论被继承国是否继续存在，对被继承国全部领土有效的任何条约，继续对其所有继承国有效；仅对成为继承国领土有效的条约，只对该继承国有效。

第三，部分领土变更：在部分领土转移的情况下，出让国的条约对该部分领土失效，而受让国的条约对所涉领土生效。

第四，独立：新独立国家对于任何条约，没有继承的义务，即"白板原则"。新独立的国家对于被继承国的条约是否继承，原则上可以自主决定。对此，1978 年《关于国家在条约方面的继承的维也纳公约》第 17 条第 1 款规定，"新独立国家对于在国家继承日期对国家继承所涉领土有效的任何多边条约，可发出继承通知，确立其成为该条约当事国的地位"。第 24 条规定，对有关的双边条约，在新独立国家与别的当事国之间作出明示同意的情况下被视为有效。

2. 条约以外事项的继承

（1）国家财产继承。

国家财产继承是指被继承国的国家财产转属继承国。国家财产是指国家继承发生时，按照被继承国的法律为该国所拥有的财产、权利和利益。国家财产继承只涉及被继承国国家财产转属继承国，对第三国在被继承国领土内所拥有的财产不发生影响。

第一，国家财产继承的原则。

被转属的国家财产应与被继承的领土有关联，故国家财产继承的原则有两个：一是国家财产一般随领土的转移而由被继承国转属继承国；二是所涉领土实际生存原则。

上述两项原则的适用应依财产的性质而有所不同。国家财产分为动产和不动产。凡位于所涉领土内的被继承国的不动产，一般情况下转属继承国；对于动产，则不单纯以其地理位置为依据，而是以其是否与所涉领土活动有关为依据与所涉领土活动有关的动产，不论其位于所涉领土之内或之外，应转属继承国；反之，即便是位于所涉领土之内，继承国也不能自动接受该动产。

第二，国家财产继承的具体规则。

在遵循上述两项原则的基础上，国家财产继承因国家领土变更的不同情况而有不同的规则。

根据1983年《关于国家对国家财产、档案和债务的继承的维也纳公约》，可分为以下几种情况：

部分领土转移：按照继承国与被继承国之间的协议解决，如无协议，则位于所涉领土内被继承国的不动产以及与所涉领土活动有关的国家动产，均转属继承国。

国家合并：被继承国的国家财产，包括动产和不动产，均转属继承国。

国家分离：位于所涉领土内的被继承国不动产转属继承国，与所涉领土活动有关的被继承国的动产，也转属继承国，其他财产按照公平的比例转属继承国。

国家解体：位于被继承国领土外的国家不动产，按照公平比例转属继承国，如无法按有关标准分别转属则转属其中一个继承国，由该继承国对其他继承国给予公平补偿。

新独立国家：新独立国家财产继承的特殊规则：原属国家继承所涉领土所有，而在该领土成为附属地期间成为被继承国的国家动产，应转属新独立国家；与所涉领土的活动有关的宗主国、保护国等被继承国的国家动产，应转属新独立国家；即使不属于原所涉领土所有或与所涉领土活动无关的被继承国的动产，由于附属地人民对创造财产曾作出过贡献，应按附属地人民所作出的贡献，按比例转移给新独立国家；如果被继承国与作为继承国的新独立国之间不执行以上各项继承规则而另订协定，这种协定不应违反"各国人民对其财富和自然资源享有永久主权"的原则和国际法基本原则。

（2）国家债务继承。

国家债务的继承是指被继承国的国家债务转属继承国。国家债务是指一国对另一国、某一国际组织或任何其他国际法主体所负的财政义务。

①债务的分类。

按不同的标准，国家债务可作不同区分：

第一，按债权人与债务人的关系可分为内债和外债。内债：国家欠内国债权人之债。外债：国家欠外国国家或国际组织的债务和欠外国私人（自然人或法人）的债务。

第二，按债的性质可分为善意之债和恶意之债。善意之债：具有正当用途的合法之债；恶意之债：具有与国家及其人民根本利益相违背的用途或违背国际法基本原则而承担的债务，如征服债务、战争债务。

第三，按债的使用范围可分为国债、地方化债务和地方债务。国债：以国家名义所借并用于全国的债务；地方化债务：以国家名义所借但用于国家领土的某一部分的债务；地方债务：由地方当局所借并用于该地区的债务。

②债务继承的一般原则。

对于内债和所欠外国私人之债。因内债属于其内政，故国家可以自由处置。而国家所欠外国私人之债，属于国内私法上之债权债务关系，除非因该国侵害私人债权而引起该国国家责任，外国私人之本国行使外交保护权，否则不发生国家与国家之间的关系，国家可按照国内法加以处理。

对于善意之债和恶意之债，恶债不继承。所谓恶债，是指非法债务，尤指用于与继承国根本利益相违背的目的的债务。因其不正当之用途及违反国际法之性质，当然不在国家继承范围之列，"恶债不予继承"已成为一项公认的国际法原则。

对于国债、地方化债务和地方债务，因前两者是国债，第三个不是国债，故地方债务不继承。地方债务非国家所借，国家亦对此不承担责任。

（3）国家档案继承。

国家档案属于被继承国所有并由被继承国作为国家档案收藏的一切文件。国家档案不同于财产，一般不能分割，所以不能在继承国和被继承国之间或者几个继承国之间按比例分配。当然国家档案可以进行复制以供使用。

对于国家档案继承。其一般继承原则为通过协议解决，若无协议，则将与所涉领土有关的档案转属继承国。当新独立国家作为继承国时，在领土附属期间成为被继承国的国家档案，应归还新独立国家。另外，被继承国的国家档案中（非附属期间成为被继承国的国家档案）与所涉领土有关部分，其转属或复制问题，由被继承国与新独立国家协议解决。

三、政府继承

政府继承，是指由于革命或政变导致政权更迭，旧政府在国际法上的权利和义务为新政府所取代的法律关系。按照国际法，政府的和平变更不发生政府继承问题。引起政府继承仅发生于新政府因革命或政变而产生时，如1917 年俄国十月革命和 1949 年中华人民共和国成立。

（一）政府继承与国家继承的区别

政府继承与国家继承有所不同。首先发生继承的原因不同，国家的继承是由于领土变更的事实而引起，而政府的继承则是由于革命或政变而导致政权更迭而引起。其次，参加继承关系的主体不同。国家继承关系的参加者是两个不同的国际法主体，而政府继承是在同一个国际法主体内部的新旧政府之间。最后，继承的范围不同，国家继承因领土变更情况有全部继承和部分继承之分，政府继承一般是全部继承。

（二）政府继承的原则

政府继承是一个实践问题，不存在相应的国际条约。有关政府继承的基本原则是：对于条约，新政府根据条约的具体内容决定是否继承，对于一切不平等、掠夺性的秘密条约，以及与新政府所代表的国家利益根本对立的条约不应继承。对于债务，对于就政府的债务不予继承或者根据具体情况区别对待，但新政府可无条件地废除一切恶债。对于财产及权益，旧政府的一切国家财产及权益都应转属新政府。

案例分析

案例一：光华寮案

【案情介绍】

光华寮案是涉及中日两国关系重大原则的政治性案件。光华寮是坐落在日本京都市左京区北白川西町，面积约为 1000 平方米的一栋五层楼。该寮建于 1931 年，其产权归属在历史上经历了一系列变迁。

二战后，京都大学受日本"大东亚产省"管理，将该屋供汪精卫伪政府所派赴日本的留学生住宿。战后，日本政府不再管理，京都大学经费无着落，便将该屋交还原屋主藤居庄次郎。1950 年 5 月 27 日，因留学生支付不起房租，屋主将该屋与土地以 250 万日元售予所谓"中华民国"驻日代表团。1952 年 11 月 8 日，所谓"中华民国"大使馆与屋主协议过户，因屋主觉售价过低欲毁约，大使馆另加 50 万日元完成协议，但二次付款签约时屋主又企图毁约，随后屋主过世。1953 年，台湾当局以"中华民国"名义控诉该屋继承人。1960 年，所谓"中华民国"胜诉。1961 年 6 月 8 日，完成过户手续，确定产权归属为所谓"中华民国"政府。

然而，需要强调的是，1972 年 9 月 29 日中日两国发表联合公告，实现了邦交正常化。日本政府在联合公告中明确承认中华人民共和国政府是中国的唯一合法政府，台湾是中华人民共和国领土不可分割的一部分。

1967 年，台湾当局以所谓"中华民国"的名义向京都地方法院起诉居住在光华寮的爱国华侨和留日学生王炳寰等 8 人，要求他们搬出。京都地方法院于 1977 年 9 月 16 日判决确认该寮为中华人民共和国的国家财产，驳回台湾当局的原诉。但原告不服判决，上诉至大阪高等法院。大阪高等法院于 1982 年 4 月 14 日撤销原判，发回京都地方法院重审。1986 年 2 月 4 日，京都地方法院改判光华寮为所谓"中华民国"所有。王炳寰等人再度上诉至大阪高等法院，1987 年 2 月 26 日，大阪高等法院维持原判。于是，王炳寰等人于 1987 年 5 月 30 日向日本最高法院提出上诉。

此后，该案件在日本最高法院长期搁置。直到 2007 年 1 月 23 日，日本最高法院向"光华寮"一案的诉讼代理人发出"具有中国代表权的政府是哪个"的意见征求信。当时《朝日新闻》对这场官司重新开审的态度比较积极，文章特别提到"最高法院法官日前向诉讼代理人询问的问题是，'遂行本诉讼、具有中国代表权的政府，究竟是中华人民共和国还是"中华民国"'。而近年来，中华人民共和国政府是中国人民的代表这一观点，已经成为国际通行的看法"。保守的《产经新闻》和《读卖新闻》则低调报道了此事，除了简单消息和相关背景外，均未对诉讼的发展做出"预测"。

2007 年 3 月 27 日，日本最高法院撤销原判决，发回京都地方法院重审，并认定台湾当局在光华寮问题上不具有诉讼权。日本最高法院认为，在 1967

年台湾提起诉讼时，根据 1972 年的日中联合声明，中华人民共和国才是中国的代表，因此台湾作为原告的代表权已经消灭。由于台湾当局在 1972 年就失去了原告的资格，所以本案以前所有的诉讼手续都是违法和无效的，京都地方法院和大阪高等法院所作的审判结果也全部无效。

截至 2024 年 7 月，尚未有关于此案重审结果的相关消息。

【法律问题】

1. 政府承认的法律效果。日本在 1972 年与中华人民共和国签署联合声明，承认中华人民共和国政府是中国唯一合法政府，日本法院受理台湾当局以所谓"中华民国"名义的诉讼，涉及国际法上承认法律效果问题。

2. 国际法上的继承制度。国际法上的继承分为国家继承、政府继承以及国际组织继承。在光华寮案中，判断光华寮归属问题的核心前提是明确国家继承与政府继承的本质区别，这两个概念在国际法上具有根本性差异，直接决定了财产权的归属问题。

3. 国家司法豁免权。国家享有司法豁免权是指未经一国同意，他国法院不得对该国或其财产进行管辖和审判。台湾是中国的一个省，不是一个国家。在本案中，日本法院受理所谓"中华民国"的诉讼涉及国家司法豁免权问题。

4. 国家财产豁免权。国际法上的国家财产享有豁免权，是指在国际民事交往中，一个国家及其财产享有不受其他国家管辖与执行措施的权利。光华寮作为中国国家财产，日本法院进行判决归属等处置行为涉及国家财产豁免权问题。

【中国立场及思政元素分析】

中国政府多次向日方提出交涉，强调光华寮是中国的国有财产，中日邦交正常化后理应归中华人民共和国所有，要求日方协助变更光华寮的登记名义。同时指出，光华寮问题不是一般的民事诉讼，而是事关中国政府合法权益，涉及中日两国关系基本原则的政治案件。这个问题的实质是以司法裁判的形式公开制造"两个中国"，违反了《中日联合声明》《中日和平友好条约》，突破了两国政府关于日台关系只能维持民间和地方性往来的约定。大阪高等法院的判决不仅在政治上是错误的，而且在法理上也是站不住脚的，在政府承认的法律效力、国家继承与政府继承的区别以及财产的性质区分等许多问题上违反了国际法准则，也与日本宪法的有关内容不符。

需要强调的是，台湾是中国领土不可分割的一部分，海峡两岸同胞同根同源、同文同种，中国历代政府都对台湾行使管辖权。一个中国原则是国际社会的普遍共识和国际关系的行为准则，任何企图分裂自己国家的行为都将受到人民的唾弃和历史的审判。维护国家领土完整，加强民族团结，是每个中国公民的责任和义务。

案例二：美国公民莫里斯就袁世凯政府旧债在美国对中国提起诉讼案

【案情介绍】

2005 年 5 月 6 日，美国公民莫里斯在美国纽约南区地方法院起诉中华人民共和国等被告，要求偿还前袁世凯政府于 1913 年发行的债券的本金与利息。其案情始末为：

1911 年中国爆发辛亥革命推翻了清政府，不久后袁世凯篡夺了临时政府领导权。面对财政赤字和债台高筑的状况，1913 年 4 月 26 日，袁世凯政府与由英国汇丰银行、法国东方汇理银行、俄国道胜银行以及日本横滨正银行组成的"五国银行团"签署了"1913 年重组贷款协议"（在中国近代史上被称之为"善后大借款"），贷给中国政府 2500 万英镑，并依据贷款额度发行了相应债券，年息 5 厘，发行面额分别为 20 英镑和 100 英镑，贷款协议期限为 47 年，债券 9 折出售，扣除 6% 的佣金，净收入 2100 万英镑，规定从贷款之日起开始偿还贷款本金，中国政府还款的日期不得超过 26 年。"善后大借款"的债券一部分在美国出售并被美国投资者所购，债券载明"债券上设定的义务对中国政府及其继承者有约束力"。其后袁世凯因复辟帝制遭到各方反对于 1916 年病逝，中国陷入军阀割据状态。1939 年起国民党政府停止支付"善后大借款"的利息，利息协议规定中国政府通过银行或者代理机构偿还，并且在票面上也规定了中国政府直接承担并保证清偿所有债券持有人手中的债务，还进一步规定贷款协议对于中华民国以及将来的继承者都有效。此后该债券持有人数次要求国民党政府恢复债息支付，直至 1949 年国民党政府退台后、中华人民共和国政府成立后，本案原告提起诉讼之日，该债券本息支付仍未得到恢复。新中国不仅拒绝还利息，而且 1960 年到期的债券的本金也拒绝偿还。

2000 年，本案原告莫里斯购得 9 张"善后大借款"债券，其中 6 张面额为 100 英镑，3 张面额为 20 英镑，其总和和现值为 18 315 万美元。原告认为当今中国政府为清政府与袁世凯政府的继承者，应继续承担前政府遗留外债的偿付义务，而中国政府至今没有偿还债券本息的表示或行动。

2004 年 6 月 7 日，美国联邦最高法院在"奥地利共和国诉奥特曼"案中的裁决，首次明确认定 1976 年通过的《外国主权豁免法》对于发生于 1976 年之前的行为具有溯及力，这一判决使包括莫里斯在内的债券持有人觉得有胜诉的概率和可能性。

2005 年 5 月 6 日，莫里斯在美国纽约南区地方法院起诉，状告中华人民共和国等被告，要求偿还前袁世凯政府发行的债券的本金与利息。

2006 年 5 月 12 日，中国政府提交答辩状，要求撤销案件，理由是：（1）中国政府应该享受主权豁免，而《外国主权豁免法》所列举的豁免例外无一适用。（2）根据《国际求偿解决法》和 1979 年 5 月 11 日中美签订的《中华人民共和国政府与美利坚合众国政府关于解决资产要求的协议》（简称《中美资产协议》）的规定，原告的诉讼请求是无效的。（3）原告的诉讼请求已经超过了诉讼时效。（4）原告的请求没有国际习惯法的依据。

2006 年 6 月 28 日，原告就中国政府的答辩与动议提出反对意见，认为：（1）被告在美国领域外从事了商业行为并且在美国有直接影响，所以法院拥有管辖权。（2）原告的诉讼请求没有被《国际求偿解决法》和《中美资产协议》所消灭。（3）原告的诉讼请求没有超过时效，因为这是原告第一次有机会来要求强制执行其请求。

2006 年 8 月 11 日，中国政府进一步提出反对主张，认为：（1）原告没有证明《外国主权豁免法》废除、取消了本案的主权豁免。（2）《国际求偿解决法》和《中美资产协议》已经排除了原告的请求。（3）原告的诉讼请求超过了 6 年的时效规定，而且没有中止、中断、延长和重新起算的基础与依据。

2007 年 3 月 21 日，纽约南区地方法院作出一审判决，裁定莫里斯败诉。法院认为莫里斯案不符合美国《外国主权豁免法》商业行为例外的"直接影响"标准，且诉讼时效已届满，债券持有人没有资格对中国提起诉讼。

【法律问题】

1. 国家主权豁免原则。国家主权是国际法的基石和根本基础。国家主权豁免原则是指国家根据主权平等原则所享有的不受他国管辖的权利。这一原则的核心在于国家的行为和财产不受他国立法、司法及行政的管辖，但通常仅指不受他国的司法管辖。在莫里斯案中，美国法院对中国行使管辖权的争议核心在于国家主权豁免原则的适用。

2. 恶债不继承原则。在国际法中，恶债是具有与国家及其人民根本利益相违背的用途或违背国际法基本原则而承担的债务。在莫里斯案中，袁世凯政府的"善后大借款"是在外国列强胁迫下签订的，该借款被用于镇压国内民主运动，属于恶债，涉及恶债不继承原则的适用。

【中国立场及思政元素分析】

中国政府在该诉讼案中的立场是明确且坚定的。中国政府主张对1949年前旧政府所欠下的恶债不予继承，也没有义务偿还。这基于多方面的原因。首先，"善后大借款"是在特定历史背景下产生的，西方列强以承认中华民国政府为条件，要求其承担清政府所欠外债，这本身就存在不平等和不合理性。其次，中国政府一直按照约定还款，直到1939年因抗日战争影响，国民党政府停止还款。而1949年中华人民共和国成立后，中国的政治和经济状况发生了根本性变化，新政府没有义务为旧政府的债务负责。

再者，1979年中美关系正常化后，双方签订了一揽子解决协议，旨在解决1949年至1979年间双方的财产问题。并且，中国政府曾明确指出不承认旧政府所欠下的任何外债，也无义务偿还。另外，从国际法角度来看，美国法院对中国行使管辖权并不符合相关原则。例如，美国《外国主权豁免法》规定的商业例外，不但要求原告的诉因与外国的商业行为有实质性联系，还要求在美国境外发生的外国商业行为在美国境内有"直接影响"，否则外国可享受国家豁免。而在本案中，这些条件并不满足。

此案所涉及的思政元素值得深入思考。它凸显了国家主权的重要性，任何试图侵犯中国主权、损害中国利益的行为都将受到坚决抵制。同时，也反映出国际政治经济秩序中的不公正，警示我们要不断增强国家实力，提升国际话语权。这一案件激发了民众的爱国热情和民族凝聚力，让人们更加坚定地支持国家在国际事务中维护正义和公平。它还促使我们深刻认识到，要坚持独立自主的外交政策，坚守国际法原则，坚决反对霸权主义和强权政治，为构建公平、公正、平等的国际新秩序而努力。

案例思考题

1. 在光华寮案中，日本政府承认中华人民共和国政府是中国唯一合法政府后，日本的法院是否可以受理台湾当局代表中国的诉讼？为什么？

2. 在光华寮案中，从国家继承的角度分析，光华寮应归属于中华人民共和国政府还是所谓的"中华民国"政府？阐述你的理由。

3. 国家财产豁免权在光华寮案中是如何体现的？日本法院的行为是否侵犯了这一权利？

4. 在莫里斯案中，美国法院对中国行使管辖权是否符合国际法中的国家主权豁免原则？为什么？

5. 如何理解国际法中"恶债不予继承"这一原则？在莫里斯案中该原则如何适用？

本章主要探讨国际组织法的相关知识，包括国际组织的概念、国际组织的特征、国际组织法的基本内容、国际组织的一般法律制度、联合国及其法律制度以及中国与国际组织（以联合国和世界贸易组织为例）。

第一节　国际组织概述

一、国际组织的概念

国际组织是现代国际社会的重要组成部分与合作形式[1]，可以理解为国际组织是众多国家主权为交流与合作而形成的联盟。实践中，国际组织既有政府间国际组织，也有非政府间国际组织。政府间国际组织指国家及国家所认可的其他实体根据国际法文件建立的具有国际法律人格的常设机构，受国际法调整。[2]非政府间国际组织往往是根据国内法建立，只由这些国家的国内法调整。因此，政府间国际组织具有国际法主体地位，例如联合国、世界贸易组织等。非政府间国际组织虽然在国际事务中也起到重要作用，但法律地位尚不明确。在国际法领域，提及国际组织一般指政府间国际组织。这一概念来源于 1975 年的《维也纳关于国家在其对普遍性国际组织关系上的代表权公约》和 1986 年《关于国家与国际组织间或国际组织相互间条约法的维也纳公约》，两份重要的国际公约中都将国际组织界定为政府间国际组织。从组

---

〔1〕《国际公法学》编写组编：《国际公法学》，高等教育出版社 2022 年版，第 78 页。

〔2〕《国际公法学》编写组编：《国际公法学》，高等教育出版社 2022 年版，第 78 页。

织的影响力来看，的确是政府间国际组织在国际社会中发挥着更大的作用，且辐射范围更广。在本章节中，提及国际组织均指政府间国际组织，换句话说，政府间国际组织与国际组织同义。

二、国际组织的主要特征

（一）国际组织的主要参与成员是国家或其政府

在国际社会中，部分国际组织会允许非国家形式的政治集合体参与到国际组织事务中来，但不影响国际组织主要是由国家或其政府组成的这个本质特征。这是因为在当今的国际社会，仍然是国家这种政治实体对国际秩序的维护发挥着更大作用。从国际联盟时期到现代国际社会中的联合国时期，在国际实践发展中，国际组织在国际社会治理中发挥了巨大影响。

（二）国际组织的建立是基于具有特定目的的国家间协议

一些国家希冀在政治关系、经济关系、信息技术和环境治理等领域达成国际交流与合作，相对应领域的国际组织也应运而生。例如，最为典型的联合国、世界贸易组织、国际电信联盟和世界自然保护联盟。国际组织的设立基于成员国在组织文件中列明的宗旨与原则，组织文件一般指各国签订的多边条约或章程，这些文件会在条文中将该国际组织的设立目的、组织架构以及成员国的权利与义务列明，以便为日后国际组织的活动作为指引。国际组织的权力范围由文件中确立的目的或原则决定，国际组织的行为不得违反组织文件中确立的特定原则和宗旨。

（三）国际组织具有国际法意义上的国际人格

为满足国际社会发展的需要，国际法院在 1949 年的"履行联合国相关职务所受损害之赔偿案"便对国际组织是否具有国际人格这一问题下了定论。[1] 在该赔偿案中国际法院就联合国的国际人格进行探讨，最终认定联合国因其被各成员国赋予的特定职责与权利而在相当程度上具有国际人格及国际行为能力。此后，1986 年《关于国家和国际组织间或国际组织相互间条约法的维也纳公约》对国际组织的国际人格予以进一步确认。

（四）国际组织出现地域化（区域化）趋势的特征[2]

二战后，许多国家倾向与己国地缘联系紧密的国家建立地域性（区域性）

---

〔1〕 ICJ Rep.（1949），174.
〔2〕 贾兵兵：《国际公法：和平时期的解释与适用》，清华大学出版社 2015 年版，第 184 页。

国际组织，例如，欧洲联盟和东南亚国家联盟。地域性国际组织出现的原因在于不同地区国家历史文化有差异，地理位置上靠近的国家一般在文化上也更有相似性。对于这些国家来说，彼此更容易形成共识[1]。和与己国发展理念类似的国家共同合作，发展节奏更为适宜。但即使是地域性组织，也不是完全以地理位置划分成员国，区域之外的国家也有成为其成员国的可能。

第二节 国际组织法的基本内容

一、国际组织法的概念

国际组织法泛指用以调整国际组织内部及其对外关系的各种特定性和共同性的法律规范[2]。基本内容一般包括建立国际组织的基本文件、国际组织内部机构根据各自职能制定的行政性法规、命令、决定等[3]。国际组织法的内容会影响到各国际组织的国际责任和职能。

二、国际组织法的体系构成

从法律效力的层次来看，国际组织法可以分为组织性条约和行政性法规两部分。组织性条约包括建立政府间组织时拟定的组织章程或基本文件，行政性法规则是指国际组织中的机构自行制定的，用以指导机构运行和管理的种种规则、规定、条例、指令、决定等。其中，组织性条约的效力是行政性法规的根据，任何时候国际组织都不应实施违背国际组织章程或基本文件的行为。

从法律的调整对象来看，国际组织法可以分为对外关系法和内部关系法。对外关系法是国际组织协调组织与成员国、组织与非成员、组织与其他组织之间的关系的依据。此外，对外关系法还用以调整国际组织的一切对外职能活动。内部关系法是国际组织用以协调组织内部机构间的分工与部署、从

---

[1] 王志：《国际组织与地区治理：欧亚"多重一体化"现象研究》，载《国际论坛》2023 年第 3 期。

[2] 《国际公法学》编写组编：《国际公法学》，高等教育出版社 2022 年版，第 126 页。

[3] 《国际公法学》编写组编：《国际公法学》，高等教育出版社 2022 年版，第 126 页。

属关系等行政工作的规章制度。明晰各成员国的权利与义务，也是内部关系法的功能之一。

从规范调整问题的性质来划分，国际组织法可以分为国际组织机构法和国际组织实体法。国际组织机构法规定了国际组织章程、职能范围、成员国的权利与义务、责任、争端解决程序等内容，国际组织机构法规定规范的对象主要是国际社会中与国际组织相关的、具有共性的问题。国际组织实体法则是调整各国际组织特定的职权范围及行业领域内行为的规则，例如，欧盟农业条例、国际货币基金组织的货币规则、国际劳工组织劳工公约等。

从地域范围来划分，国际组织法可以分为全球性组织法律制度和区域性组织法律制度。以职能范围为标准来划分，国际组织法可以分为综合性法律制度和专门性法律制度。例如，联合国法既属于全球性组织法律制度，也属于综合性法律制度，联合国下设的专门机构的法律制度则属于专门性法律制度。

第三节　国际组织的一般法律制度

一、国际组织的章程

国际组织的章程有国际组织的"宪法"之称。国际组织从设立到运行、决策，都是以国际组织章程为根据。国际组织章程为国际组织的行为提供了指导，点明了国际组织的宗旨和原则。

二、国际组织的成员资格的分类、取得与丧失

（一）成员资格的分类

首先，国际组织的成员资格有不同的分类方式。

（1）按照参加国际组织时间可以分为原始成员和纳入成员，原始成员指在组织创建阶段便参与的成员国，纳入成员指在成立后加入的成员国。原始成员与纳入成员在实际地位上没有什么不同。

（2）按照所享有的权利与承担的义务可以分为正式成员与联系成员。前者又称完全成员，在国际组织中享有完全的权利，也承担所有的义务。后者

又称准成员，在有限范围内参与组织活动。二者区别在于该国家是否为主权实体，联系成员一般为非主权实体[1]。

（3）此外还有一种特殊的观察员国制度。观察员国制度是国际组织中的一种特殊成员身份，它允许某些国家或实体在不拥有完全成员权利的情况下参与国际组织的活动。观察员国通常没有投票权，也不能参与到组织的所有决策过程中，但可以出席组织的会议，听取讨论，并在某些情况下发表意见。

（二）成员资格的取得、丧失与暂停

（1）成员资格的取得。一般来说，只要国家参与了组织的创建或在建立文件签字便取得了原始成员资格。成员资格一旦取得，国家或实体就成为国际组织的正式成员，必须受到国际组织规则的约束与指引。

（2）成员资格的丧失。成员资格的丧失分为两种情况，自愿退出和被国际组织开除。大部分国际组织的文件中都对退出进行了规定，国际组织的成员国可自主退出。

（3）成员资格的暂停。开除成员资格是一种比较严厉的制裁措施，一般情况下国际组织会采取中止行使权利或暂停成员资格的方式来制裁成员国。

三、国际组织的议事规则

国际组织的议事规则是一套程序性规则和制度，它们指导组织的各机构在行使其职能和日常活动过程中的行为。这些规则确保了国际组织决策过程的有序性和透明度，是组织有效运作的基础。

（一）会议制度

（1）会议类型。国际组织的会议可以分为经常会议、定期会议和特别会议。每种会议类型都有其特定的目的和召开条件。

（2）会议议程。会议议程是会议将要讨论的具体议题及其讨论次序。议程的设置直接影响到国际组织工作的成效与效率。

（3）会议主席。国际组织通常实行会议主席制度以确保会议有效进行。会议主席可以由组织的上级机关任命、成员国选举或成员国轮流担任。

（二）表决程序

表决程序是国际组织决策过程中的重要制度，涉及投票权的分配和表决

---

[1]《国际公法学》编写组编:《国际公法学》，高等教育出版社 2022 年版，第 129 页。

权的集中两个基本问题。前者是表决进行的前提，后者是表决的结果。

（1）一国一票制与加权投票制。大多数国际组织实行一国一票制，即每个成员国不论大小都有平等的投票权。然而，某些专门性国际组织可能采用加权投票制，根据成员国的实力、责任和贡献分配投票权。

（2）全体一致与多数表决。国际组织决议的通过通常要求全体一致或多数表决。全体一致规则要求所有成员国的同意，而多数表决则分为简单多数和特定多数（如 2/3 多数）。一战后的国际组织采用的基本上是全体一致的表决方式，20 世纪以来，多数表决在国际组织中基本发展起来了。从实践来看，全体一致的表决方式容易受到少数国家的影响，导致国际组织的政策不能被良好地执行。多数表决的方式则更具弹性，也能够在一定程度上体现民主政治在国际社会中的应用，故而相较全体一致的表决方式，多数表决的表决方式适用范围更广。

（3）协商一致的决策程序。协商一致是一种不经投票的决策方法，它在成员国间广泛协商的基础上达成一般合意。这种方法可以避免对抗性的投票，使决议更易被接受。该程序的形成主要是为了弥补现有规则的不足，以便在使用其他表决方式时无法得到使人满意的结果时达成"一种不经投票的一般合意"。

（4）表决方式。表决可以通过举手表决（无记录表决）、唱名表决（记录表决）、不记名投票，以及不经投票而以敲槌通过的协商一致方式进行。

四、国际组织法与国际事务实践

国际组织法在国际事务中的实践主要体现在以下几个方面：

（一）维护国际和平与安全

国际组织为各国进行国际交流提供了一个和平对话的平台，对世界和平与国际社会稳定产生积极作用。例如，联合国是维护国际和平与安全的主要机构，通过采取维和行动、制裁措施等手段，实现国际社会共同维护和平的目标。

（二）促进国际合作

根据不同宗旨建立的国际组织，在诸多领域发挥着领导、规范和促进的作用。例如，世界贸易组织、世界知识产权组织等国际组织通过签订条约、制定规则，推动各国之间的经济、科技、文化等领域的合作。

（三）促进人权保护

许多国际组织以人权的保护和促进为目标，例如，联合国人权理事会等国际组织均致力于保护全球人权，推动各国遵守国际人权法。人权理事会监督各国国际人权条约的履行情况，并提供独立专家的监督和建议，确保人民都能享受条约所载的各项权利。

第四节　联合国及其法律制度

一、联合国概述

联合国是全球性的政治组织，成立于 1945 年，以维护国际和平与安全、发展各国间的友好关系、促进国际合作、协调各国行动为主要宗旨。联合国的前身是国际联盟，联合国的建立历史可以追溯到第二次世界大战期间，其创建过程是国际社会在战争背景下对和平与安全的追求和规划的结果。1942 年 1 月 1 日，《联合国家宣言》在华盛顿签署，这是联合国建立的第一步，但此时的联合国家尚不能指代为一个国际组织。1943 年 10 月 30 日，在莫斯科会议上签署的《莫斯科宣言》中，苏联、英国、美国和中国政府号召尽早建立一个维护世界和平与安全的国际机构，以期维持世界和平。1944 年 9 月 21 日至 10 月 7 日，敦巴顿橡树园会议在美国华盛顿特区举行，中国、苏联、英国、美国四国就建立世界组织的目标、结构和功能达成了一致，但遗留了安理会表决程序等问题待解决。直至 1945 年 2 月 11 日，美、英、苏三国首脑罗斯福、丘吉尔和斯大林在雅尔塔会议上达成协议，通过了"否决权（即五大国一致原则）"。1945 年 4 月 25 日，旧金山会议上，50 个国家的代表起草了《联合国宪章》，并在 6 月 26 日全票通过。1945 年 10 月 24 日，《联合国宪章》得到安理会五个常任理事国和大多数签署国的批准，联合国正式成立[1]。

二、《联合国宪章》

联合国法律制度基于《联合国宪章》，这是一个包含序文和 19 章共 111 条条文的多边条约，还包括《国际法院规约》作为其组成部分。其主要内容包括联合国的宗旨与原则，成员国名单，主要机关的组织、职权、活动程序

---

〔1〕《联合国历史》，载 https://www.un.org/zh/aboutun/history/1941–1950.shtml，2024 年 5 月 28 日访问。

与主要工作及联合国组织的地位与宪章的修正等条款[1]。

三、联合国宗旨及活动原则

（一）联合国宗旨

联合国的宗旨分为四个方面，分别是维持国际和平与安全、发展各国间的友好关系、促进国际合作和协调各国行动。首先，维持国际和平与安全是联合国的首要目的。具体要求是联合国应当防止国家之间的冲突和解决国际争议，制止侵略行为，以及通过和平手段解决国际争端。其次，对于发展各国间的友好关系，要想促进国际友好关系，应当在尊重人民平等权利和自决原则、尊重各国主权和领土完整的基础上增强普遍和平。再次，促进国际合作也是联合国宗旨之一，联合国鼓励各国在经济、文化和人权领域进行合作，解决发展中国家的经济落后问题，并在全世界范围内促进对人权和基本自由的尊重。最后，协调各国行动这一宗旨表明了联合国"协调中心"的角色，联合国为各国提供引导、协调，以达成《联合国宪章》规定的其他宗旨。

（二）联合国活动原则

根据《联合国宪章》第 2 条之规定，联合国及成员国都应遵行主权平等原则、善意履行宪章义务原则、和平解决国际争端原则、禁止使用武力原则、集体协助原则、保证非成员国遵守宪章原则及不干涉内政原则[2]。

（三）联合国会员资格的取得、丧失与权利的中止

1. 会员资格的取得

联合国成员国包括创始会员国和纳入会员国。前者是参加过旧金山会议或曾签署《联合国家宣言》的国家，以及签署过《联合国宪章》并依法予以批准的国家。后者指通过联合国接纳会员国程序的国家。程序规定该国家需要先向联合国提出申请并经"接纳新会员国委员会"和安理会审查，最终由联合国大会审议后作出决议。

2. 会员资格的丧失与权利的中止

如果一个会员国屡次违反《联合国宪章》，那么联合国安理会有可能向联

---

[1]《国际公法学》编写组编：《国际公法学》，高等教育出版社 2022 年版，第 13 页。
[2]《联合国宪章》，载 https://www.un.org/zh/about-us/un-charter/chapter-1，2024 年 5 月 28 日访问。

合国大会提出建议，获得大会 2/3 的投票数后，该会员国会被开除出联合国，丧失其会员国资格。但至今尚未有国家经该程序丧失会员国资格。根据《联合国宪章》第 5 条之规定，会员权利的中止发生在以下程序后：某会员国经安理会对其采取防止或强制行动，联合国大会根据安理会建议，停止其会员权利和特权的行使。该种权利和特权的恢复，由安理会决定。

案例分析

案例一：中国恢复联合国合法席位

【案情介绍】

中国是 1945 年成立的联合国的创始会员国，也是联合国安全理事会五个常任理事国之一。中华人民共和国成立后由于美国政府的阻挠，中国在联合国的席位一直被台湾国民党当局占据。从 1950 年起，美国操纵表决机器，以各种借口，阻止联合国第五届至第十五届大会讨论中国代表权问题。自 1961 年第十六届联合国大会起，美国又设置新的障碍，屡次将恢复中国代表权的问题列为必须由 2/3 多数票通过方能解决。随着中国国际地位不断提高和亚非拉国家在联合国作用的不断加强，1961 年第 16 届联大突破美国设置的障碍，同意将中国在联合国席位问题提交联大讨论。但美国提出在联大提出采用 "重要问题" 方式讨论中国席位问题，中国要想恢复在联合国的席位必须有 2/3 的成员国同意才行，蓄意歪曲中国代表权问题的性质。然而大势仍在向中国这边倾斜，支持中国恢复联合国合法席位的国际力量仍在逐渐变大。1970 年第 25 届联大，支持恢复中国席位并驱逐国民党集团 "代表" 的表决结果为 51 票赞成，47 票反对，首次出现赞成票超过反对票。当时，联大圆屋顶的会议厅，掌声四起，气氛热烈。

美国并没有痛快地接受这个现实，开始酝酿 "双重代表" 计谋。美国驻联合国首席代表声称："由于台北和北京两个政府都宣称自己是中国的唯一政府，美国被这一问题所深深困扰。" 主张在考虑中国代表权问题时必须考虑到这一事实，不应要求联合国在两者之间做出选择。[1]1971 年 9 月 21 日，第

---

〔1〕《从 "乔的笑" 说起 ——中国重返联合国历程》，载 http://mx.china-embassy.gov.cn/chn/jd100zn/202106/t20210620_ 9185323. htm，2022 年 1 月 28 日访问。

26 届联大在纽约举行，提交大会有关中国代表权问题的提案共有 3 个。从 10 月 18 日到 25 日的一周时间里，各国进行了激烈的辩论。以美国为首的一些西方国家代表四处游说，对许多第三世界国家威逼利诱，极尽拉拢。在表决"重要问题"提案（即任何剥夺所谓"中华民国"在联合国的"代表权"的建议都是重要问题）时，以 59 票反对、55 票赞成、15 票弃权的结果将其否决，全场一片沸腾，坦桑尼亚代表甚至离开座位跳起舞来。在表决"两阿提案"之前，美国驻联合国代表老布什仍不死心，想删掉提案中立即驱逐蒋介石集团出联合国的内容。这种伎俩在其他代表的一片反对声中归于失败。提案最后以 76 票赞成、35 票反对和 17 票弃权的压倒性多数获得通过，成为联合国历史上著名的"第 2758 号决议"。美日等国的"双重代表权案"（即接纳中华人民共和国的代表进入联合国，但不剥夺"中华民国"的代表权）旋即成为一项废案。

至此，联合国席位终于回到了中国人民手中，也使联合国这一最大的国际组织真正名符其实。

事后，老布什承认"这是联合国历史上的转折点，反西方集团在美国威信动摇时第一次击败了美国"。听到这一消息后，国内沸腾。对于是否参加第 26 届联大，毛泽东明确表示"马上就组团去。""这是非洲黑人兄弟把我们抬进去的，不去就脱离群众了。"这次去，不是去告状，是去伸张正义，长世界人民的威风，给反对外来干涉、侵略、控制的国家呐喊声援。

乔冠华被委派为代表团团长之后，闭门几天，撰写了在联大发言的第一篇演讲稿。会上受到了许多国家的鼓掌欢迎，"乔的笑"也成为中国外交自信的符号。第 26 届联合国大会主席马利克曾说："欢迎中国代表团的到来，这将有助于加强联合国的工作。"

今天的中国在联合国发挥着日益举足轻重的作用。2020 年 9 月 21 日，习近平主席出席联合国成立 75 周年纪念峰会，提出在后疫情时代，更好发挥联合国作用的四点倡议——"主持公道、厉行法治、促进合作、聚焦行动"，强调中国将始终做多边主义的践行者，坚定维护以联合国为核心的国际体系，坚定维护以国际法为基础的国际秩序，坚定维护联合国在国际事务中的核心作用。中国共产党的初心和使命，不仅是为中国人民谋幸福，为中华民族谋复兴，也为世界谋大同，正为全球治理提供更多的中国智慧和中国方案。

2021 年是中国恢复联合国合法席位 50 周年，从历尽艰辛重返联合国，到如今在联合国阐述中国理念，"乔的笑"这张照片不仅没有褪色，反而焕发着新的色彩。穿过历史风云，我们踏上了中国特色大国外交的新征程。

【法律问题】

从法律角度来看，中国恢复联合国合法席位的理论基础是《联合国宪章》的规定和国际法的原则。

首先，根据《联合国宪章》的规定，联合国会员国必须是主权国家。在中华人民共和国成立后，台湾的国民党政府被一些国家认为是中国"合法政府"，因此其代表在联合国被认为是中国的"合法代表"。然而，随着国际形势的变化和中华人民共和国政府在国际事务中的积极表现，越来越多的国家开始承认中华人民共和国政府为中国合法政府。

其次，联合国大会在 1971 年通过的第 2758 号决议中，明确规定了"恢复中华人民共和国在联合国的合法席位，并驱逐台湾的国民党政府代表"。这一决议不仅符合《联合国宪章》的规定，也符合国际法的原则。国际法原则要求各国尊重彼此的主权和领土完整，并不得干涉他国内政。台湾是中国不可分割的一部分，因此，将台湾的国民党政府代表驱逐出联合国，恢复中华人民共和国在联合国的合法席位，是符合国际法原则的合法行为。

最后，需要注意的是，中国恢复联合国合法席位不仅是一个政治事件，也是一个法律事件。在这个过程中，中国政府始终坚持了国际法原则和《联合国宪章》的规定，为维护国际秩序和推动国际法的发展做出了贡献。同时，这一事件也为其他发展中国家争取在联合国的合法席位和权益提供了经验和借鉴。

【中国立场及思政元素分析】

中国恢复联合国合法席位的意义存在于多个方面。首先，这是中国国际地位提升的标志，表明了中国在国际社会中的地位和影响力得到肯定和认可。其次，这体现了联合国作为一个国际和平与合作的机构的宗旨和原则，彰显了其在处理国际事务中的公正性和权威性。中国恢复联合国合法席位是中国外交历史上的重要里程碑事件，标志着中国在国际社会中发挥着越来越重要的作用。

此外，中国恢复联合国合法席位对于思想政治教育也有着重要的意义。它让人们更加深入地了解了联合国的宗旨和原则，认识到了联合国在维护国际和平与安全、推动发展合作方面的重要作用。同时，这也让人们更加深入地认识到了中国在国际社会中的地位和责任，增强了人们的国家自豪感和民族自信心。

另外，中国恢复联合国合法席位也有利于中国更好地参与到国际事务中去，更好地维护自身利益和推动自身发展。通过与其他国家的交流和合作，可以更好地了解和学习其他国家的先进经验和做法，推动自身的发展和进步。同时，这也为其他国家提供了一个了解中国、认识中国的机会，促进各国之间的相互理解和友好交往。

总之，中国恢复联合国合法席位是中国国际地位提升、国际影响力扩大的重要标志，也是思想政治教育的重要内容之一。国际形势不断变化，国际格局面临变革与发展的挑战。中国恢复联合国席位对于中国适应新的国际格局，提高国际社会参与度具有重要意义。该事件对于提高人们的国家自豪感和民族自信心、促进中国与其他国家的交流和合作、推动中国的发展和进步都具有重要的意义。通过对本章知识点的学习，我们可以更好地了解国际组织法的内涵和作用，为分析中国参与国际事务提供法律依据和思考方向。

案例二：中国加入WTO

【案情介绍】

20世纪80年代中期以来，是否参加关贸总协定和世贸组织为基石的多边贸易体制，成为衡量一国是否负责任地加入国际社会、该国经济是否与世界经济衔接的重要尺度。目前，WTO142个成员间的贸易额占世界贸易总额的95%，投资额占全球跨国投资总量的80%。获得WTO的一个席位，等于拿到了国际市场的多张通行证。中国需要WTO。邓小平同志早就指出，"中国的发展离不开世界"，"关起门来搞建设是不能成功的"。经济全球化对发达国家和发展中国家在收益和风险上并不均等，但发展中国家若不想长期落后、被动挨打，就必须顺应潮流，积极融入经济全球化。中国入世谈判是多边贸易体制史上艰难的一次较量，在世界谈判史上也罕见，经历了15年三个阶段：第一阶段从20世纪80年代初到1986年7月，主要是酝酿、准备复关事宜；第二阶段从1987年2月到1992年10月，主要是审议中国经贸体制，中方要回答的中心题目是到底要搞市场经济还是计划经济；第三阶段从1992年10

月到 2001 年 9 月，进入实质性谈判阶段，即双边市场准入谈判和围绕起草中国入世法律文件的多边谈判。15 年中，中美谈判进行了 25 轮，中欧谈判进行了 15 轮。双边谈判的核心问题是确保中国以发展中国家地位加入，多边谈判的核心问题是确保权利与义务的平衡，具体内容包括关税、非关税措施、农业、知识产权、服务业开放等一系列问题，其中农业和服务业是双方相持不下的难点。经过艰苦谈判，美欧等发达国家同意"以灵活务实的态度解决中国的发展中国家地位问题"，中方最终与所有 WTO 成员就中国加入 WTO 后若干年市场开放的领域、时间和程度等达成了协议。中国对入世作出了两项庄严承诺：遵守国际规则办事，逐步开放市场。2001 年 11 月 11 日，在卡塔尔首都多哈，中国签署加入世界贸易组织的议定书。

中国于 2001 年 12 月 11 日加入世界贸易组织后，在世界贸易组织中的权利义务，与其他成员一样，由两个部分组成：①共同义务：WTO 多边协议各成员都承担的规范性义务，也就是多边协议条款规定的义务；②特有义务：入世承诺《中国加入世界贸易组织议定书》及在作为其附件的《中国入世工作组报告》中中国作出的承诺，这是中国承担的独特义务。

（二）外贸经营权

中国在《中国加入世界贸易组织议定书》中承诺，加入后 3 年内逐步放开外贸经营权，目前这一承诺已经兑现，体现为 2004 年《中华人民共和国对外贸易法》修订时将外贸经营者的范围扩大到自然人以及外贸经营权的取得由此前的审批制改为登记备案制。

但是，外贸经营权的开放不排除中国有权根据 1994 年《关税与贸易总协定》第 17 条设立国家专营企业进出口国家专营商品。

（三）倾销、补贴中非市场经济承诺

1. 倾销确定

在《中国加入世界贸易组织议定书》生效后 15 年的时间内，对中国产品的出口，进口成员在根据反倾销规范比较价格时，针对市场经济导向型企业，使用中国受调查产业的价格或成本；针对非市场经济导向型企业，使用所谓的替代国价格或成本。

这里所说的市场经济导向型企业是指能够明确证明在有关产品的制造、生产和销售方面具备市场经济条件的受调查生产商。对中国产品的出口，进口成员在进行反倾销调查时选择替代国价格的做法，在《中国加入世界贸易组织议定书》生效 15 年后终止。[1]加入世界贸易组织以来，尤其是党的十八大以来，我国形成了以开放促改革、以改革促发展的良好格局。习近平总书记在党的十九大报告中提出"推动形成全面开放新格局"，十九届五中全会绘制了建设更高水平开放型经济新体制的新蓝图，进一步推进了我国的市场化、法治化、国际化营商环境建设。自 2013 年 9 月在上海建立第一个自由贸易试验区以来，迄今已建立 21 个自由贸易试验区和海南自由贸易港，我国已成为国际直接投资的最大目的地国家之一；在"一带一路"倡议和"走出去"战略的引领下，中国制造、中国资本和中国服务的国际竞争力取得长足发展。加入世界贸易组织以来，中国经济与世界经济融合发展，成为促进世界经济发展的重要引擎之一。20 年来，我国的经济贸易成就表现突出，对外贸易增长速度长期显著高于 GDP 增速。在法律法规、关税政策、开放程度和贸易便利性等方面，中国不仅履行了入世承诺，而且走得更远。中国在世界贸易组织规则制定、谈判推动、改革和引领新兴议题等方面积极贡献中国智慧。中国是 WTO 谈判的推动者，是多边贸易体制中的"令人印象深刻的参与者"。无论是加入之初时的多哈回合谈判，中国广泛参与谈判并提交百余份提案，还是在 2008 年的部长级会议首次参与"核心谈判圈"，在多个领域提出宝贵意见，抑或是在巴厘岛谈判中发挥关键协调作用，积极推动谈判结果实施，中国都发挥了积极的不可或缺的作用，成为多边贸易体制的积极参与者、坚定维护者，为不断推动建立国际政治经济新秩序作出了重要贡献。

【法律问题】

从法律角度分析，中国加入世界贸易组织（WTO）会对国内法律制度的一致性、外国投资增长、国际贸易往来以及法律服务国际化产生积极影响。

第一，法律制度的一致性。加入 WTO 要求成员国遵守 WTO 协议，包括《关税与贸易总协定》《服务贸易总协定》和《与贸易有关的知识产权协定》等。这要求中国在法律制度上与 WTO 规则保持一致，逐步开放市场，破除贸易壁垒，加强知识产权保护等。从另一方面来说，加入世贸组织促进了中国法律环境的改善。为了符合 WTO 规则和国际标准，中国需要加强涉外法律法规的制定和实施，提高涉外法律透明度和可预测性，加强法治建设。

---

[1] 范黎波、钱弥纶：《我国加入世界贸易组织的历程、成就与展望》，载《光明日报》2021 年 11 月 9 日。

第二，中国加入WTO有利于吸引外国投资。随着市场的开放和法律环境的改善，外国企业更愿意在中国投资，这促进了中国的经济发展和技术进步。

第三，促进国际贸易的增长。加入WTO促进了中国与世界各国的贸易往来。中国可以享受WTO成员的关税减免和贸易优惠政策，同时也可以扩大自己的出口市场。这有助于提高中国的国际竞争力和经济地位。

第四，促进法律服务的国际化。加入WTO促进了中国法律服务的国际化。随着国际贸易和投资的增长，对法律服务的需求也随之增加。中国律师可以提供更广泛的法律服务，包括国际贸易、投资、知识产权保护等方面的法律咨询和服务。

总之，从法律角度分析，中国加入WTO是一个复杂的过程，涉及多方面的法律问题。然而，加入WTO对中国法律制度的完善和发展产生了积极的影响，促进了中国与国际接轨的法律环境建设。

【中国立场及思政元素分析】

中国加入WTO，不仅是经济全球化的重要里程碑，更是中国与世界深度交融的象征。这一过程不仅为中国带来了前所未有的机遇，也带来了诸多挑战。站在历史的交汇点上，中国始终坚持开放、合作、共赢的立场，以发展为第一要务，以改革为根本动力，坚定不移地推进高水平对外开放。

从思政的角度看，中国加入WTO是一次深刻的经济社会变革。它展示了中国特色社会主义的优越性，也凸显了全球化背景下国家间的相互依存。这一过程教育我们，开放是国家繁荣发展的必由之路，只有顺应历史潮流，积极应变，主动求变，才能在全球化的浪潮中立于不败之地。

首先，中国加入WTO，意味着更加深入地融入全球经济体系。这不仅加速了中国经济与世界经济的接轨，也为中国企业提供了更广阔的市场和更多的合作机会。通过参与多边贸易体制，中国得以充分利用国际国内两个市场、两种资源，为经济发展注入强大动力。这种"走出去"的战略思维，正是思政教育中强调的全球视野和战略思维的体现。

然而，融入全球经济体系并非一帆风顺。加入WTO也意味着更深层次的改革和更高标准的开放。一些弱势产业面临国际竞争的巨大压力，甚至可能面临被淘汰的风险。这正是思政教育中强调的矛盾观，即矛盾是事物发展的源泉和动力。面对挑战，只有通过改革创新，提升自身竞争力，才能在激烈的国际竞争中立于不败之地。

此外，加入 WTO 还启示了我们遵守国际规则的重要性。在全球化的背景下，各国间的经济交往越来越频繁，只有遵守国际规则和惯例，才能维护公平正义的国际秩序，实现互利共赢的目标。这正是思政教育中强调的法治思维和社会责任意识的体现。

同时，加入 WTO 也意味着中国将承担更多的国际责任。在全球经济治理中，中国将发挥更加积极的作用，为推动构建人类命运共同体贡献力量。这种大国担当的精神，正是思政教育中强调的国家意识和民族自豪感的体现。

综上，中国加入 WTO 是一次深刻的经济社会变革和思政教育过程。它既体现了中国的开放和改革立场，又凸显了全球化背景下国家间的相互依存。通过深入分析这一过程，我们可以更好地理解思政元素在经济社会发展中的重要价值，为推动中国特色社会主义事业的发展提供坚实的思想基础。

案例思考题

1. 恢复联合国合法席位对中国产生的影响有哪些？

2. 世界贸易组织法作为全球性法律制度，在世界经济贸易领域发挥着重要的规范作用和指导作用。那么仅调整规范国际经济与贸易关系的世界贸易组织法属于综合性法律制度还是专门性法律制度？

本章内容涵盖了个人在国际法上的地位、国籍、外国人的法律地位与待遇、引渡、庇护以及难民制度等知识点。

第一节　个人与国籍

一、个人

个人主要指自然人，有时也包括法人。在全球化背景下，法人尤其是跨国公司的地位和社会责任备受重视。尽管对个人是否能成为国际法主体存在争论，但国际法呈现人本化趋势，许多制度服务于人，存在直接针对个人的规范。

二、国籍

国籍是个人作为特定国家国民或公民的法律资格，是个人与国家法律联系的重要纽带。国籍法规定国籍的取得、变更、丧失及国籍冲突的处理，主要体现为国内法。国籍具有非常重要的法律意义。首先，国籍是确定个人的法律地位的基础，是区分本国人与外国人的前提，是确定属人管辖权的重要依据。只有先确定国籍，国籍国才能保护本国国民的权利，与外国人的待遇进行区分。

（一）国籍的取得

个人可以因出生取得国籍，也可以因加入取得国籍。

（1）因出生取得国籍又可以分为基于血统主义、出生地主义或混合主义原则的情况。血统主义，顾名思义就是个人因父母而获得国籍。通过适用血统主义原则，一个人无论是在国内还是国外出生，其父母的国籍便是该公民的国籍。血统主义原则可以进一步分为父系血统原则和父母血统原则，父系血统原则就是以父亲一方的国籍来确定子女的国籍，父母血统原则是以父母双方的国籍来确定。故而前者被称为单系血统原则，后者被称为双系血统原则。

（2）因加入取得国籍的有通过自愿申请、与他人缔结婚姻、被收养等途径取得国籍的方式。此外，若是两个国家的领土发生交换，且双方对居民国籍问题进行了约定，该领土上的居民国籍也会发生改变。

国籍的丧失，可能基于自愿（如退籍）或非自愿（如取得外国国籍）原因。

（二）国籍的丧失及恢复

国籍的丧失分为自愿丧失国籍（又称自愿解除国籍）和非自愿丧失国籍。

（1）自愿丧失国籍包括两种：第一是个人自愿申请退籍；第二是在两个及以上的国籍中选择一个。前者需要满足国籍法规定的条件，比如说申请人已在国外定居或申请人是外国人的近亲属。

（2）非自愿丧失国籍有多种原因。取得外国国籍、与外国人缔结婚姻、收养、认领都可能导致国籍的丧失。

无论是自愿解除国籍还是非自愿丧失国籍，丧失国籍的人都可以通过履行登记或声明手续恢复该国的国籍，也可以通过一般的入籍程序来恢复国籍。

（三）国籍冲突及其解决

1. 国籍冲突的概念

国籍冲突，也称国籍抵触，指一个人同时拥有两个或两个以上的国籍或不具有任何一个国家的国籍的状态。前者被称为积极的国籍冲突，后者被称为消极的国籍冲突。

双重国籍是最为常见的积极的国籍冲突，[1]积极国籍冲突产生原因有：①出生。由于各国对因出生而赋予国籍所采取的原则不同就产生双重国籍。②婚姻。由于各国对女子与外国人结婚是否影响其国籍的问题采取不同的立法原则，妇女就可能由于婚姻取得双重国籍。③收养。由于各国对收养外国

---

[1]《国际公法学》编写组编：《国际公法学》，高等教育出版社 2022 年版，第 162 页。

人是否影响该外国人的国籍问题采取不同的立法原则而产生双重国籍。④入籍。由于各国对入籍的规定不同，也可能产生双重国籍。⑤认领。由于各国对认领的规定不同，也可能产生双重国籍。

消极的国籍冲突产生原因有：①出生。一对无国籍的夫妻在采取纯血统主义的国家所生的子女，或者一对采取出生地主义国家的夫妻在采取纯血统主义国家所生的子女，就是无国籍人。②婚姻。一个采取婚姻影响国籍原则的国家的女子与一个采取婚姻不影响国籍原则的国家的男子结婚，就会产生无国籍人。③收养。一个采取收养影响国籍原则的国家的被收养人被一个采取收养不影响国籍原则的国家的收养人收养，就会产生无国籍人。④国籍被剥夺。某些国家的国籍法和有关法律规定有剥夺国籍的条款，如果一个人基于某种原因被剥夺了国籍，在取得新国籍之前，他就是一个无国籍人。

2. 国籍冲突的解决

国籍冲突状态的产生是各国国籍法冲突导致的，根源还是因为国际法中没有针对国籍的统一的规则。双重国籍或无国籍问题可通过国内立法和签订双边或多边国际条约解决。通过对各种冲突情形进行细致的划分与规范，解决国籍冲突时无依据可用的问题。

第二节　外国人的法律地位与待遇

一、外国人的法律地位

外国人指在一国境内不具有居留国国籍的人。国家对外国人的管辖权是主权范围内的事项，外国人必须遵守居留国法律，同时享有领事保护的权利。外国人的法律地位，取决于当事国在主权范围内赋予外国人的权利与义务。

外国人在一国境内的法律地位可以分为普通外国人和享有外交特权与豁免的外国人。

（一）普通外国人的法律地位

普通外国人的法律地位，主要包括入境、居留、出境、劳动就业、教育和社会保障。关于入境，外国人需要按照居住国的法律规定申请签证、入境及居留。各国有权根据本国的实际情况，制定入境政策和签证类别。关于居留，外国人需要在居住国依法申请居留许可，并按照法律规定的方式居住。在居留期间，外国人需遵守居住国的法律法规，并享有相应的权利和义务。关于出境，外国人需在居留期届满或提前解除居留时，按照法律规定的方式办理出境手续。此外，外国人在居住国可以依法从事劳动就业，享有劳动法律规定的权利和义务。外国人在居住国还依法享有受教育的权利，可以按照法律规定的方式报名、入学和毕业。外国人在居住国可以依法参加社会保障制度，享有相应的社会福利。当然，外国人在享受权利的同时也要承担相应的义务。外国人应当遵守我国法律法规，外国人在我国境内需遵守我国的法律法规，不得从事违法犯罪活动。

（二）享有外交特权与豁免的外国人的法律地位

在一国享有外交特权与豁免的外国人有外交人员、领事官员和国际组织工作人员。外交人员是指在国际组织、外交使团中担任职务的外国人。他们享有外交特权和豁免，包括人身不受侵犯、财产安全、免于诉讼等。领事官员是指在领事机构中担任职务的外国人。他们享有领事特权和豁免，包括人身不受侵犯、财产安全、免于诉讼等。国际组织工作人员是指在国际组织工作的外国人享有相应的特权和豁免，如联合国、世界贸易组织等。

随着国际交流与合作的不断加深，外国人在我国的法律地位逐渐完善。我国在立法、司法、行政等方面不断加强对外国人合法权益的保护，同时注重借鉴国际先进经验，推进国际法治建设。未来，我国将继续完善有关法律法规，促进国际友好合作，为外国人提供更加公正、公平的法律地位。

二、外国人待遇

外国人待遇原则有国民待遇原则、最惠国待遇原则、互惠待遇原则和差别待遇原则。

（一）国民待遇原则

国民待遇原则指在一定范围内给予外国人与本国公民同等待遇。该原则的适用一般限于民事权利、诉讼权利，公民权利和政治权利不包括在内。

（二）最惠国待遇原则

最惠国待遇原则指给予一国国民的待遇不低于给予任何第三国国民的待遇。最惠国待遇分为有条件和无条件两种情形。现在的国际社会中，无条件最惠国待遇的应用更为广泛。实践中，最惠国待遇适用于公民定居、进出口关税、交通工具的出入停留、知识产权保护等领域。当然，最惠国待遇也存在不适用的情形，例如自由贸易区内的优惠、给予边境贸易的优惠等。

（三）互惠国待遇原则

互惠待遇原则指基于本国国民权利、待遇的水平，给予对方国民同等水平待遇的原则。这种待遇通常是双边的，即只限于协议双方享受。

（四）差别待遇原则

差别待遇原则在外国人与本国人之间或不同国籍外国人间给予不同待遇。一种情况是国家给予外国公民的民事权利少于本国公民。另一种情况是对不同国籍的外国公民给予不同的权利和待遇，这里的不同是指二者间有所不同，不能说明本国公民的权利和待遇低于或优于外国公民的权利和待遇。

三、外交保护

外交保护是国家对海外国民合法权益的保护，特别是当他们在当地无法获得公正待遇时。外交保护基于国家属人管辖权，需满足国籍持续原则、用尽当地救济等条件。例如，我国通过立法、司法、行政等多种手段，保护外国人在我国的合法人身财产权益，维护国际友好关系。但是，外交保护的行使是有所限制的。例如，外交保护保护的是合法权益，非法权益不受保护；受害对象必须在受害之日至提出求偿时连续具有保护国国籍（外国政府与提供保护的国家缔结有相反条约的除外）。

四、引渡和庇护

引渡是一国应他国请求，将被指控犯罪或判刑的人交给请求国审判或执行处罚的行为。引渡需满足特定条件，如双重犯罪原则、罪名特定原则等。中国已签订多边和双边引渡条约，并在2000年通过了《中华人民共和国引渡法》。

（一）引渡的概念和原则

引渡是指一国根据另一国的请求，将位于本国境内的犯罪嫌疑人或罪犯引渡到请求国，以便对其进行审判和处罚。引渡是一种国际合作方式，旨在打击跨国犯罪和维护国际正义。

在进行引渡时，各国需要遵循以下原则：

（1）政治犯例外原则。政治犯不引渡是各国公认的一项国际法原则，是指国家对由于政治原因而遭受外国追诉的外国人不予引渡。但由于各国对政治犯的范围没有统一的解释，故而该项原则的实际适用并不理想。

（2）双重犯罪原则。对于被请求引渡人的行为，必须在引渡请求国和被请求国均构成犯罪并可诉，且刑罚能达到有期徒刑及以上的程度。

（3）罪名特定原则。引渡请求国对被引渡人的审判，必须以引渡理由列明的罪行为准，不能以引渡罪名以外的罪名进行审判。

除了要遵循上述原则外，引渡双方通常按照临时逮捕、正式请求、审查与决定批准、移交罪犯的程序进行引渡，引渡成功后，请求引渡的国家便可按照引渡罪名对被引渡人进行审判。

（二）庇护的概念和原则

庇护是一国对遭受政治追诉或迫害的外国人提供保护并拒绝引渡的行为。庇护对象限于政治犯，排除犯有严重国际罪行的人。中国允许遭受迫害的外国人请求领土庇护，并遵行庇护相关的国际条约。

在进行庇护时，各国通常遵循以下规则：

（1）庇护属于国家的主权行为，由国家自行决定是否给予外国人政治避难。

（2）庇护的主要法律依据是国内法，但也有一些国际法文件，如1948年的《世界人权宣言》和1967年的《领土庇护宣言》。

（3）庇护对象通常限于政治犯，包括反对殖民统治、维护公共利益、从事科学进步和创作活动而受迫害的人士，以及争取民族解放的士兵。某些情形下，个人被排除在庇护外。根据《领土庇护宣言》，犯有"危害和平罪、战争罪或危害人类罪"的人不在庇护之列。此外，海盗、贩毒、贩奴等被国际公约和习惯国际法确认的国际罪行罪犯，以及一般公认的普通刑事罪犯，也不属于庇护对象。

（4）庇护国采取庇护措施后，对受庇护人产生双重义务。一方面，需要积极作为，允许受庇护人入境、居留并加以保护；另一方面，要求消极不作为，不得将其引渡或驱逐。受庇护者的地位与一般外国侨民一样，受庇护国管辖，需要遵循庇护国的法律法规。

五、难民

难民是因畏惧种族、宗教、国籍等原因的迫害而逃离本国的人。国际难民法旨在保护难民，提供国际保护和权利。难民的法律地位由相关国际条约和所在国国内法确定。

（一）难民身份的确定

难民身份的确定基于特定条件，如迁移至国外、无法或不愿受本国保护、有正当理由畏惧迫害等。同时，存在排除难民身份的条件，如已获得联合国保护、被认为无须保护、被认为不得保护的人不能取得难民身份。

（二）难民的法律地位

难民享有入境、居留、出境的便利和其他所在国法律规定的待遇，以及广泛的经济和社会权利。在享受权利的同时，难民也需要遵守所在国的法律，履行应尽的义务，服从所在国为维持公共秩序而采取的措施。

案例分析

案例一："无冕之王"被驱逐案

【案情介绍】

1986 年 7 月 23 日，北京市国家安全局负责官员在北京宣布，美国《纽约时报》驻京记者约翰·伯恩斯于 6 月底 7 月初，违反《中华人民共和国外国人入境出境管理法》，故意进入我非开放地区，进行了与记者身份不相符的活动。北京市国家安全局在查明情况后，于 1986 年 7 月 22 日作出决定，将伯恩斯驱逐出境，伯恩斯于 1986 年 7 月 23 日离境。

1987 年 1 月 26 日，外交部新闻司在北京宣布，根据我国的国家安全部掌握的确凿证据，法新社驻北京记者麦乐仁最近进行了与其记者身份不相符的活动，有损于中、法两国人民之间的友谊。外交部新闻司已于 1 月 26 日要求法新社尽快将麦乐仁调离出中国。在国际法上，外国记者的法律地位和外国人的法律地位一样。记者常被人们称之为"无冕之王"，是因为他们在进行新闻采访时拥有常人不能企及的特权，但是，他们的行为并不是完全畅通无阻的。根据国际法，外国记者的法律地位和外国人在一国的法律地位是同等的；除有特别的条约规定以外，外国记者的驻在国通常把外国记者视同外国人对待。因此，国际法上规定，所有一国境内的外国人都处于所在国的管辖之下，他们必须遵守所在国的法律和法令。如果不这样，那么国家的主权就不能维护，国家间的正常交往就不能持续下去，国家间的合作与发展就会受到危害，这都是现代国际条约和国际实践所肯定的。国家根据国内法对违法的外国记者予以追究责任根据国际法上的国家主权原则，国家有权制定法律规定外国人的法律地位，这是不受其他国家干涉的。我国宪法和外国人入境出境管理法规定，中华人民共和国保护在其境内的外国人的合法权利和利益，外国人的人身自由不受侵犯，非经人民检察院批准或者决定或者人民法院决定，并由公安机关或国家安全机关执行，不受逮捕。外国人在中国境内，必须遵守中国法律，不得危害中国国家安全，损害社会公共利益，破坏社会公共秩序。因此，对外国人来说必须以遵守我国法律为前提，其合法权利才能得到保护。1981 年 3 月 9 日，我国国务院颁布的《关于管理外国新闻机构常驻记者的暂行规定》确定了：常驻记者不得在中国境内架设电台；常驻记者的业务活动不得超出正常的采访报道范围；我国政府依法保护常驻记者的正当权益；常驻记者采访机关、团体、企事业和其他单位，都应按我国外交部新闻司的要求，事先向有关单位提出申请，经同意后始能进行；常驻记者以其家属在中国的一切活动以及出入中国国境，都要遵守中国的法律、法令和有关规定，违法的，由有关主管机关依法处理。《纽约时报》记者约翰·伯恩斯和法新社驻京记者麦乐仁，非法进入仍未向外国人开放的地区，以非法手段窃取我国机密，搜集情报，违反了我国的法律和有关规定，从事与记者身份不相符的活动。因此，对他们分别采取驱逐出境调离出中国措施，都是符合国际法的。

【法律问题】

外国身份对于处在异国的个人有着类似"免死金牌"的效用。出于对别国法律管辖权的尊重，一国在面临审判别国公民的情景时，需要考虑公民国籍国法。但这不代表外国人可以无限制地在他国境内进行活动。而根据国际法，外国记者的法律地位与外国人法律地位是同等的，外国记者的驻在国通常将外国记者与外国人作同等对待。外国记者有其职业特殊性，但也应当遵守他国的相关法律规定。国际法上规定，一国境内所有外国人都受所在国管辖，必须遵守该国律令。例如，《中华人民共和国外国常驻新闻机构和外国记者采访条例》规定，外国记者应当遵守中国的法律、法规和规章，并客观、公正地进行采访报道。

根据现代国际法条约，个人权利受到法律保护。外国记者享有报道权和采访权，但应当在尊重他国主权的前提下进行客观、公正的报道，而不应戴着"有色眼镜"进行先入为主的报道，更不能从事超出记者权利范围、与记者身份不符的活动。外国记者不得在中国境内实施危害国家安全，损害社会公共利益的行为。如若违反，按照国际法是可以将其驱逐出境的。

【中国立场及思政元素分析】

中国政府依法保障外国记者的合法权益，并为他们的正常业务活动提供便利。外国记者在中国进行采访活动时，需征得被采访单位和个人的同意，并在采访时携带并出示相应的记者证或短期采访记者签证。此外，外国记者在中国的采访活动受到一定的管理和规定，例如，外国新闻机构在中国境内设立常驻新闻机构或派遣常驻记者，应经中国外交部批准，并且外国记者在采访中国的主要领导人或政府部门时，也应通过中国外交部提出申请。外国记者在中国的采访活动，尤其是在司法领域的采访，应受到特定的限制和规定，以确保不违反中国的法律和政策。违反上述条例规定的外国记者，可能会受到警告、暂停或终止业务活动，甚至吊销记者证或相关证件的处罚。这些规定确保了外国记者在中国合法、有序的新闻采访活动，同时维护了中国的国家利益和社会秩序。

案例二：中国民航 296 号客机被劫持案[1]

【案情介绍】

1983 年 5 月 5 日，运载 105 名乘客飞往上海的中国民航 296 号班机，从沈阳东塔机场起飞后不久，被混在乘客中的卓某、姜某、安某、王某、吴某和高某等 6 名持枪歹徒用暴力和威胁方式劫持。他们用枪射击驾驶舱门锁，破门闯入驾驶舱并对舱内人员射击，报务员王某昌和领航员王某富被击成重伤。他们威逼机长王某轩和副驾驶员何某林改变航程，并用枪顶着机长和副驾驶员的头。卓某大声吼叫："不听命令，我要叫你全机同归于尽。"他还强行猛推操纵杆并大声喊道："148 度！148 度！去汉城。"机长几次试图在大连和丹东降落均未成功，飞机被迫飞经朝鲜后又飞入韩国领空。飞机一飞过三八线，汉城（今首尔，下同）上空就拉响了警报，正在巡逻的 4 架驻韩国的

---

〔1〕 马呈元、张力编著：《国际法案例研习》，中国政法大学出版社 2014 年版，第 138 页。

美国飞机开始拦截客机，武力胁迫客机降落。此时机长发现机上燃料只够再飞行十几分钟。于是，客机只好在汉城东北春川附近的佩奇营军用机场降落。飞机降落后，卓某持枪在机舱门口大声要求会见所谓"台湾驻韩国大使"，否则机上乘客将被继续扣押当人质。韩国方面并未立即答复，而是召开紧急会议研究处置办法并让他们等待。这期间暴徒仍控制飞机和机上人员。直到8小时后，暴徒才向韩国当局缴械并受到拘留，机上乘客摆脱人质状态。

劫机事件发生后，中国政府面临一个外交难题：由于中国与韩国当时没有建立外交关系，韩国拒绝将被劫飞机和人员送回并将劫机犯交还中国。中国有关部门召开紧急会议决定：一责成民航局局长立即前往韩国直接交涉处理此事；二是通过外交途径请日本和美国对韩国当局施加影响，保证乘客和机组人员的绝对安全；三是以国际民航组织缔约国的身份，要求国际民航组织理事会主席出面交涉，维护国际上公认的1970年《关于制止非法劫持航空器的公约》（以下简称《海牙公约》）。事发后，韩国有关当局对事实进行了调查，并迅速将情况通知了中国政府和国际民航组织理事会。中国外交部即向韩国提出请求，按照有关国际公约的规定，立即将被劫持的航空器以及机组人员和乘客交给中国民航当局，并将劫机嫌疑犯引渡给中国。国际民航组织理事会时任主席阿萨德·科泰特、时任秘书长朗贝尔致电韩国当局，表示对中国民航296号航班被非法劫持一事的密切关注，并相信韩国将安全地交还乘客、机组人员和飞机，按照国际民航组织大会的决议和韩国参加的1970年《海牙公约》的规定对劫机嫌疑犯予以惩处。

随后，经韩国民航局时任局长金彻荣同意，中国民航局局长率民航工作组一行35人于1983年5月7日赴汉城协商处理这一事件。经与韩国代表谈判，签署了一份关于交还乘客、机组人员和飞机问题的备忘录。按照备忘录的规定，被持飞机上的乘客除3名日本乘客返回日本外，其余中国乘客和机组人员都先后返回中国。被劫持的飞机经韩方有关部门做了技术检修后归还中国。

对于6名劫机嫌疑犯的处理，中国与韩国没有达成一致意见。中国认为，这6名罪犯在劫机前就已犯有窃枪潜逃等罪行，且武力劫持民航飞机是国际公认的严重犯罪行为，因此，要求韩国将6名罪犯交由中国司法机关依法惩处。韩国拒绝了中国的引渡要求，认为按照1970年《海牙公约》的规定，飞机降落地国对劫机犯也有管辖权，因而坚持由其自行进行审判和处罚。1983

年6月1日，汉城地方检察院以违反韩国《航空安全法》《移民管制法》和《武器及爆炸物品管制法》，对6名劫机嫌疑犯提起诉讼，7月18日汉城地方刑事法院开始审判。经审理后法院作出判决，判处卓某、江某有期徒刑6年，安某、王某有期徒刑4年，吴某和高某有期徒刑2年。

【法律问题】

中国民航296号客机被劫持案涉及多个国际法问题，包括航空安全、引渡、管辖权以及国际公约的适用问题。

首先，本案例揭示了航空安全的重要性。关于航空安全问题，卓某等人的劫机行为直接违反了1970年《海牙公约》的规定。该公约规定了非法劫持航空器的行为是犯罪行为，并规定了各缔约国应采取的措施，包括恢复或维持合法机长对航空器的控制，保护航空器、乘客和机组人员，以及将劫持者绳之以法。

本案涉及的另一关键问题便是管辖权问题。卓某等人实施了犯罪行为是毋庸置疑的，但由于《海牙公约》规定了多种管辖权原则，包括航空器的登记国、降落地国、承租人的主要营业地国或永久居所地国等原则。在卓某劫机案中，中国作为被劫持飞机的登记国，对劫持事件具有管辖权。但同时，韩国作为飞机的降落地国，也享有管辖权。再加之中国和韩国虽然都是《海牙公约》的缔约国，但当时两国并无外交关系，也没有签订引渡条约。因此，韩国在是否引渡卓某等劫持者的问题上享有自主权。韩国根据其国内法和国际法规定行使管辖权。在卓某劫机案中，韩国选择对劫持者进行审判并判处刑罚，行使了其作为降落地国的管辖权。最终，韩国选择对卓某等人进行审判，并未将其引渡给中国。

【中国立场及思政元素分析】

随着全球化和国际合作的深入发展，跨国犯罪和恐怖主义已成为国际社会的共同挑战。为应对这些挑战，各国在引渡方面的合作将更加紧密。同时，各国也在不断完善相关法律法规，以期在打击犯罪和维护人权之间找到平衡。

国际航空作为国家之间重要的交通手段，其重要性不言而喻。跨国航空为跨国往来带来了便利，但也影响到国际法领域的管辖权原则的适用。由于管辖权原则的多样化，本案中，中韩两国均具有管辖权，最终由于缺乏引渡条例，导致中国未能对卓某等人进行审判。从本案例中可以看出，中国在处理跨国犯罪事件时，与他国的国际合作显得尤为重要。本案中，由于缺乏完善的引渡制度，导致中国未能对卓某等人进行审判。引渡制度是中国与其他国家在惩罚犯罪方面进行国际合作的一种重要形式。通过有效的引渡机制，中国可以与其他国家共同打击跨国犯罪，能够确保那些在境外犯罪的中国公民或对中国构成威胁的外国犯罪分子得到应有的法律制裁，从而保护国家的主权、安全和社会公共利益只有通过与其他国家合作，方能更好地提高处理国际事件的能力，以便应对突发性的国际事件，维护国际社会共同利益。

未来，我国将继续加强与国际社会的合作，积极参与引渡领域的国际合作。同时，我国还将进一步完善相关法律法规，为打击跨国犯罪和恐怖主义提供法律依据。通过这些努力，我国将为维护国际法治和国际秩序作出更大贡献。

案例思考题

1. 试分析外国人的法律地位。

2. 对于中国民航 296 号客机被劫持案，请思考为什么韩国不将卓某等人引渡给中国？结合案例分析引渡条例的意义。

第九章
国际人权法

本章主要探讨国际人权法的相关论述，涉及的知识点包括国际人权法的概念与特点、国际人权法的形成与发展、国际人权法的主要内容以及监督机制与人权保护实践。

第一节　概述

国际人权法是国际法中关于人权保护的独立分支，由国际公约、条约和习惯法构成。它与国内人权法不同，调整的是个人与国家间的关系，特别是个人与其本国的关系。国际人权法具有较强的政治性，直接受益者是个人，但由于缺乏强制性的执行机制，它通常被视为一种较弱的法。

一、国际人权法的概念

国际人权法是关于人权保护的国际法的一个独立分支，包括全球性和区域性国际公约和条约以及国际习惯。现代人权法的基本框架以个人权利为基础，这是从自然法发展而来的。

国际人权法包括全球性和区域性公约，内容涵盖宪章性文件、专门性文件、规范性文件和建章立制性文件。主要文件包括《世界人权宣言》《公民权利及政治权利国际公约》以及《经济、社会及文化权利国际公约》，该三公约通常被合称为"世界人权宪章"。

二、国际人权法的特点

国际人权法具有特殊性。国际人权法的特殊性在于国际人权法较强的政治性、保护对象为个人以及约束性较弱。

首先，国际人权法具有较强的政治性。这种政治性源于作为国际人权法的调整对象——人权问题，人权问题是与一个国家的历史发展、文化认同紧密联系在一起的。不同国家的社会发展程度不同，再加上宗教信仰、民族文化等因素的影响，在对待人权问题的处理上也会有所差异。其实国际法的调整对象很多情形下会涉及国家的重大利益，例如，国家的领土主权和自然资源的权属。作为国际法的一部分，国际人权法也不例外。

其次，国际人权公约保护的是个人，国际人权法所保护的对象绝大部分是个人的权利，还有少数的集体人权。不同于国际条约法、国际海洋法调整的是国家与国家之间的关系，国际人权法更多时候是在调节人和国家的关系。

最后，国际人权法是一种较弱的法。虽然国际人权法已经具有一定的规模和体系，但国际法本身在功能上具有局限性，因为国际法不具有强有力的执行机构，国际人权法作为国际法的一个分支也不能例外。

三、国际人权法的形成与发展

国际人权法的发展始于二战后，特别是《联合国宪章》的制定和《世界人权宣言》的通过，对国际人权法的发展起到了重要的推动作用。在此之前，人权问题通常被视为国家内政。二战期间的大规模人权侵犯事件促使国际社会对人权保护进行深刻反思。

第二次世界大战前，由于人权问题被认为属于国家内政，出于对别国主权的尊重，国际法很少对人权问题进行干涉。但二战前的国际社会对人权问题是有一定关注的。国际社会对人权的保护集中在较狭窄的范围内，主要是对少数人群体的保护，例如犹太人、穆斯林等[1]。国际联盟还允许少数人群体向"少数人委员会"进行申诉[2]。此外，二战前的国际社会还致力于禁止奴隶贩运和废除奴隶制，为解放奴隶而努力；建立监督机制，保护劳工的合法权益；国际人道法的人权保护也是国际人权法发展历程中浓墨重彩的一笔。从二战后，人权问题逐渐进入国际法领域。二战期间，法西斯对被侵略国家的人民犯下了罄竹难书的反人类罪行，这些残酷侵犯人权的行为引发了

---

〔1〕 周勇：《少数人权利的法理》，社会科学文献出版社2002年版，第72页。

〔2〕 周勇：《少数人权利的法理》，社会科学文献出版社2002年版，第162页。

人们对人权保护的关注。二战结束后,《联合国宪章》的起草涉及了人权与基本自由,体现了对人权的尊重,这也成为人权进入国际法领域的开端[1]。

第二节　国际人权法保护的对象与范围

一、国际人权法保护的对象

国际人权法保护的对象主要是个人,也包括由个人组成的群体。国际人权法保护的权利范围和类型涵盖人身权利、政治权利、经济权利、社会权利和文化权利等。人权的主体主要是个人,个人享有个体权利,个人组成的群体享有群体权利(集体权利)。目前而言,个人权利是国际人权法的主要保护对象,群体权利相对个人权利来说数量较少,但确实在国际人权法的保护范围内。例如为集体所享有的集体自决权,该权利的主体是殖民地的全体人民、受压迫的民族、被占领土上的人民。

根据《世界人权宣言》第2条第1款规定:"人人有资格享有本宣言所载的一切权利和自由,不分种族、肤色、性别、语言、宗教、政治或其他见解、国籍或社会出身、财产、出生或其他身份等任何区别。"也就是说,在现代国际社会,国际人权法的保护对象不能有任何歧视,应当对个人一视同仁。

二、国际人权法保护的权利范围和分类

(一)国际人权法保护的权利范围

国际人权法由实体权利和人权保护机制两部分构成。权利范围讨论的是权利有哪些的问题。国际人权法保护的权利具体包括生命权、人身自由和安全权等人身权利,公正审判权、言论自由、宗教自由、选举和被选举权等政治权利,社会保障权、婚姻自由权等社会权利,食物权、住房权、免于饥饿权等经济权利。此外还有文化权利,也属于国际人权法的保护范围。

---

[1] Boutros Ghali, "Establishing the System: Towards the Adoption of the International Covenants on HumanRights (1949—1966)", in the *United Nations and Human Rights* (1945—1995), The United Nations Blue Books Series vol. MI, 1995, p. 5.

（二）国际人权法保护的权利类型

1. 三代人权

瓦萨克将人权分为三代：第一代是产生于资产阶级革命时期的公民和政治权利；第二代是产生于社会主义革命时期的经济、社会和文化权利；第三代是产生于非殖民化时期的集体权利。但集体权利在实践中会被部分集体用作分裂国家的借口，所以现在许多学者会用群体权利替代集体权利这一说法。

2. 消极与积极权利

消极权利指国家不干预、不作为即可实现的权利，例如个人基本的人身权利。积极权利指需要国家采取措施实现的权利，例如适当生活水准权。《经济、社会及文化权利国际公约》第 2 条第 1 款规定，"本盟约缔约国承允尽其资源能力所及，各自并借国际协助与合作，特别在经济与技术方面之协助与合作，采取种种步骤，务期以所有适当方法，尤其包括通过立法措施，逐渐使本盟约所确认之各种权利完全实现。"

三、和平权、发展权和环境权

关于和平权，和平与安全毫无疑问是人权的主张，但作为法律权利仍存在不确定性。这种不确定性源于人民和社会对于和平的定义是不一致的。《非洲人权与民族权宪章》是目前唯一一个在条文中规定了和平权的国际公约，但条文中仅列明了一切民族均享有和平权。对于发展权问题，现有观点认为发展权既是群体权利也是个人权利，与人民自决权的经济自决有关。《发展权利宣言》第 1 条第 1 款指出："发展权利是一项不可剥夺的人权，由于这种权利，每个人和所有各国人民均有权参与、促进并享受经济、社会、文化和政治发展，在这种发展中，所有人权和基本自由都获得充分实现。"国际环境法作为国际法新的分支，随着全球环境问题的恶化，环境权在人权中的重要性也是日益凸显。环境权与健康环境存在密切联系是明确的，但环境权的具体内容和义务承担者尚存在争议。

第三节　国际人权保护的监督机制

一、国际人权保护的监督机制

国际人权保护的监督机制包括联合国体系内人权保护机构和国际人权条约机构。联合国体系内人权保护机构包括人权理事会和联合国人权高级专员等机构。人权理事会负责普遍定期审议，而人权高级专员提供技术援助和支持。此外，还有基于各种人权公约的条约机构，如经社文权利委员会和人权事务委员会等，它们通过报告制度、国家对国家的指控制度以及个人来文制度来执行监督职能。

（一）联合国体系的内人权保护机构

联合国体系内的人权保护机构主要是人权理事会。2006年，联合国大会通过了决议，建立人权理事会，该机构继承了人权委员会的责任。建立人权理事会的主要目的是取代其前身——人权委员会。联合国人权委员会虽然自建立以来在国际人权法的发展方面作出了不少贡献，但是随着人权政治化的日趋严重，人权委员会变成一些国家进行人权外交的场合和工具，对联合国的人权工作造成很坏的影响。而新建立的人权理事会制定了一些减少和消除人权政治化的制度，其中就包括普遍定期审议制度。普遍定期审议制度是联合国人权理事会在联合国体系内建立的独特的报告审议制度，为联合国会员国提供了宣示其采取行动改善其国内人权状况、履行人权义务的机会。

联合国除了人权理事会这一综合性人权机构，还有在人权保护方面的一些专门机构，例如保护文化权利的联合国教科文组织，保护妇女权利的妇女署等。

（二）联合国人权条约机构

人权条约机构是根据相关人权条约建立的，监督缔约国履约义务从而保护人权的机构。例如，经社文权利委员会、人权事务委员会、消除对妇女歧视委员会、消除种族歧视委员会、儿童权利委员会、禁止酷刑委员会、防止酷刑小组委员会、迁徙工人权利委员会、残疾人权利委员会和强迫失踪问题委员会。人权条约机构相对独立，利于人权保护。而且人权机构具有专门的分管领域，更具专业性。此外，条约机构依据条约建立，职权范围要受到条约约束，较为规范。

二、国内人权保护的监督机制

国内人权保护的监督机制是确保国际人权法得以实施的重要部分。国内的监督机制主要围绕国家人权机构进行。国家人权机构依据国家宪法或法律设立，是促进和保护人权的专门国家级机构，仅在职能上与人权有一定联系的机构不是国家人权机构。国家人权机构的权限与职责、组成、独立性、多元化保障、工作方法由《巴黎原则》规定。国家人权机构按照职权范围可以分为综合型的机构和专门型的机构，按照机构权限划分可以分为审理案件型机构和咨询型机构，按照组成机构划分可以分为团体组织型机构和监察专员型机构。

案例分析

案例一：黄海勇引渡案

20世纪90年代末，中国福建公民黄海勇因涉嫌在中国犯下走私普通货物罪、涉案金额巨大，受到中国司法机关的追究。他先是逃往美国，后来逃到秘鲁。中国政府根据《中华人民共和国和秘鲁共和国引渡条约》向秘鲁提出引渡要求。历经数年，黄海勇用尽秘鲁国内从地方法院到最高法院、从刑事法院到宪法法院的救济手段，最后该案被提交到美洲人权委员会。根据《美洲人权公约》建立的美洲人权委员会和美洲人权法院是美洲国家组织最重要的区域性人权保障机构。委员会设在位于美国华盛顿特区的美洲国家组织总部，而法院设在哥斯达黎加的首都圣何塞。美洲人权委员会认为，黄海勇自2008年10月27日在秘鲁被拘捕以来，已经并持续成为武断和过分剥夺人身自由的受害者。秘鲁当局的有关措施缺乏正当程序基础，在"临时逮捕"名义下延续长达5年而无最终结论。在不同的引渡阶段，秘鲁当局在办案、寻求以及评估中国提供的保证方面有一系列过失和不当（omissions and irregularities）。这不仅是对正当程序（due process）的多方面的违反，而且在考虑到死刑和酷刑行为可能发生的情况下，也没有遵守保障黄海勇生命权、人道待遇权的公约义务。在人权委员会的报告中，委员会认定，秘鲁侵犯黄海勇的人身自由、生命、人道待遇、公正审判和司法保护权。委员会建议秘鲁采取必要措施保证引渡程序尽快结束，根据秘鲁刑事诉讼法典的规定，严格遵循2011年5月24日秘鲁宪法法院的裁决，秘鲁拒绝引渡黄海勇。法庭全天听取了秘鲁政府方面三位专家证人的证词，并由各方进行了询问和辩论。赵秉志教授的作证及各方对其的询问主要围绕以下问题：与本案相关的中国刑事司法程序和实体问题、赵秉志教授曾出庭作证的中加遣返赖昌星案件有关情况。孙昂参赞的作证及各方对其的询问则主要围绕中国引渡法制与实践以及中加遣返赖昌星的外交承诺。秘鲁前司法部部长托马博士的作证及各方对其的询问主要围绕与本案相关的中秘引渡条约和秘鲁相关国内法律问题。在自我陈述之后，专家证人依次接受了秘鲁政府方面、美洲人权委员会代表、黄海勇律师的质证以及法庭的发问。孙昂严词驳斥了委员会和黄海勇的律师的不实之词，介绍了中国司法制度和人权事业的新发展，并以中国近年与法国、意大利、西班牙、葡萄牙和澳大利亚签订引渡条约以及从加拿大遣返赖昌星和自美国遣返余振东为例，说明中国与西方国家之间已就引渡和遣返逃犯成功开展了合作。

人权问题常常成为中国对外追逃遣返引渡的障碍。中国福建公民黄海勇是经济犯罪嫌疑人，不是腐败犯罪分子，但是引渡过程中他所涉及的国内和国际诉讼过程典型地反映了中国对外追逃工作，包括反腐败境外追逃工作面临的挑战和问题。在2014年9月举行的美洲人权法院的庭审过程中，中国专家首次在国际人权法庭出庭，协助秘鲁政府应诉，并且成功反驳了原告的相关主张。2015年6月，法院判决由于不存在死刑和酷刑风险可以将其引渡回中国。黄海勇在秘鲁国内和美洲国家组织的法律框架下，反反复复，不断起诉、申诉，用尽了一切可用的法律审查和救济手段，历时八年，最终于2016年7月17日被引渡回中国。整个过程中，发挥关键作用的就是美洲人权法院2015年6月作出的这份判决。

【法律问题】

国际人权法的保护对象包括公民和政治权利、经济、社会和文化权利等。在黄海勇引渡案中，美洲人权法院的核心争议点在于中国作出的免除黄海勇死刑的承诺是否能够充分保障其回国后的人权。在本案中，美洲人权法院主要关注的是黄海勇的生命权是否得到保障，这属于公民和政治权利的范畴。

本案涉及的法律问题还包括中国作出的引渡承诺的效力及对应的监督机制。中国并非《美洲人权公约》的缔约国，但基于国际人权法的普遍性，中国需要在引渡过程中保证其对黄海勇的人权保障措施符合国际标准。中国在本案中作出的引渡承诺被视为单方承诺，其内容包括免除黄海勇死刑、禁止酷刑等。这些承诺被美洲人权法院认定为"充分承诺"，具有法律拘束力。国际人权法的监督机制在本案中体现为美洲人权法院对引渡承诺的审查和对中国国内人权状况的评估。法院要求中国提供明确的监督措施，包括允许秘鲁外交人员定期会见黄海勇、参加庭审等。美洲人权法院最终认定中国的承诺是"有力的、有效的、可信的"，并确认引渡黄海勇不会违反《美洲人权公约》。

【中国立场及思政元素分析】

虽然中国并非《美洲人权公约》的缔约国，但通过本案，中国实际上承担了超出其国际人权义务的程序性责任。通过作出引渡承诺，积极履行保障人权的国际义务，中国展示了对国际人权法的尊重。此外，本案是中国首次从拉美国家成功引渡犯罪嫌疑人的典型案例，体现了中国在国际司法合作中的积极态度。更重要的是，黄海勇案的成功引渡反映了中国刑事法治和人权保障的进步，展示了中国在国际舞台上的法治形象。

通过本案，学生可以深刻认识到中国在国际法治中的责任与担当，以及法治建设对国家形象的重要性。黄海勇引渡案展示了中国在国际人权法框架下的人权保障措施，体现了中国对国际人权法的尊重和遵守。本案是中国"猎狐行动"和"天网行动"的重要成果，体现了中国打击跨国犯罪和腐败的决心。

案例二：中国与人权理事会

【案情介绍】[1]

人权理事会是联合国系统内的政府间机构，负责在全球范围内增强保护和促进人权的工作，解决侵犯人权的状况并就此提出建议。人权理事会负责讨论全年所有需要其关注的人权专题问题和状况，在联合国日内瓦办事处举行会议。人权理事会是联合国内负责人权事务的主要政府间机构。它由大会

---

〔1〕 人权理事会主页，https://www.ohchr.org/zh/hr-bodies/hrc/about-council，2023年12月31日访问。

于 2006 年设立，负责加强全球范围内促进和保护人权。理事会由 47 个成员组成，为解决侵犯人权行为和国家状况提供一个多边论坛。它应对人权紧急情况，并就如何在实地更好地落实人权提出建议。人权理事会的前身是联合国人权委员会。从 2006 年至 2023 年，人权理事会举行了 54 届常会、36 次特别会议、9 次紧急辩论，通过了 1481 项决议，制定了 60 项特别程序任务，成立了 38 个调查委员会和实况调查团。

人权理事会的主要职责是充当与联合国官员与授权专家、各国、民间社会和其他参与者就人权问题进行对话的国际论坛；在常会期间通过决议或决定，表达国际社会对特定人权问题或情况的意志。通过一项决议发出了强烈的政治信号，可以促使各国政府采取行动纠正这些情况；举行称为特别会议的危机会议来应对紧急人权状况，迄今已举行 36 次；通过普遍定期审议对所有联合国会员国的人权记录进行审议；任命特别程序任务负责人，即独立人权专家。他们作为理事会的耳目，监测特定国家的状况或研究特定主题；授权调查委员会和实况调查团，提供有关战争罪和危害人类罪的确凿证据。

人权理事会由 47 个成员国组成，由联合国大会 193 个成员国中的多数直接选举产生。选举每年举行。席位在联合国五个区域集团之间公平分配，每年有三分之一的成员更新。每个成员的任期为三年。成员仅限连任两届。截至 2022 年 12 月，联合国 193 个会员国中已有 123 个担任过理事会成员。

理事会成员轮换体现了联合国的多样性，并赋予其在就所有国家侵犯人权问题发声时的合法性。成员承诺维护人权，并应与理事会充分合作。如果出现严重和系统性侵犯人权的情况，大会可以投票决定暂停其成员资格。理事会设有一个主席团，其中包括一位主席和四位代表各个区域集团的副主席。

人权理事会由不同的机制和实体组成，载于理事会 2007 年的"体制建设的一揽子计划（第 5/1 号决议）。其中包括：普遍定期审议（UPR）是一个由国家主导的机制，定期审议联合国所有成员国的人权状况。特别程序是指不受联合国雇佣的个人或团体，他们就教育、健康、言论自由和人口贩运等主题以及乌克兰、朝鲜、厄立特里亚和伊朗等国家状况发表意见。咨询委员会作为理事会的"智囊团"，为其提供有关人权专题问题的专业知识和建议。申诉程序允许个人和组织提请人权理事会注意侵犯人权行为。还有其他一些机制，包括对话平台和致力于制定法律人权文书的小组。

2023 年 10 月 10 日，中国在第 78 届联合国大会上成功连任人权理事会成员，任期自 2024 年至 2026 年。中国对广大会员国给予的信任和支持表示衷心感谢，对同期当选的其他成员表示热烈祝贺。

中国坚持人民至上，坚持走顺应时代潮流、适合本国国情的人权发展道路，在推进中国式现代化的进程中不断提升人权保障水平，促进人的全面发展。这是中国第六次担任联合国人权理事会成员，是当选次数最多的国家之一，充分说明国际社会对中国人权事业成就和积极参与国际人权合作的肯定。中方将以此次当选为契机，继续弘扬和平、发展、公平、正义、民主、自由的全人类共同价值，践行真正的多边主义，深入参与人权理事会工作，同各方开展建设性对话与合作，反对将人权问题政治化和双重标准的错误做法，为推动国际人权事业健康发展贡献中国智慧和中国力量。

人权理事会成员由联大选举产生，任期 3 年，只能连选连任一届。中国分别于 2006 年、2009 年、2013 年、2016 年、2020 年和 2023 年六次成功当选人权理事会成员。

【法律问题】

首先，中国加入人权理事会是为世界人权事业作出贡献，是尊重国家主权平等原则的体现。中国在人权理事会中强调，促进和保护人权应尊重各国主权和领土完整，尊重世界文明多样性。

其次，中国加入人权理事会有利于完善国内人权法制。[1]中国可以在人权理事会中认真分析联合国等国际组织对中国人权状况的评价，结合中国实际情况，提出解决问题的针对性意见。联合国人权理事会、特别报告员机制等也会向我国政府提出一系列问题清单，说明中国在履行国际人权条约中存在哪些方面的问题。推动中国对联合国相关意见和建议的研究，组织国内和国际讨论会，吸收国内外专家学者一起为中国的人权建设出谋划策，这样做也能够配合我国政府倡导的公共外交策略，为中国赢得国际社会的尊重。

【中国立场及思政元素分析】

中国在人权问题方面的基本立场是坚决而分明的。我国国务委员兼外交部长王毅在联合国人权理事会第 46 届会议高级别会议上发表的《坚持以人民

---

[1] 《人权在中国的法律保障》，载 http://theory.people.com.cn/n/2015/0511/c143844-26981770. html，2024 年 6 月 26 日访问。

为中心　推进全球人权进步》的讲话阐述了我国关于人权问题的基本立场和主张：①坚持以人民为中心的人权理念；②坚持人权普遍性与各国实际相结合；③坚持系统推进各类人权；④坚持国际人权对话与合作。[1]中国在人权问题上贯彻人类命运共同体的理念，国际国内两个视角并重。从国际视角来看，人权理事会作为联合国的独立机构，是负责人权事务的主要政府间机构。中国加入人权理事会，旨在通过参与人权理事会的工作，促进保护人权事业的发展。

中国强调以人民为中心的人权理念，人权普遍性与各国实际相结合，系统推进各类人权，以及国际人权对话与合作。中国对国际人权事业的贡献包括参与联合国人权活动、开展人权对话、提出构建人类命运共同体理念等。此外，中国在国内履行国际人权公约义务的情况涉及建立健全法治、人权教育和人权研究等方面。中国在人权问题上一直坚持以人民为中心的理念，认为人权是普遍与特殊相结合的，强调系统推进各类人权，并倡导国际人权对话与合作。中国积极参与联合国人权活动，提出构建人类命运共同体的理念，并在国内通过建立和健全法治、开展人权教育和研究来履行国际人权公约义务。中国政府已发布多期国家人权行动计划，并通过各种法律和政策保障人权。

国际人权理事会作为重要的人权保护机构，其发展和运作对于维护世界和平与人的尊严至关重要。中国加入人权理事会，在推动国际人权保护事业与国内实施方面作出了积极贡献，展现了其对全球人权治理的承诺和努力。

案例思考题

1. 试分析国际人权法的保护对象在本案中的具体体现，并探讨中国如何通过引渡承诺保障黄海勇的人权。

2. 在黄海勇引渡案中，美洲人权法院对中国引渡承诺的监督机制有哪些？这些监督机制对中国有什么启示？

3. 中国加入人权理事会的意义有哪些？

---

〔1〕　王毅：《坚持以人民为中心　推进全球人权进步——王毅国务委员兼外长在联合国人权理事会第 46 届会议高级别会议上的讲话》，载 https://www.fmprc.gov.cn/ziliao_ 674904/zyjh_ 674906/202102/t20210222_ 9870764. shtml，2024 年 3 月 12 日访问。

第十章
国家领土法

本章探讨了国家领土的概念、构成、取得与变更方式，领土主权及其限制，边界和边界管理制度，以及南极和北极的法律地位等议题。

第一节　国家领土的概念与构成

一、国家领土的概念

国家领土是指隶属于国家主权的地球的特定部分。[1]领土的概念与国家主权密切相关，它是国家主权行使的空间范围和基础。领土包括领陆、领水、领水下的底土，以及领陆和领水上的领空。国家领土是国家主权行使的空间范围和基础，国家对其领土享有独立、完整、不受侵犯的主权，是国家的永久性财产，不得转让、出租、抵押或以其他方式让与他人。领土神圣不可侵犯，任何外来势力不得干涉国家内政，国家有权自卫和反击侵略。国家领土主权平等，任何国家不得以任何方式侵犯他国领土主权。

二、国家领土的构成

（一）领陆

领陆是一国领土的最基本部分，指国家疆界以内的全部陆地，包括陆地及其附属物，如山脉、平原、沙漠、草原等。领陆的边界通常以国家承认的陆地边界为准。

---

〔1〕《国际公法学》编写组编：《国际公法学》，高等教育出版社 2022 年版，第 199 页。

（二）领水

领水包括国家的内水和领海两个部分。内水指国家领土内的河流、湖泊、水库等水域，领海则是指根据国际法规定的国家主权范围内的海域，包括沿海水域、内海、领海及专属经济区等。

（三）领空

领空是指国家领土和领水之上的空间，按照国家主权行使。领空边界通常以国家承认的领空边界为准，一般高度为海拔 100 公里以内。

（四）底土

底土是指国家领水和领陆之下的国家领土组成部分，包括海底资源和水下文化遗产等。领水下的底土边界通常以国家承认的领海边界为准。

第二节　国家领土的取得与变更

一、领土取得的方式

（一）先占

先占是指一国有意识地取得当时不在任何其他国家主权之下的土地的主权的一种占取行为。

（二）添附

添附是指土地通过自然作用或人为作用而发生增加。自然作用如地质原因形成的岛屿、三角洲等，人为作用如围海造田、筑堤等。

（三）时效

时效是指一国长期占有并管理某块土地，从而取得该土地主权的过程。

（四）割让

割让是指一国通过条约或其他方式将其部分领土转让给另一国的行为。

（五）征服

征服是指一国通过战争等手段征服他国领土，并取得其主权。

二、领土变更的方式

（一）民族自决

一切处于外国殖民统治、占领、奴役下的民族，均有权决定自己民族的地位和内外事务。

（二）全民公决

全民公决指当地居民以投票的方式决定有关领土的归属。只要发动全民公决理由正当，且没有别国干涉、威胁和操纵，并在联合国监督下进行，该公决即为有效。

第三节　领土争端及其解决

一、领土争端的产生原因

各国之间的边界涉及一个国家的根本主权，再加上部分边界的划分涉及历史遗留问题，故而边界争端很容易引起争端双方的冲突升级。实践中，两国间边界位置或走向不明确，各国对约定边界线的规定解释不一致，边界被侵犯等都有可能成为领土争端产生的原因。

二、领土争端的解决方式

（一）谈判

国家间通过双方谈判或多方谈判协商解决领土争议，签订边界条约。这种方法便于适用，且合理有效，更为友好。

（二）仲裁

争端双方均可通过国际仲裁机构提交仲裁，对领土争议进行仲裁。

（三）司法程序

将领土争议提交国际法院或其他司法机关，通过国际司法程序进行审理。

本章的知识点涉及领土的取得与变更的途径以及争议解决方式。这对于我们深入理解国际法和国际关系，以及解决实际中的领土争议具有重要的指导意义。在今后的学习中，我们要时刻牢记国家领土主权的重要性，为维护国家领土安全和发展作出贡献。

案例分析

案例一：中国与不丹领土争端

在我国的版图上，每一寸土地都有非常浓厚的历史痕迹，在岁月的冲刷下，不少领土被迫离开我国的怀抱，但终将再次回归。不丹是一个与我国西藏地区接壤的国家，但这个国家只有约3.8万平方千米的土地，人口也只有77万人，且是一个多民族的国家。在很长的历史阶段中，不丹都和我国有着千丝万缕的关系，距今1000多年的唐朝就和不丹有过接触，之后忽必烈攻下西藏，不丹也成为中原王朝的一部分。在清朝，不丹是大清的一个藩属国，现在不丹国旗上的龙图案表明和我国的渊源。但好景不长，西方列国掀起了殖民扩张的浪潮，那时的清朝闭关锁国，周边的藩属国就被西方钻了空子。那时的他们用"边境勘测""实力划分"等手段美化自己的侵略行径，不丹就成为英国的殖民地。英国为了满足自己的贪婪欲望，不断地将喜马拉雅山脉的领土一点点划分给不丹，想尽办法蚕食我国的领域，其中，库拉岗日峰等领土被草率地划分给了不丹。不丹的领土增加了，英国殖民的面积就增加了，对喜马拉雅山的控制也提高了，这就是英国当时的狼子野心。之后我国经历了不堪的屈辱史。在各族人民的共同努力下新中国成立了，但我国周边的领土问题依旧存在非常大的争议。对于不丹的领土争议虽然不明显，却是非常棘手的，因为当时的不丹是在英国的殖民统治下，不丹皇室动荡，导致相关的官方文件和领土地图都模糊不清，难以准确分辨两国的分界线。又因为长时间受到英国的殖民影响，严肃的领土问题也只能听从英国的安排，不丹上下对领土边界也没有深入探查，导致领土错误一直没有纠正。

新中国成立之后，对领土完整非常看重，虽然不丹没有足够的领土文献证明，但我国有。我国带着历史文献和真诚的态度，和不丹进行了谈判，将古籍和古文摆在谈判桌上，和不丹说明两国的边界变故。我国的历史文献对边境问题的描述都非常准确，并且清晰明了，但不丹那边却没有足够的证据佐证，导致这场谈判异常艰难。所以为了提供更有力的证据证实边境，我国派遣了侦查队伍对边境进行勘探，证明了和历史证据相差无二，这场谈判也终于落下了帷幕。在2021年10月份，我国和不丹签订了《谅解备忘录》，两边用和睦、认同、尊重的态度理清了两国关系，基本确定了我国在不丹边境的领土问题。2023 年的 6 月份，中国和不丹再次达成历史性的协议，不丹基本确立了和我国的边境问题，并同意归还面积达 1500 平方千米的三块领土。这三块领土分别是麦拉山口地区、宁马地区、库拉冈日峰及喜马拉雅山脉以北地区，其中库拉冈日峰的面积最大，达 1290 平方千米。

中国和不丹两国在领土问题上的解决，不仅表明中国的领土版图进一步完整，更说明我国的国际地位越来越高，未来也将会有更多的国家归还我国领土，确立边界问题。

【法律问题】

首先，在中国与不丹的领土争端中可以发现：中国在与不丹进行边界谈判时，始终遵循国际法的基本原则，通过和平谈判和协商解决领土争端。中不边界谈判历经近 40 年，经过多轮正式会谈和专家组会议，最终达成共识。双方始终坚持通过和平谈判解决争端，避免武力冲突，这符合国际法基本原则和国际惯例。双方在 2023 年达成历史性协议，明确了边界划界的基本政治原则，并按照"三步走"路线图推进边界谈判。

其次，中不边界问题的根源在于英国殖民时期非法划定的"麦克马洪线"，该线从未被中国政府承认。不丹独立后，其外交和安全事务长期受到印度的控制，这也使得中不边界问题复杂化。英国殖民时期的做法不属于现代国际社会中被认可的领土取得方式。

【中国立场及思政元素分析】

中国在中不边界问题上展现了对国家主权和领土完整的坚定维护。中国对国家主权平等原则的贯彻不仅体现在中国对自身国家主权和领土完整的维护，同时，中国也支持其他国家的主权独立，展现了大国风范。

对于国家主权利益，中国始终秉持着和平解决争端的理念与不丹平等磋商，这不仅体现了大国的责任与担当，也展现了中国对不丹的主权独立和领土完整的尊重。此外，中不边界谈判的成功离不开中国对和平共处五项原则、对友好协商的争端解决方式的坚持。这一案例为地区稳定创造了有利条件，也为其他国家提供了和平解决领土争端的范例。此外，中不边界协议的签署为两国未来的经济合作奠定了基础，体现了中国通过合作促进地区发展的理念。

案例二：中国与菲律宾"南海仲裁"案

【案情介绍】

"南海仲裁"案，是一个临时组建的仲裁庭就菲律宾贝尼尼奥·阿基诺三世政府单方面提起的南海仲裁案进行的所谓"裁决"，其实质是披着法律外衣的政治闹剧。南沙群岛分布在北纬3°36′至11°57′和东经117°59′至109°26′之间，是南海最大的一组岛礁群，由230多座岛、洲、礁、沙组成。其中，中国政府于1983年命名的岛屿，沙洲和礁滩群体和个体名称有189个。南沙群岛构成中国领土不可分割的组成部分。中国对南沙群岛及其附近海域拥有无可争辩的主权。从新中国成立起直到20世纪70年代前，关于中国对南沙群岛的主权，国际上并不存在争议。此外，中国台湾当局的军队自20世纪50年代初以来一直驻守在南沙群岛的主岛——太平岛上，是中国对南沙群岛主权从未中断的一个很好的证据。菲律宾从20世纪70年代初起，超过其本国的固有领土，陆续侵占中国南海提出领土要求。菲律宾固有领土范围是由1898年美国和西班牙之间签订的巴黎条约和1900年条约明确规定的。南沙群岛根本不在上述条约规定的菲律宾版图内。菲律宾以所谓"卡拉延群岛"的说法和对南沙群岛部分岛礁的占领构成国际法上对他国领土的侵犯，是非法的、无效的。菲律宾不能因"时效"或者"实际控制"而最终取得对南沙群岛有关岛礁的领土主权。中国长期以来只有太平岛在台湾当局占领之下，中国大陆在20世纪80年代末开始控制并驻守较小的六个岛礁，1994年在美济礁上建筑了渔船避风设施。针对中国1994年在美济礁建设渔民避风设施，菲律宾反应激烈，1995年3月底出动海军，把中国在五方礁、仙娥礁、信义礁、半月礁和仁爱礁等南沙岛礁上设立的测量标志炸毁，甚至派出海军巡逻艇，在空军飞机的支援下，突然袭击了停靠在半月礁附近的4艘中国渔船，拘留了船上62名渔民。1995年5月13日，菲律宾军方将争议升级，派船机试图强闯美济礁，与中国附近海域的"渔政34号"船进行了8个多小时的对峙。而中国坚持修建完相关设施。1997年4月底，菲律宾海军登上黄岩岛，炸毁中国主权碑，插上菲国旗，中国海监船一度与菲律宾军舰形成对峙。此后数年间，菲多次驱逐、逮捕甚至枪击航经黄岩岛海域的中国渔民。1999年5月9日，菲律宾海军将一艘舷号为57的坦克登陆舰"马德雷山脉"号开入仁爱礁，以船底漏水搁浅需要修理为由停留在礁上，此后一直以定期轮换方式驻守人员，再未离开。中方进行了反复严正的外交交涉。同年 11 月 3 日，菲海军又如法炮制，派出另一艘淘汰军舰，以机舱进水为由在黄岩岛潟湖东南入口处北侧实施坐滩。此次中方不可能再相信菲方谎言，施加了强大外交压力。菲时任总统艾斯特拉达下达命令，菲军方 11 月 29 日将坐滩军舰拖回到码头。2012 年 4 月 10 日，12 艘中国渔船在黄岩岛潟湖内例行作业，突然出现的菲律宾军舰对渔民进行堵截和干扰。中国渔民被菲律宾军人扒去上衣在甲板上暴晒的照片，瞬间成为中国各大媒体和网站的头条新闻，引发全国性声讨。菲律宾的粗暴挑衅和中国国内舆情的强烈反应，促使中国政府采取反制行动，一方面进行紧急外交交涉，另一方面派出海监和渔政船只尽快抵达黄岩岛现场，双方进行了激烈交锋。直至 2012 年 6 月 3 日，菲方船只才全部撤出黄岩岛潟湖。为防止菲律宾新的挑衅行为，中国船只留守黄岩岛附近海域，开始实施实际管控。2012 年 6 月 21 日，中国宣布建立地级三沙市，政府驻西沙永兴岛，管辖西南中沙群岛的岛礁及其海域，并在随后数月间采取了落实三沙设市的一系列行政、司法、军事举措。

2013 年 1 月 22 日，菲律宾共和国时任政府单方面就中菲在南海的有关争议提起仲裁。2013 年 6 月，菲方不顾中方强烈反对，成立了由 5 名人员组成的中菲南海争议仲裁庭。其后 2013 年 7 月，也就是临时仲裁庭成立的第二个月，它以人力和资源有限为由，把秘书服务正式"外包"给常设仲裁法院，具体服务内容包括协助查找和指定专家，发布信息和新闻稿，组织在海牙和平宫举行听证会，支付仲裁员和其他人员的费用等，也就是选定常设仲裁法院作为案件的书记处。南海仲裁案的费用要由当事双方承担。在中方坚决反对的情况下，"菲律宾出了双份钱"。2014 年 12 月 7 日，中方发布《中华人民共和国政府关于菲律宾共和国所提南海仲裁案管辖权问题的立场文件》。

2015 年 7 月 7 日，仲裁法院首次举办了听证会。2015 年 10 月 29 日，仲裁庭作出管辖权和可受理性问题的裁决。2016 年 7 月 12 日，海牙国际仲裁法庭对南海仲裁案作出"最终裁决"，判菲律宾"胜诉"，并否定了"九段线"，还宣称中国对南海海域没有"历史性所有权"。

2015 年 7 月 7 日，中华人民共和国外交部发表声明，不承认常设仲裁法院对此案的司法管辖权，也拒绝接受菲律宾任何形式有关此案的和解建议。

2015 年 10 月 30 日中国外交部作出回应：南海仲裁案仲裁庭就有关问题

的裁决是无效的，对中方没有约束力。

2016年7月6日，王毅应约同美国时任国务卿克里通电话，重点就南海问题交换意见，指出所谓的"南海仲裁案"在程序、法律、证据适用方面牵强附会，漏洞百出。

2016年7月12日，中华人民共和国外交部发布《中华人民共和国外交部关于应菲律宾共和国请求建立的南海仲裁案仲裁庭所作裁决的声明》《中华人民共和国政府关于在南海的领土主权和海洋权益的声明》。同日，中华人民共和国国防部时任发言人杨宇军表示中国军队将坚定不移捍卫国家主权、安全和海洋权益，坚决维护地区和平稳定，应对各种威胁挑战。同日，中国国家主席习近平在会见欧洲理事会时任主席唐纳德·图斯克和欧盟委员会时任主席让-克洛德·容克时强调，南海诸岛自古以来就是中国领土。中国在南海的领土主权和海洋权益在任何情况下不受所谓菲律宾南海仲裁案裁决的影响。中国不接受任何基于该仲裁裁决的主张和行动。中国一贯维护国际法治以及公平和正义，坚持走和平发展道路。中国坚定致力于维护南海和平稳定，致力于同直接有关的当事国在尊重历史事实的基础上，根据国际法，通过谈判协商和平解决有关争议。当日，王毅就所谓"南海仲裁庭裁决结果"发表谈话。

2021年12月7日，中国常驻联合国副代表耿爽在第76届联合国大会上，对菲律宾代表就南海问题发表的错误言论作出严正回应。他指出，南海仲裁案系菲律宾单方面提起，仲裁庭越权管辖、枉法裁判，所作裁决无效，没有拘束力。中方不接受、不参与仲裁，不接受、不承认所谓裁决，也不接受任何基于该裁决的主张和行动。希望菲方坚持通过谈判协商解决争议。

近年来，国际社会在南海问题上的实践逐渐增多。例如，通过对话协商解决争端、推动国际合作、维护航行自由等。这些实践表明，国际法在解决南海争议中具有重要作用。然而，未来仍需加强国际合作，推动各方遵守国际法，以实现和平解决南海争议的目标。

【法律问题】

在南海这片海洋之上，各国围绕主权和权益的争议一直未有停歇。这场纷繁复杂的争端背后，其实隐藏着深刻的国际法问题。本书旨在通过分析南海争议涉及的国际法问题，为解决南海争议提供有价值的建议。南海仲裁案涉及国际法中的领土主权、海洋权益、海洋划界等多个方面。在仲裁过程中，仲裁庭需要考虑国际法中的相关原则和规则，如领土主权原则、海洋权益分配原则、公平原则等。这些原则和规则是国际法的重要组成部分，也是解决国际争端的基础。

1. 主权争议与国际法

南海争议的核心在于对某些岛礁的主权归属。对此，国际法有明确的规定：沿海国对其领海和毗连区享有主权，但专属经济区和大陆架的划界仍存在争议。国际法院在实践中明确了在专属经济区存在大陆架和海床的情况下，不应以陆地权力为基础进行海域划界。这为南海问题的解决提供了有力的法律依据。

2. 权益争议与国际法

除了主权争议，南海的权益争端也不容忽视。这些权益包括渔业、海底资源等。根据国际法，沿海国对其管辖下的海域内的资源享有主权权利和管辖权。然而，对于跨界资源，各国需要在平等协商的基础上进行合作开发。这为南海的权益争端提供了新的解决思路。

南海争议的背后，隐藏着复杂的国际法问题。只有深入理解这些问题，才能找到解决争议的有效途径。本章通过对主权争议和权益争议的分析，以及国际法的实践应用，提出了一些有价值的建议。然而，南海问题的解决仍需各方共同努力，加强国际合作，推动各方遵守国际法，以实现和平解决的目标。未来，随着全球海洋意识的提高和国际法的不断完善，我们有理由相信南海争议将得到更好的解决。然而，这需要各方的积极配合和参与，包括各国政府、国际组织、民间团体等。只有各方共同努力，才能真正实现和平解决南海争议的目标。

【中国立场及思政元素分析】

南海仲裁案是一起备受关注的国际争端，也是国际法在实践中的一个重要案例。同时，南海仲裁案是一个生动的思政案例，它提醒我们思政教育的重要性。首先，我们应该尊重国际法和国际规则，这是维护国际秩序和稳定的基础。其次，我们应该关注国际争端的解决方式，避免采取单方面行动，而是要通过和平、协商的方式解决争端。最后，我们应该加强国际合作，共同应对全球性挑战，维护世界和平与稳定。

南海仲裁案是一个具有代表性的案例，它从国际法的角度揭示了思政教育的重要性。我们应该从这一案例中吸取教训，加强思政教育，提高我们的国际意识和国际责任感。只有这样，我们才能更好地应对全球性挑战，维护世界和平与稳定。

案例思考题

1. 中国与不丹边界谈判的成功对解决其他领土争端有何启示？结合案例，分析和平解决争端的重要性。

2. 试分析国际法中关于领土取得与变更的原则如何在中不边界谈判中体现？

3. 中国古代航海活动频繁涉足南海，渔民世代作业，这体现了哪种领土取得方式，对南海诸岛主权有何意义？

本章知识主要涉及国际海洋法的概念与发展、国际海洋法的调整范围，以及国际海洋法领域的重要法律概念及相对应的法律制度和管理制度。

第一节　国际海洋法的概念与发展

一、国际海洋法的概念

海洋是人类生存所需生产和生活资料的重要来源，是国际交通运输的大通道，是人类生态环境中的重要组成部分。陆地资源面临枯竭的危险，故而人类需要加大海洋资源的开发和利用力度。随之而来的问题是，如何在开发海洋资源的同时保证各国的海洋利益不受侵犯。为了调整海洋领域的问题，国际海洋法应运而生。海洋法既包括公海自由、人类共同继承财产等基于各国共同利益形成的原则规则，也包括承认沿海国主权、管辖权等基于沿海国特殊利益形成的原则规则。

二、国际海洋法的产生与发展

（一）国际海洋法的产生

海洋法和国际法一样，都有着悠久的历史。早期部分殖民主义国家主张享有在东南亚地区从事航行、贸易的垄断权[1]，1609 年格劳秀斯发表《海

---

〔1〕　W. Hall, *Treatise on International Law*, 8th edn. by A. Higgins, Oxford: Clarendon Press, 1924; reprinted by W. Hein & Co., 2001, pp. 181-182.

洋自由论》，力图证明公海的海洋权益应属于所有国家的所有人民。与此相对，塞尔登的《闭海论》支持英国对周边海域的占领政策。20 世纪政府间的国际海洋法编纂活动主要通过国际联盟召开的海牙国际法编纂会议和联合国主持召开的海洋法会议进行。1930 年海牙国际法编纂会议未取得海洋法方面的编纂成果，但自《联合国海洋法公约》通过后取得了重要进展。海洋法不再局限于传统的领海和公海制度，而包括内水、领海、毗连区、海峡、群岛水域、专属经济区、大陆架、公海、国际海底区域等海域的制度。

（二）国际海洋法的发展

1930 年，国际联盟召开海牙国际法编纂会议，未能取得政府间的国际海洋法的编纂成果。1949 年，联合国国际法委员会选定的 14 个编纂项目中包含公海和领海制度。1954 年，联合国大会要求国际法委员会将其所拟的关于公海、领海、毗连区、大陆架和海洋生物资源的保全等条文系统化。1958 年，第一次海洋法会议上，通过了《领海及毗连区公约》《公海公约》《大陆架公约》《捕鱼及养护公海生物资源公约》4 个公约，以及《关于强制解决争端之任择议定书》，表示海洋法开始由习惯规范向条约规范转变。1960 年第二次联合国海洋法会议，审议了领海宽度和渔业限制问题，但因分歧难泯，该会议没有实际成果产生。1973 年开幕、1982 年闭幕，历时 9 年的第三次联合国海洋法会议通过了《联合国海洋法公约》。《联合国海洋法公约》是国际海洋法发展进程中一项历史性成果，此后，《联合国海洋法公约》在国际海洋争端解决中发挥着重要作用。

第二节　内水、领海与毗连区

一、内水

（一）内水的构成

内水构成包括海港水域、海湾水域、河口水域以及领海基线向陆地一面的其他水域。内水的构成与领海基线或群岛基线的确定以及河口、海湾和港口的划界密切相关。

外国船舶未经许可不得进入一国内水，但有例外情况：如果确定直线基线的效果使原来并未认为是内水的区域被包括在内成为内水，则在此种水域内外国船舶仍应享有无害通过权。[1]

（二）领海基线

领海基线包括正常基线和直线基线，是陆地与海洋的分界线、内水与领海的分界线，也是测算领海、毗连区、群岛水域、专属经济区或大陆宽度的起算线。

（1）正常基线。又称低潮线或自然基线，是海水低潮时海平面与海岸相接处、自然形成的一条线。在直线基线出现前，正常基线是沿海国普遍采用的基线。实践中，正常基线大多应用于陆海界线分明、海岸线平直且近岸无岛屿的情况。

（2）直线基线。直线基线是用直线将在海岸或近岸岛屿上选择的点连接而形成的基线。与正常基线不同，直线基线适用于海岸线曲折或近岸有许多岛屿的情况。在1951年"英挪渔业案"后，直线基线被更广泛地适用。但直线基线的适用需要受到长度限制，避免沿海国家海域的过度扩展。

二、领海

（一）领海的概念

领海是沿海国主权的一部分，它包含了从基线量起不超过12海里的海域。这个区域的主权归属于沿海国，包括了水域及水域上空、海床及以下的底土。然而，沿海国在行使这些主权时，也需要遵守国际法的相关规定，比如《联合国海洋法公约》。外国船舶是否享有无害通过权，就是领海和内水在法律地位和制度上的一个主要区别。这样的制度既保证了沿海国的主权，也维护了国际海洋的和平与秩序。

（二）沿海国在其领海的权利及义务

（1）沿海国对领海上空享有完全的排他的主权及管辖权，外国航空器未经许可不得飞越沿海国领海上空。

（2）沿海国对其领海水域及其下的自然资源拥有绝对的控制权，这是国家主权的重要体现。任何未经许可的开发和利用都是违法的。

（3）沿海国在领海享有属地管辖权。属地管辖权确保了沿海国在领海内

---

[1]《国际公法学》编写组编：《国际公法学》，高等教育出版社2022年版，第126页。

拥有全面的法律权力，可以制定和执行相关法规，以维护领海内的秩序和安全。这种管辖权是排他的，意味着沿海国在此领域内有最高的法律权威。

（4）沿海国在领海内的航运及贸易方面也具有专属权利。这并不意味着沿海国可以随意设置障碍或限制，而是要求其在行使这些权利时，必须遵守国际法的相关规定，比如保障外国船舶的无害通过权，并及时公布可能影响航行安全的信息。

三、毗连区

毗连区是邻接领海的海域，沿海国可将其在领海内对某些事项的管辖权延伸至毗连区。毗连区是领海以外但又与领海紧密相连的一个区域，其宽度从领海基线量起不超过 24 海里。这个区域虽然不属于国家领土，但沿海国在其中享有一定的管辖权，主要是为了维护其陆地领土或领海内的法律和规章的效力。

根据《联合国海洋法公约》的规定，沿海国在毗连区内可以行使的管制主要包括两个方面：一是防止在其陆地领土或领海内违反海关、财政、移民或卫生的法律和规章的行为；二是惩治在这些领域内已经发生的违法行为。这种管辖权的延伸，是沿海国为了维护其国内秩序和安全而采取的必要措施。

同时，毗连区与专属经济区存在重叠问题，在这个重叠部分，既适用毗连区制度也适用专属经济区制度。这意味着沿海国在这个区域内可以同时行使多种权利，但也需要遵守相应的国际法规定。

第三节　专属经济区

一、专属经济区的概念

专属经济区是领海以外并邻接领海从测算领海宽度的基线量起不超过 200 海里的国家管辖范围内的海域。专属经济区是自成一类的国家管辖范围内的海域，沿海国享有一定的主权权利和管辖权，其他国家也有一定权利或自由。

二、专属经济区的法律制度

专属经济区的法律地位不同于领海和公海，其是自成一类的海域。沿海国在专属经济区享有一定的主权权利和管辖权，同时也要承担一定的义务。

（一）主权权利

沿海国享有的主权权利包括：①以勘探和开发、养护和管理专属经济区内的自然资源为目的的权利。②在专属经济区内进行经济性勘探和开发活动的权利。对于后者，未经沿海国同意，其他国家不能进行经济性开发活动。

（二）管辖权

1. 沿海国在符合国际法和国家标准的前提下，对专属经济区内的人工岛屿的建造与管理、有关设施和结构的操作与使用享有专属权利，包括海关、卫生、财政、安全和移民等方面。

2. 沿海国对其专属经济区内的海洋科学研究活动享有专属管辖权。该权利由《联合国海洋法公约》保护，其他国家若想在专属经济区内进行海洋科学研究活动必须获得沿海国的明示许可。

（三）沿海国的义务

沿海国在专属经济区内行权利的同时也要履行对应的义务。具体表现为沿海国对专属经济区内的生物资源负有养护义务，对超出沿海国捕捞能力范围的生物资源应准许其他国家捕捞（尤其是内陆国和地理不利国）。此外，根据海洋法规定，沿海国对专属经济区内的海盗犯罪负有管辖义务。

（四）其他国家的权利和义务

在专属经济区内，各国均按照《联合国海洋法公约》行使权利和履行义务。例如，依据《联合国海洋法公约》之规定，在专属经济区内的所有国家均享有航行自由、飞越自由、铺设海底电缆和管道自由，以及与此三项自由有关的海洋其他合法用途。其他的国际法有关规则，只要不与专属经济区法律制度相违背，均可以适用于专属经济区。例如，船旗国对其船舶的专属管辖的权利、救助的义务。

第四节 大陆架

一、大陆架概述

（一）大陆架概念

大陆架是海岸向海洋延伸形成的海底区域，包括地质学概念里的大陆架、大陆坡和大陆基。大陆架外部界限由大陆架界限委员会根据《联合国海洋法公约》规定划定。大陆架不是国家领土组成部分，是沿海国为勘探和开采自然资源而行使主权权利和专属管辖权的海域。

（二）大陆架范围的划分

根据《联合国海洋法公约》第 76 条规定，沿海国的大陆架包括其领海以外的依其陆地领土的全部自然延伸。国际海洋法对大陆架的定义引入了距离上的标准，考虑到了自然地貌对大陆架范围的影响，限制了宽大陆架国家对超过 200 海里的大陆架外部界线的划定，避免了窄大陆架国家的利益受损〔1〕。例如，在测算时，如果从测算领海宽度的基线量起到大陆边外缘的距离不到 200 海里，则扩展到 200 海里的距离；如果从测算领海宽度的基线量起到大陆边外缘的距离超过 200 海里，不应超过从测算领海宽度的基线量起 350 海里，或不应超过 2500 米等深线 100 海里。此外，《联合国海洋法公约》设立了大陆架界限委员会，目的在于保证 200 海里以外大陆架外部界限的精准划定。

二、大陆架法律制度

（一）沿海国对大陆架的主权权利

依据《联合国海洋法公约》第 77 条第 1 款之规定，沿海国拥有对大陆架自然资源进行勘探和开发的权利。该主权权利具有专属性和固有性，其他个人、国家不经沿海国的明示许可，不得进行勘探开发活动。

（二）管辖权

沿海国有权对大陆架上的海底电缆和管道进行管辖。这类管道的铺设必须获得沿海国的同意。此外，与专属经济区类似，沿海国对大陆架上的人工岛屿、设施和结构的建造、管理、操作和使用，也享有专属权利。

（三）沿海国义务与其他国家的权利义务

首先，沿海国在行使权利时不得侵害《联合国海洋法公约》规定的其他国家的权利或对其他国家的权利造成不当干扰。其他国家享有的权利包括铺设海底电缆和管道和航行权等。

---

〔1〕　张海文主编：《〈联合国海洋法公约〉释义集》，海洋出版社 2006 年版，第 306 页。

第五节 岛屿

一、岛屿与岩礁的概念

岛屿是四面环水并在高潮时高出海面的陆地。其有四个特征，分别是四面环水、高潮时岛屿高于水面、自然形成和陆地区域。第一个特征四面环水是岛屿与大陆的基本区别。第二个特征则是岛屿与低潮高地的基本区别。第三个特征是指岛屿不能是人工岛屿。第四个特征陆地区域是岛屿区分于其他海洋漂浮物之处。

岩礁则是无法维持人类居住或其本身经济生活的。至于"不能维持居住或经济生活"这一标准如何认定，实践中仍存在争议，尚无具体解释。

二、岛屿与岩礁的海域范围

依照《联合国海洋法公约》，除非另有规定，岛屿也有领海、毗连区、专属经济区和大陆架。而岩礁没有专属经济区或大陆架，只有领海和毗连区。

第六节 国际海底区域

一、国际海底区域概述

国际海底区域是指国家管辖范围以外的海床和洋底及其底土，是构成人类共同继承财产的海域。国际海底区域这一概念的出现，得益于发展中国家的推动。对国际海底区域的规定对发展中国家有利，若是没有在《联合国海洋法公约》中阐明国际海底区域属于全体人类这一概念，西方海洋强国依靠科技力量、政治力量可以轻而易举地将海底资源瓜分。正因如此，国际海底区域在推行初期遭到西方海洋强国的反对。

二、国际海底区域的法律地位

国际海底区域的法律地位概括而言有五个关键词，分别是"共同继承"

"一切""无歧视""开放""不影响"。第一，国际海底区域以及国际海底区域的自然资源是所有人类的共同继承财产，不得被任何国家、个人或法人独占。第二，对国际海底区域可行使的一切权利属于全人类，国际海底区域的活动由国际海底管理局代表全人类执行。第三，国际海底管理局在国际海底区域内的活动是在不歧视任何国家、公平分配全体国家利益的基础上进行。不论国家是沿海国还是内陆国，国际海底管理局都应在公平的角度考虑。第四，国际海底区域应开放给所有国家。第五，国际海底区域内行使权利时应在不影响区域上覆水域的公海或水域上空的公空的合法权利。

三、国际海底区域的制度

（一）国际海底区域的开发制度

国际海底区域的开发制度是平行开发制。平行开发制是指，国际海底资源由国际管理局企业部和缔约国或缔约国国有企业，或有缔约国担保的缔约国自然人或法人以协作方式开发。平行制度下的提供担保的担保国和承包者必须遵守其责任和义务，按照《联合国海洋法公约》尽责。此外，为了保证平行开发制的落实，申请者必须提供两处具有同等商业价值的矿区，一处作为保留区由国际海底管理局企业部开发，另一处作为合同区由申请者和管理局开发。

（二）国际海底区域的管理制度

国际海底区域管理局以《联合国海洋法公约》和规范区域内矿物勘探活动的规章为依据，对在海底区域勘探、开发、运输和加工海底资源的活动予以管理。区域内三种主要矿物都有完备的规章，分别是《"区域"内多金属结核探矿和勘探规章》《"区域"内多金属硫化物探矿和勘探规章》。

案例分析

案例一：中国与《联合国海洋法公约》

从新中国开始参加联合国海洋法会议、参与创制新国际海洋法的磋商起，迄今已逾50年。在《联合国海洋法公约》开放签署40周年之际，回顾中国参加的这次重大国际造法活动，应该说，中国参加第三次联合国海洋法会议，取得了当时历史条件下所能取得的最好成果。时移世易，脱离历史条件苛求于前人是不客观的。同时,中国在全球海洋治理、促进建立公平公正合理的国际海洋法律秩序中的诸多贡献,包括隐形贡献,也应该重新认识和得到肯定。一是在特定的国际政治环境、国际权力结构和国内政治形势的历史条件下,中国代表团的会议发言批判美苏的海洋霸权主义,坚定支持发展中国家扩大海洋管辖权的斗争,具有鲜明的时代特征,宏观上也符合中国在国际政治中的战略利益。二是发挥积极作用,兼顾自身正当权益、发展中国家利益与国际社会整体利益,推动建立有利于保障发展中国家权利的海洋法制度,促进了国际海洋法的发展。三是坚定维护国家主权和海洋权益,批驳日本侵占中国领土钓鱼岛、美国插手台湾岛的违法行径;在领海制度(包括领海宽度、军舰无害通过权)、领海海峡的通行、海洋争端的解决等事关领海主权的原则问题上坚定国家立场。四是不破不立,创新提议。在正式提交的工作文件中提出"国际海域"的概念,在发言中提出内陆国分享海洋资源等建议。特别是提出将生物资源纳入国际海底机构的管理范围,具有超前性和预见性。五是很多建议和发言的内容及联合提案,在最后的公约文本中得到一定程度的体现。中国提出的国际海底资源由全世界各国人民所"共有",与该公约确立的"人类共同继承"可谓相近的意思表达。其他的意见、建议尽管没有直接转化为公约案文,但充分阐释中国的立场,据理力争、引发讨论,也是另一种形式的贡献。

此外,签署公约后,中国积极践行公约,并以批准该公约为契机,加快国内海洋法治建设和涉外法治建设,逐步建立健全了包括海洋法律制度在内的中国特色社会主义法律体系。一方面,中国开始根据包括该公约在内的国际法,应对和逐步解决与海上邻国的岛礁主权争端、海洋划界争议、资源开发等问题,加强双多边海洋国际合作,稳妥应对海上的挑战。另一方面,中国的立法和实践对该公约的某些不足予以必要的补充。特别是1998年《中华人民共和国专属经济区和大陆架法》第14条关于历史性权利的规定,以及对"南海仲裁案"裁决中关于历史性权利已被该公约所取代的论调的批驳,恰是对该公约确认的"本公约未予规定的事项,应继续以一般国际法的规则和原则为准据"的践行。

【法律问题】

《联合国海洋法公约》(本案例以下简称《公约》)规定了领海、专属经济区和大陆架等海域的范围和沿海国的权利，如果中国在海域的权益主张涉及与周边国家的海域划界问题，需要依据《公约》的相关规定进行处理。《公约》第十五部分规定了强制争端解决程序，但中国于 2006 年依据《公约》第298 条的规定作出书面声明，将涉及海域划界等事项的争端排除适用于包括仲裁在内的强制争端解决程序。此外，《公约》对海洋资源的开发和保护作出了规定，要求各国在开发海洋资源时要兼顾国家利益和国际社会的整体利益。中国在海洋资源开发和环境保护方面，需要遵守《公约》的规定，同时也要与其他国家合作，共同应对海洋资源开发和环境保护的挑战。

【中国立场及思政元素分析】

中国在《公约》的制定和实施过程中，始终坚持公平正义的原则，主张各国在海洋事务中应该平等相待、相互尊重。中国积极参与国际合作，与其他国家共同应对海洋领域的挑战，如参与联合国海底委员会的工作，推动国际海底区域的资源开发和环境保护。

此外，中国在《公约》的制定和实施过程中，提出了许多关于构建人类命运共同体的倡议和建议，希望加强国际合作以共同应对海洋领域的挑战，顾及国际社会的整体利益和需要，积极推动构建人类命运共同体。中国认为，海洋是人类共同的财富，各国应该共同保护和利用海洋资源，实现共同发展。在个别国家持有海洋霸权的观念时，中国依然在为团结国际社会力量解决全球性海洋问题而努力，彰显中国的大国风采。

案例二：中国参与"担保国责任咨询意见"案

【案情介绍】

"区域"蕴藏着丰富的矿产资源。为保证各国公平分享"区域"矿产资源所衍生的利益，《联合国海洋法公约》规定"区域"矿产资源的开发采用平行开发制，即由国际海底管理局（以下简称"管理局"）企业部单独开发和由缔约国及其自然人和法人与管理局以协作的方式共同开发。鉴于"区域"矿产资源开发所涉问题的重要性，《联合国海洋法公约》规定除管理局企业部和缔约国外，其他承包者欲参与"区域"矿产资源的勘探和开发需取得所属公约缔约国的担保。《联合国海洋法公约》以及《关于执行 1982 年 12 月 10日〈联合国海洋法公约〉第十一部分的协定》对担保国的责任与义务作了相应规定，但这些规定不够具体、明确，在理解上容易产生分歧，随着"区域"矿产资源勘探和开发活动日趋频繁，进一步明晰公约及相关法律文书对担保国责任与义务的规定就成为国际社会亟待解决的问题。为此，2011 年 2 月，"海底争端分庭"（以下简称"分庭"）应管理局理事会的请求，就担保国责任与义务所涉三个具体的法律问题——担保国的法律责任和义务、担保国赔偿责任的范围、担保国的履约措施，出具了"担保国责任与义务咨询意见"。

我国在海底区域开发过程中对担保国制度进行了积极的立法回应，并进行不断的立法完善，对于缺少具体奖励和与外国投资有关的条款、缺乏资源勘探开发许可证制度、应急预案管理办法和环境调查评价机制等问题，应该予以完善，增加相应的条款和制度，积极促进国际合作，加强信息交流，为国际海底区域资源勘探开发及环境保护贡献力量。[1]我国还参与了分庭咨询程序，提交了书面意见。我国的书面意见以 15 页的篇幅阐述了对分庭管辖权、理解所请求问题应该遵循的一般原则以及对三个请求问题的看法。这是我国第二次参与国际司法机构的咨询程序。与第一次参与国际法院 2008 年关于科索沃临时自治政府单方面宣布独立是否符合国际法的咨询程序不同，我国没有参与分庭的口述程序。更重要的是，我国的书面意见分析完整，表达的观点到位、准确，不仅支持分庭对请求问题的管辖权，而且对实体问题的见解与分庭咨询意见的基本面一致，只是存在某些细微差别，这反映了我国书面意见对分庭推理和结论的影响以及我国应用海洋法的成熟。

【法律问题】

一、共同继承原则与平行开发制度

在《联合国海洋法公约》的框架下，"区域"指的是国家管辖范围以外的海床和洋底及其底土，这些海底区域及其资源被视为人类的共同继承财产。"区域"及其资源被视为人类的共同继承财产，这意味着其勘探和开发应为全人类的利益服务，而不是仅由个别国家或实体控制。

为了确保各国公平分享国际海底区域内矿产资源所带来的利益，《联合国海洋法公约》规定了一种平行开发制度，其中包括管理局（ISA）企业部的单

---

[1] 余民才：《担保国责任与义务咨询意见评述》，载《重庆理工大学学报（社会科学）》2012 年第 1 期。

独开发，以及与管理局进行共同开发，旨在平衡各方利益，确保资源开发的公平性和可持续性。

二、担保国的责任与义务

《联合国海洋法公约》还规定，除了管理局企业部和缔约国之外，其他承包者想要参与"区域"的勘探和开发，必须获得其所属公约缔约国的担保。担保国是承包者参与"区域"内活动的关键环节。根据《联合国海洋法公约》，承包者需要获得其担保国的支持，担保国则需要确保承包者遵守公约规定。担保国对承包者的监督和履约措施负有责任，需要采取必要措施确保承包者遵守《联合国海洋法公约》的规定，包括在承包者违反规定时采取补救措施和提供赔偿。这包括确保承包者遵守环境标准、保护海洋环境，以及在发生损害时提供赔偿。

担保国的责任与义务在《联合国海洋法公约》及其《关于执行1982年12月10日〈联合国海洋法公约〉第十一部分的协定》中有所规定，但这些规定在具体性和明确性方面存在不足，因此在实践中容易产生不同的理解，进而在应用上产生分歧。随着"区域"内矿产资源勘探和开发的活动日益增多，对担保国责任与义务的规定进行进一步的明晰化成为国际社会的迫切需求。

为了解决这一问题，2011年2月，海底争端分庭应管理局理事会的请求，就担保国责任与义务涉及的三个具体法律问题——担保国的法律责任和义务、担保国赔偿责任的范围、担保国的履约措施——提供了咨询意见。海底争端分庭的咨询意见旨在为这些问题提供更清晰的法律指导。

在理解上产生的分歧需要国际社会的共同努力，通过法律解释、立法完善、国际合作和司法实践来确保"区域"资源的公平、可持续开发，并保护海洋环境。

【中国立场及思政元素分析】

中国在海底区域开发过程中对担保国制度进行了积极的立法回应，并不断完善相关立法，以促进国际合作和环境保护。在缺乏具体奖励和与外国投资有关的条款、缺少资源勘探开发许可证制度、应急预案管理办法和环境调查评价机制等方面，中国认为应当进行完善，增加相应的条款和制度，以积极促进国际合作和加强信息交流，为国际海底区域资源的勘探开发及环境保护贡献力量。中国强调了国际合作和信息交流的重要性，以促进"区域"资源的公平和有效开发，同时保护海洋环境。

中国还参与了海底争端分庭的咨询程序，并提交了书面意见。中国的书面意见全面分析了分庭的管辖权问题、对请求问题的一般原则理解以及对三个请求问题的具体看法。这体现了中国在国际海洋法领域的积极参与和影响力。中国的书面意见分析完整，表达的观点准确，不仅支持分庭对请求问题的管辖权，而且对实体问题的见解与分庭咨询意见的基本一致，只存在一些细微差别，这反映了中国书面意见对分庭推理和结论的影响，以及中国在应用海洋法方面的成熟度。

案例思考题

1. 《联合国海洋法公约》对中国的海洋法治建设和海洋权益保护产生了哪些影响？

2. 中国应如何更好地利用《联合国海洋法公约》来维护自身的海洋权益和推动海洋事业的发展？

3. 试分析岛屿和岩礁的区别。

4. 担保国的责任和义务有哪些？

第十二章
空间法

本章知识点

本章节从空间法概述出发，介绍了空气空间法和外层空间法的法律渊源、法律地位、基本原则、具体制度以及中国的航空和外层空间立法现状。

第一节　概述

随着人类空间技术的发展，形成了相应的法律制度以规范空间活动。空间分为空气空间和外层空间，与之相对应，空间法分为空气空间法和外层空间法。

空气空间法，亦称航空法，调整对象为人类在空气空间的活动。人类早期的航空活动使人类认识到规范航空活动的必要性，1919 年的《关于管理空中航行的公约》（亦称《巴黎公约》）是世界上第一部关于航空活动的国际条约。此后，国际社会通过国际条约和国内立法确立了航空活动的法律框架，完善了航空活动的规范制度。

外层空间法的调整对象是外层空间活动。在苏联成功发射第一颗人造地球卫星后，人类对外空空间的探索就进入了新的阶段。为了规范国家在外层空间的活动、保护全人类的共同利益，各国以和平探索和利用为中心，签订了一系列国际条约，这些国际条约和国际习惯、国内立法构成了现行的外层空间法。

第二节　空气空间法

一、空气空间法的法律渊源

空气空间法的法律渊源包括国际条约、国内立法、国际组织文件和司法裁决。其中国际条约和国内立法是空气空间法的主要法律渊源，国际组织文件和司法裁决是空气空间法的辅助渊源。

（一）国际条约

与空气空间有关的国际条约可以分为两类：第一类是调整空气空间及飞行器法律地位、航空安全的具有公法性质的国际条约，第二类是规范承运人与货物和乘客间法律关系的、具有私法性质的国际条约。第一类国际条约有《关于管理空中航行的公约》（《巴黎公约》）、《国际民用航空公约》（《芝加哥公约》）、《关于在航空器内的犯罪和某些其他行为的公约》（《东京公约》），第二类国际条约有 1929 年《统一国际航空运输某些规则的公约》（《华沙公约》）和 1999 年《统一国际航空运输某些规则的公约》。此外，实践中国家间缔结的双边和多边条约也是空气空间法的重要渊源。

（二）国内立法

各国针对航空活动及其他航空相关行为制定的法律也是空气空间法的主要法律渊源之一。例如中国的《中华人民共和国民用航空法》。

（三）国际组织文件

国际社会成立了许多国际航空组织来对航空活动进行管理，例如国际民航组织、国际航空运输协会。这些国际航空组织通过的国际文件对空气空间法起到了补充完善的作用，例如，国际民航组织制定的技术业务附件补充了《国际民用航空公约》，国际航空运输协会通过的国际文件完善了统一国际航空运输制度。

（四）司法裁决

国内法院和国际仲裁机构的裁决对于航空运输法律制度都有一定的完善。司法裁决对条约规则的解释与适用对实践有很好的指引作用，对国际航空法律制度的发展有着重要意义。

二、空气空间的法律地位

空气空间指地球表面以外的大气层，国家对其领空拥有完全和排他的主权。对于空气空间的法律地位，历史上经历了完全自由论、有限自由论、国家主权论和有限主权论的观点碰撞，最终在 1919 年的《关于管理空中航行的公约》中确立了国家对领空的主权权利。国家对空气空间享有完全的排他的主权，具体包括自保权、管辖权、管理权和支配权。自保权指未经许可，外国航空器不得进入国家领空。管辖权指国家对其领空拥有法律管辖权。管理权指国家有权通过法律和规章制度管理领空，以确保航空安全和秩序。支配权指国家有权决定是否允许外国航空器过境或进行商业运营。

但对于空气空间的高度界限，国际法尚无明确规定。从目前实践来看，在现有航空技术的限制下，一个国家享有的空气空间主权以距地面 20 千米的高度为限。20 千米以上至外层空间下限以下的部分是临近空间，目前尚未有规范临近空间的法律制度。

三、国际民用航空运输法律制度

涉及国际民用航空运输的法律制度，包括空中航行的法律制度和国际航空运输管理的法律制度。

关于空中航行的法律制度有《关于管理空中航行的公约》《国际民用航空公约》《国际民用航空公约》《国际航空运输协定》和《国际航班过境协定》。前述制度分别对空气空间主权、不同飞行类型的规则、国际定期航班的五种自由等方面进行规定，促进了国际航空运输的发展和国际合作。

关于国际航空运输管理的法律制度包括各国在《百慕大协定》确定的双边管理模式基础上签订的双边航空运输协定。双边管理运输协定通过规定航空运量、航空运输定价、航线分配对国际航空运输进行管理。

四、国际航空安保法律制度

为遏制危害航空安全的非法行为，维护航空安全，国际社会通过了《东京公约》《海牙公约》《蒙特利尔公约》等国际公约，明确了危害航空安全的罪行认定、管辖权归属问题及引渡和起诉问题。

对于危害民用航空安全罪的构成，1970 年的《海牙公约》第 1 条和 1971 年的《蒙特利尔公约》都有所规定。2010 年，针对"9·11"事件中出现的危害航空安全行为的新特征，《制止与国际民用航空有关的非法行为的公约》（《北京公约》）增加了五种新型危害航空安全的罪行。《北京议定书》则针对当时发展迅速的网络技术进行规范，考虑到网络技术控制、影响飞行器的可能，将"技术手段"加入危害航空安全罪行的构成中。

关于危害民用航空安全犯罪的刑事管辖权，多个国际公约均有相关规范。1963 年的《东京公约》提出了并行管辖制度，即航空器登记国和非登记国的缔约国均有管辖权。登记国和非登记国的缔约国的管辖权区别在于非登记国的缔约国只有在规定情况下具有管辖权，例如犯罪人或受害人是该缔约国国民或在该国有永久居所，或者罪行会危及该缔约国安全，或者罪行违反该国现行的相关航空规则等。1970 年《海牙公约》规定，航空器登记国、降落地国、承租人主要营业地或永久居所地国、罪犯所在国及根据本国法律有权行使刑事管辖权的国家，具有管辖权。1971 年《蒙特利尔公约》规定了罪行发生地国家也具有管辖权。2010 年的《北京议定书》进一步规定，惯常居所在该国领土内的无国籍人实施危害航空安全罪行，该国也有权行使管辖权。

对于危害民用航空安全犯罪的引渡和起诉问题，各国际公约各有特点，进一步强化了对劫机等危害民用航空安全行为的国际合作。《东京公约》作出了原则性规定，即规定在缔约国登记的航空器内犯下的罪行，应视为发生在登记国领土上，但该公约的规定不能被视为赋予了缔约国同意引渡的义务。《海牙公约》和《蒙特利尔公约》扩大了引渡的范围，明确了引渡的条件和规则，规定危害民用航空安全的犯罪是可引渡的罪行，并且没有引渡条约时被请求国家可以将本国法律作为依据。《北京公约》规定任何犯罪不应被视为政治罪，排除以政治理由拒绝引渡或司法互助请求的可能性。关于起诉问题，《海牙公约》和《蒙特利尔公约》均包含"或引渡或起诉原则"。该原则要求缔约国对境内发现的被指认罪犯，如不引渡，应将该案移交当局起诉。

第三节　外层空间法

外层空间法经历了三个阶段，分别是 1957 年至 1979 年的五大公约阶段，1980 年至 1992 年的四项大会决议阶段，1993 年至今的双边或区域性条约充分发展阶段。

一、外层空间法的法律渊源

外层空间法的法律渊源主要包括国际条约、国际习惯、国内法、联合国机构决议、司法判决以及外层空间法权威著作等。

国际条约和国际习惯是外层空间的主要法律渊源。与外层空间相关的最为典型的国际条约是 1967 年《关于各国探索和利用包括月球和其他天体的外层空间活动所应遵守原则的条约》（《外空条约》）、1968 年《营救宇航员、送回宇航员和归还发射到外层空间的物体的协定》（《营救协定》）、1971 年《关于外层空间物体造成损害的国际责任公约》（《责任公约》）、1975 年《关于登记射入外层空间物体的公约》（《登记公约》）和 1979 年《指导各国在月球和其他天体上活动的协定》（《月球协定》）。此外，国内法也是外层空间法的重要法律渊源，完善了外层空间活动行为规范。联合国决议、司法判决、权威著作虽然不是直接法律渊源，但对外层空间法规则的解释与适用对外层空间实践有一定参考价值。

二、外层空间的法律地位

1967 年《外空条约》对外层空间作出明确规定：第一，外层空间属于全人类，不得据为己有，各国可自由探索和利用；第二，各国可以平等地自由探索和利用外层空间；第三，外层空间的探索和利用须以全人类利益为目的，并在维护国际和平安全的前提下进行。

三、外层空间的基本法律制度

外层空间的基本法律制度包括外层空间法的基本原则、空间物体登记制度、营救制度、责任制度、月球探索与利用的法律制度等。

（一）外层空间法的基本原则

外层空间法的基本原则有八项，包括：①探索和利用外层空间，必须为全人类谋福利和利益原则；②各国在平等的基础上，根据国际法自由探索和利用外层空间及天体原则；③外层空间和天体不能通过主权要求、使用或占领或者其他任何方法据为一国所有原则；④各国探索和利用外层空间必须遵守国际法原则；⑤各国对本国在外层空间的活动负有国际责任原则；⑥各国在探索和利用外层空间时应遵守合作和互助的原则；⑦和平探索与利用外层空间原则；⑧保护外空环境原则。

（二）空间物体登记制度

空间物体登记制度依据《登记公约》确立，在该制度下，发射国应登记其发射的空间物体，并通报相关信息。空间物体登记制度的目的是确认空间物体的归属和管辖权，以便在空间物体发生损害后确定责任。空间物体登记制度要求发射空间物体的国家向联合国秘书长通知发射国的名称、外空物体的标志或登记号码、发射日期和地点、基本的轨道参数和外空物体的一般功能，以及其他应提供的信息。

（三）营救制度

《营救协定》确立了较完善的空间营救制度。依据《营救协定》，只有在出现意外事故、遇难和紧急的或非预定的降落时，相关国家才有营救义务。此外，缔约国有义务归还被解救的宇航员及空间物体给登记国。

（四）责任制度

依据《外空条约》和《责任公约》，发射国对空间物体造成的损害负有责任。空间物体的发射国对空间物体造成的损害负有责任，其中对空间物体对地球表面或飞行中的飞机造成的损害负有绝对责任，对地球表面以外的损害负有过失责任。对于受到的损害，受害国或其自然人或法人可以通过发射国的相关司法机构提出求偿，也可以通过外交或仲裁的手段直接向发射国求偿。此外，若损害是由求偿国或其自然人或法人因重大疏忽或故意的行为造成的，发射国的绝对责任可予以免除。

（五）月球探索与利用的法律制度

依据《月球协定》，月球应和平利用，其资源为人类共同财产。缔约国应公平分配月球资源，充分考虑发展中国家和对探索作出贡献的国家。虽然该协定尚未得到国际社会的广泛认同，但为人类探索和利用月球的活动提供了指引。

（六）卫星直播电视广播制度

因卫星直播电视广播不经地面电视接收站就可直接传播到地面电视机，可能会构成非法广播，所以有必要制定法律制度来规范卫星直播电视广播。《关于利用卫星进行电视广播的指导原则宣言》规定各国在传送广播前需要彼此协商。此外，《关于各国利用人造地球卫星进行国际直接电视广播所应遵守的原则》也对卫星直播电视广播有积极的规范作用。

（七）卫星遥感地球法律制度

卫星遥感地球的法律制度是规范从外层空间对地球进行遥感活动的原则和规则。依照《关于从外层空间遥感地球的原则》，卫星遥感活动应遵循以下原则：其一，卫星遥感活动要以为所有国家谋求福利和利益为目的；其二，进行遥感活动的国家、联合国及联合国有关机构应促进遥感活动方面的合作；其三，被遥感国可以以合理费用取得管辖下领土的原始数据、处理过的数据和分析过的资料；其四，遥感活动应遵循促进保护人类免受自然灾害侵袭的原则。

（八）外层空间使用核动力源的法律制度

核动力源虽为许多空间活动提供必不可少的能源，但使用核动力源可能会对外层空间造成放射性污染。现行外层空间法没有禁止核动力源的使用，但制定了规则对使用核动力源加以限制。核动力源的使用应当严格遵守《关于在外层空间使用核动力源的原则》。此外，具有自愿性的、不具有法律约束力的《外层空间核动力源应用安全框架》也为核动力源在外层空间的使用提供了指引。

（九）外层空间环境保护法律问题

人类的发射活动中使用的核动力源和人类空间活动产生的空间碎片均有可能对外层空间环境造成环境损害。为了保护外层空间环境，国际社会通过了一系列国际条约，包括《禁止在大气层、外层空间和水下进行核武器试验条约》（《部分禁止核试验条约》）、《外空条约》、《月球协定》等相关条约。这些国际条约和联合国决议、国际宣言、国际习惯共同构成了外层空间环境保护法律制度，确立了外层空间环境保护的基本原则。

案例分析

案例一：《月球协定》谈判与中国贡献

【案情介绍】

《关于各国在月球和其他天体上活动的协定》也称《指导各国在月球和其他天体上活动的协定》（简称《月球协定》）。1979 年 12 月 5 日由联合国大会通过，18 日在联合国总部开放签署，1984 年 7 月 11 日生效。至 2014 年 4 月 28 日，已有 11 个签署国，16 个缔约国。因为绝大多数空间大国都没有加入该条约，如：美国，一部分欧洲航天局成员国，俄罗斯，中国，日本，印度等。因此，该条约的适用效力非常有限。该条约将适用于月球和在太阳系内的其他天体，包括围绕或者按照轨道绕行的天体。

该条约声明月球应该为国际社会的所有国家和人民的利益所用。该条约同时表达阻止月球成为国际冲突的根源。条约大致如下：

禁止于天体上进行任何军事行为，包括武器试验或军事基地。

禁止在没有其他国家的批准或基于人类共同遗产的原则造福其他国家的情况下的所有的对天体的探索和活动（第11条）。要求秘书长必须知晓所有在天体上的活动。

宣布所有国家都有进行天体研究的平等权利。

声明在研究活动时获得的任何样品，获得他们的国家必须考虑将一部分提供给所有国家/科学界进行研究。

禁止改变天体的环境，要求国家必须采取防止意外污染的措施。

禁止任何国家在任何天体上宣布拥有主权领土。

禁止任何组织或个人对任何地外财产拥有所有权。

要求所有的资源的提取和分配由一个国际制度管理。[1]

虽然中国尚未加入《月球协定》，但中国政府历来认为，外层空间是全人类的共同财富，世界各国都享有自由探索，开发和利用，世界各国开展外空活动，应有助于各国经济发展和社会进步，应有助于人类的安全、生存与发展，应有助于各国人民友好合作。中国航天事业始于1956年，迄今已整走过近七十年光辉历程。近七十年以来，中国独立自主地发展航天事业，在若干重要技术领域已跻身世界先进行列，取得了举世瞩目的成就。2004年，中国正式开展月球探测工程，并命名为"嫦娥工程"。嫦娥工程分为"无人月球探测""载人登月"和"建立月球基地"三个阶段。2007年10月24日18时5分，"嫦娥一号"成功发射升空，在圆满完成各项使命后，于2009年按预定计划受控撞月。2010年10月1日18时57分57秒"嫦娥二号"顺利发射，也已圆满并超额完成各项既定任务。2012年9月19日，月球探测工程首席科学家欧阳自远表示，探月工程已经完成嫦娥三号卫星和玉兔号月球车的月面勘测任务。嫦娥四号是嫦娥三号的备份星。嫦娥五号主要科学目标包括对着陆区的现场调查和分析，以及月球样品返回地球以后的分析与研究。中国人的探月工程，为人类和平使用月球作出了新的贡献。

2020年11月24日4时30分，中国在文昌航天发射场，用长征五号遥五运载火箭成功发射探月工程嫦娥五号探测器，火箭飞行约2200秒后，顺利将探测器送入预定轨道，开启中国首次地外天体采样返回之旅。

---

〔1〕《中国探月工程》，载 https：//baike. baidu. com/item/%E4%B8%AD%E5%9B%BD%E6%8E%A2%E6%9C%88%E5%B7%A5%E7%A8%8B/8492213，2022年2月9日访问。

12 月 1 日，嫦娥五号探测器成功在月球正面预选着陆区着陆。

2020 年 12 月 17 日，嫦娥五号返回器携带月球样品，采用半弹道跳跃方式再入返回，在内蒙古四子王旗预定区域安全着陆。[1]

中国政府认为，和平探索、开发和利用外层空间及其天体是世界各国都享有的平等权利。世界各国开展外空活动，应有助于各国经济发展和社会进步，应有助于人类的和平与安全、生存与发展。国际空间合作应遵循联合国《外空条约》及《关于开展探索和利用外层空间的国际合作，促进所有国家的福利和利益，并特别要考虑到发展中国家的需要的宣言》中提出的基本原则。中国主张在平等互利、和平利用、包容发展的基础上，加强国际空间交流与合作。

【法律问题】

一、《月球协定》的适用与效力

《月球协定》虽然已经生效，但由于主要的空间大国如美国、俄罗斯、中国等并未加入，导致该协定在国际社会中的普遍适用性受限。这引发了关于国际法效力和遵守的问题，即非缔约国是否需要遵守协定中的规定。

二、外层空间的和平利用

协定中明确禁止在天体上进行军事行为，包括武器试验和建立军事基地，这体现了国际社会对外层空间和平利用的共识。然而，实际执行中要如何监督和确保这一点，是一个法律和实践上的挑战。

三、国家主权与外层空间

《月球协定》规定禁止任何国家对外层空间天体宣布主权，这与国家主权的传统概念形成对比。如何处理国家在进行外层空间活动时的权益，尤其是在资源开发和利用方面，是一个复杂的法律问题。

四、外层空间资源的管理

国际合作协定强调了国际合作的重要性，并要求资源的提取和分配由国

---

〔1〕 《2016 中国的航天》，载 https://www.gov.cn/xinwen/2016－12/27/content＿ 5153378. htm，2022 年 2 月 9 日访问。

际制度管理。这涉及国际法中关于资源共享和管理的规则，以及如何在不同国家间实现公平合理的资源分配。该协定还规定了外层空间的环境保护与污染防治问题。协定要求国家在进行外层空间活动时，必须采取措施防止对天体环境的污染，这涉及环境保护的国际法规则，以及如何在实际操作中实施这些规则。

【中国立场及思政元素分析】

一、中国立场与实践

尽管中国不是《月球协定》的缔约国，但中国政府的立场认为外层空间是全人类的共同财富，主张和平利用外层空间，并在实践中积极参与国际空间合作。中国探月工程的实施，如嫦娥系列任务，展示了中国在遵守国际法原则的同时，积极推动自身航天事业的发展。

此外，中国注重国内立法与国际义务的协调。中国在开展外层空间活动时，会协调国内立法与国际义务之间的关系，确保国内法律与国际条约保持一致，同时保障国家利益和参与国际合作。中国始终坚持外层空间的治理和利用涉及国际关系的稳定与发展，需要国际社会共同努力，通过法律、政策和实践的不断完善来解决。

二、思政元素

中国的航天事业不仅是科技成就的体现，也是国家综合实力的象征。中国的航天政策和实践，如嫦娥工程，不仅推动了科技进步，也增强了国民的自豪感和自信心，具有重要的思想政治教育意义。

中国航天对于国家发展战略与国际责任有着重要意义。中国的航天政策服从和服务于国家整体发展战略，体现了国家发展的长远规划和战略布局。同时，中国在国际空间法中的立场也展现了其作为负责任大国的国际责任感。

案例二：《外空条约》与中国实践

【案情介绍】[1]

1958 年 12 月 13 日，联合国大会通过第 1348 号决议，确认外层空间是人

---

〔1〕 段洁龙主编：《中国国际法实践与案例》，法律出版社 2011 年版，第 76 页。

类共同利益所在，强调外层空间只能用于和平目的，并成立了"和平利用外层空间特设委员会"。1959 年 12 月 12 日，联合国大会决定将特设委员会改为常设机构，称为"和平利用外层空间委员会"（以下简称"外空委"），今已有近 70 个成员国。外空委下设的法律小组委员会是审议外层空间法律问题和拟订外层空间条约的主要机构，迄今已通过外空委向联合国大会提交了五项外空条约草案和五套关于外空活动的原则，五项外空条约分别是：《外空条约》《营救协定》《责任公约》《登记公约》和《月球协定》。五套原则分别是：《关于各国探测及使用外空工作之法律原则宣言》（1963 年）、《各国利用人造地球卫星进行国际直接电视广播所应遵守的原则》（1982 年）、《关于从外层空间遥感地球的原则》（1986 年）、《关于在外层空间使用核动力源的原则》（1993 年）和《关于开展探索和利用外层空间的国际合作，促进所有国家的福利和利益，并特别要考虑到发展中国家的需要的宣言》（1996 年）。

中国政府积极拥护以 1967 年《外空条约》为基础的现代国际外空法律制度所确认的各项基本原则，如全人类共同利益原则、自由探索和利用原则、不得据为己有原则、限制军事化原则、援助宇航员原则、国际责任与赔偿原则、外空物体登记原则、保护空间环境原则、国际合作原则和遵守国际法原则等。1983 年 12 月，中国加入 1967 年《外空条约》；1988 年 12 月，中国于 2008 年联合国外空委第 51 届会议上首次提出"和谐外空"是和谐世界重要内容的理念，维护和加强外空法治是建设和谐外空的重要保障。对于现行国际外空法律制度，中国认为，该制度虽然在规范国家空间活动、保障国家空间权益、维护空间秩序和促进空间合作等方面发挥了积极、有效的作用。然而，还不足以有效防止外空武器化和外空军备竞赛，不足以规范私营者的空间商业活动，不足以有效控制外空污染和资源浪费。中国主张，应对上述不足，选择恰当方式，对现行外空法进行补充和整合：

第一，中国认为，谈判制定相关国际法律文书是防止外空武器化和外空军备竞赛的最佳途径。2008 年 2 月，中国与俄罗斯共同向裁谈会提交了"防止在外空放置武器、对外空物体使用或威胁使用武力条约"草案。中国希望裁谈会能尽早就这一草案开展实质性讨论，并达成共识。

第二，中国赞同制定规范空间商业活动和私人活动的法律制度。长期以来，中国也积极参与了国际统一私法协会对《移动设备国际利益公约》空间资产议定书的起草工作，以及联合国外空委及其下设法律小组委员会对这一草案的审议。

第三，中国支持在保护空间环境、维护外空资源的可持续利用方面建章立制的努力。中国积极参与了机构间空间碎片协调委员会制订《空间碎片减缓指南》的工作，赞赏联大核准许可的《空间碎片减缓准则》，并计划制定国内相关法规落实上述文件。此外，中国也赞成从法律编纂和发展的角度，对外空法加以补充和整合，包括制定一部综合的外空法。

在国内立法方面，中国已经加入的四项外空条约对中国具有法律拘束力，但这些公约的规定大多比较原则，在国内实施需要配套立法。中国重视外空立法工作，于1998年后深入开展了相关调研、论证和研究工作。2001年和2003年，相关主管部门先后组织完成了"中国空间立法体系研究"和"世界主要国家空间法比较研究"等课题的研究工作，积累了一定的理论基础。迄今为止，中国尚未制定综合性外空法律，相关规定散见于数个不同部门的法规中。目前仅有的两部外空专门法规，是由政府主管部门制定的单行管理办法。

2001年2月，为加强国家对空间活动的管理，建立空间物体登记制度并有效履行《登记公约》缔约国的义务，中国制定了《空间物体登记管理办法》该办法确定了"空间物体"和"发射国"等概念，规定由国家实行空间物体登记制度，建立和保存空间物体国家登记册。该办法的第7、8条还确定，除空间物体应由空间物体所有者完成国内登记外，如在我国境内发射的空间物体的所有者为其他国家政府、法人、其他组织或自然人时，应由承担国际商业发射服务的公司进行国内登记。该办法第12条规定，空间物体在完成国内登记60天内，将向联合国秘书处登记。中国已经制定的另一部单行管理办法，是为规范管理民用航天发射项目，于2002年11月发布的《民用航天发射项目许可证管理暂行办法》。该办法确立以许可证制度管理民用航天发射项目，并从许可证申请人申请条件、申请文件、申请审批和复议等角度，规定了许可证的申请和审批程序。除对许可证的内容、变更、注销和吊销等内容作出规定外，该办法还规定，许可证持有人必须购买发射空间物体的第三方责任保险和其他相关保险，并应在发射前将生效保单和相关文件的副本提交给主管机关。最后，该办法还明确了违反管理办法所应承担的法律责任。

目前，中国已经启动了《空间活动管理条例》的拟订工作。在今后一个时期，加强外空立法工作将是中国发展航天事业的一项重要任务。2007年7

月出台的《航天发展"十一五"规划》更明确提出，要加快国家航天政策法规的制定，以指导和规范航天活动，营造依法行政的法律环境，重点推进空间活动管理条例、航天产业政策的制定与发布，启动航天法立法工作。

国务院新闻办公室于2022年1月28日（星期五）发布《2021中国的航天》白皮书，全面总结我国在2022年面对外空探索的态度。

1. 发展宗旨

探索外层空间，扩展对地球和宇宙的认识；和平利用外层空间，维护外层空间安全，在外空领域推动构建人类命运共同体，造福全人类；满足经济建设、科技发展、国家安全和社会进步等方面的需求，提高全民科学文化素质，维护国家权益，增强综合国力。

2. 发展愿景

全面建成航天强国，持续提升科学认知太空能力、自由进出太空能力、高效利用太空能力、有效治理太空能力，成为国家安全的维护者、科技自立自强的引领者、经济社会高质量发展的推动者、外空科学治理的倡导者和人类文明发展的开拓者，为建设社会主义现代化强国、推动人类和平与发展的崇高事业作出积极贡献。

3. 发展原则

中国发展航天事业服从和服务于国家整体发展战略，坚持创新引领、协同高效、和平发展、合作共享的原则，推动航天高质量发展。

创新引领。坚持创新在航天事业发展中的核心地位，加强航天领域国家战略科技力量，实施航天重大科技工程，强化原创引领的科技创新，持续优化创新生态，加快产品化进程，不断提升航天自主发展能力和安全发展能力。

协同高效。坚持系统观念，更好发挥新型举国体制优势，引导各方力量有序参与航天发展，科学统筹部署航天活动，强化空间技术对空间科学、空间应用的推动牵引作用，培育壮大新模式新业态，提升航天发展的质量效益和整体效能。

和平发展。始终坚持和平利用外层空间，反对外空武器化、战场化和外空军备竞赛，合理开发和利用空间资源，切实保护空间环境，维护一个和平、清洁的外层空间，使航天活动造福全人类。

合作共享。坚持独立自主与开放合作相结合，深化高水平国际交流与合作，拓展航天技术和产品全球公共服务，积极参与解决人类面临的重大挑战，助力联合国 2030 年可持续发展议程目标实现，在外空领域推动构建人类命运共同体。

【法律问题】

由于人类利用现代科技探索外太空的历史还不足百年，外层空间法还处于发展和完善的进程中。但外层空间法与航天技术的发展是交织在一起的。1957 年苏联发射的世界第一颗人造卫星"斯普特尼克 1 号"上天后，联合国便在 1958 年 11 月 14 日通过决议指出，为了保障外层空间物体的发射完全用于科学及和平目的，应共同研究制定一套监督制度。1958 年 12 月 13 日，联合国大会决议确认外层空间是全人类的共同利益，各国应和平利用外层空间。

一、外层空间法的基本框架

联合国大会通过的第 1348 号决议以及随后成立的和平利用外层空间委员会（外空委）为外层空间法的制定提供了国际平台。这体现了国际社会对制定统一的外层空间法律规范的共识。

二、外层空间法的基本原则

五个有关外空活动的国际公约和五套原则构成了外层空间法的基础，包括全人类共同利益原则、自由探索和利用原则、不得据为己有原则等。这些原则对所有国家的空间活动都有指导意义。

【中国立场及思政元素分析】

首先，中国对于外层空间法持支持态度。中国积极拥护并加入了多项外空条约，1983 年加入了《外空条约》，1988 年加入了《营救协定》《责任公约》和《登记公约》，体现了中国对国际外空法律制度的支持和"和谐外空"理念。中国提出的"和谐外空"理念强调了外空法治的重要性，这表明了中国在推动外层空间的和平、合作利用方面的积极作用。中国在航天领域的国际合作体现了其对全球治理和可持续发展的贡献，特别是在推动构建人类命运共同体方面。

中国在加入国际外空条约的同时，还在国内层面制定相应的配套立法，以确保国际义务的履行和国内法律的一致性，协调国内立法与国际义务。中国已经制定了《空间物体登记管理办法》和《民用航天发射项目许可证管理暂行办法》，确立了对空间活动的管理框架，包括空间物体登记、民用航天发射项目的许可证管理等，这有助于规范和监督国内空间活动。这些在空间立法方面的进展体现了中国在履行国际义务和加强国内空间活动管理方面的努力。

同时我们也应注意，中国认为现行国际外空法律制度在防止外空武器化、规范私营空间商业活动、控制外空污染和资源浪费方面存在不足，并主张通过谈判制定相关国际法律文书来解决这些问题。对于未来的立法方向，中国已经启动了《空间活动管理条例》的拟订工作，这表明中国将继续加强外空立法，以促进航天事业的健康发展。中国在外层空间始终坚持创新引领、协同高效、和平发展和合作共享的政策与原则，这些概念将指导中国未来的航天立法和实践活动。

案例思考题

1. 现行外层空间法重点规范哪些方面的问题？
2. 试分析外层空间法的挑战和未来。

第十三章 条约法

本章知识点

概述；条约的缔结；条约的生效及暂时适用；条约的遵守、适用及解释；条约与第三国，条约的修订、终止和暂停施行。

第一节　概述

一、条约的概念和特征

（一）条约的定义

1969 年《维也纳条约法公约》第 2 条第 1 款规定，条约是国家间所缔结而以国际法为准之国际书面协定，不论其载于一项单独文书或两项以上相互有关之文书内，亦不论其特定名称如何。即条约是国际法主体之间以国际法为准则而缔结的确立其相互权利和义务的书面协议。该公约排除了国家之间缔结的但受国内法调整的协议，如商业协议。

（二）条约的特征

（1）条约的缔结主体是国际法主体。主要包括国家、国际组织。只有国家、国际组织等所缔结的协议才是条约，任何个人（包括自然人或法人）之间、个人与国家之间订立的协议，均不是条约。如甲公司与 A 国签订的协议，由于缔约主体为国家和个人，不论该协议性质或内容何等重要，都不是条约。国际组织也有能力与国家缔结条约，例如，联合国与美国缔结的《联合国会所协定》。此外，国际组织相互之间也可以订立条约。

（2）条约受国际法支配。条约是以国际法为准的协议，它的订立、效力、解释和适用等问题是由国际法来规范的。这也是区分条约与非条约的标准。

条约受国际法支配表明条约并非受国内法支配的协议，也不是没有法律拘束力的承诺或声明，而是规定了当事方在国际法上的权利和义务。

（3）条约的内容是确定国际法主体相互间在某一问题或某些问题上的权利和义务，或者确立某方面国际法原则和制度。例如，1961 年 6 月 23 日生效的《南极条约》规定南极应只用于和平目的，冻结各国对南极的主权声索，促进南极科学考察中的国际合作。

（4）条约的缔结通常采用书面形式，即条约是书面协议。书面形式的国际协议是常态，口头国际协议并不多见。中国已经缔结的条约，均为书面形式。

二、条约的名称与种类

（一）条约的名称

在国际法实践中，条约有广义和狭义之分。广义的条约名称包括符合条约特征的各种书面协议的总称，狭义的条约名称指具体名称以"条约"命名的那一类国际协议。

常见的广义条约的名称有：

（1）条约。规定政治、经济、边界、法律等重大事项通常须经缔约各方最高权力机关依照正式的法律程序予以确认的双边或多边条约的名称。[1]如中俄《关于民事和刑事司法协助的条约》《全面禁止核试验条约》。

（2）公约。规定重大国际问题通常须经各项缔结程序的多边条约的名称。如《上海合作组织反极端主义公约》《世界版权公约》《保护臭氧层维也纳公约》。

（3）宪章、规约、盟约、组织法。宪章和规约是创立国际组织的多边协议即国际组织章程的常用名称，如《联合国宪章》《国际法院规约》；盟约、组织法也是国际组织的章程的名称，如《国际联盟盟约》。

（4）协定。规定经济、社会、文化等领域的专门事项的双边或多边条约的常用名称。如《马拉喀什建立世界贸易组织协定》。

（5）议定书。通常作为主条约的附属条约用来细化、变更、补充主条约的双边或多边条约的名称，有时也作为规定某些具体事项的单独条约的名称。如《欧洲人权公约》的各项议定书、《关于禁用毒气或类似毒品及细菌方法作战的日内瓦议定书》。

---

〔1〕《国际公法学》编写组编：《国际公法学》（第 3 版），高等教育出版社 2022 年版，第 212 页。

（6）换文。缔约双方的外交机构或外交代表通过交换外交照会就有关事项达成的协议，也就是一方就某一事项以明确的表述发出要约照会，另一方以同样明确的表述（全部转载来文内容）发网承诺照会所缔结的条约。换文可以单独使用，也可以作为主条约附件。换文的缔结程序较为简便。

（7）备忘录或谅解备忘录。有时用于通常条约之外的有法律拘束力的操作性或技术性事项的双边协议、实施框架条约的协议的名称。

（8）宣言、声明、公报。有时用作双边或多边条约的名称。如中阿《合作共建"一带一路"行动宣言》、中俄《关于深化新时代全面战略协作伙伴关系的联合声明》、中美《关于建立外交关系的联合公报》。

国际法上没有关于条约必须使用何种名称的规则。无论使用何种名称，条约对当事方的法律拘束力是没有区别的。

（二）条约的种类

条约的分类是相对的。例如，按条约的法律性质划分，条约可以分为造法性条约和契约性条约。造法性条约是指规定国家一般行为规范、对各国普遍开放的条约，造法性条约一般没有期限，只规定缔约方之间的一般性权利和义务关系；契约性条约主要是规定双边关系中特定具体事项的条约，契约性条约则通常有期限限制。根据缔约方数目不同，条约可以分为双边条约和多边条约。通常，两个当事方缔结的条约称为双边条约，三个或更多当事方缔结的条约称为多边条约。此外，条约还可根据其内容分为政治类、边界类、边境问题类、法律类、经济类、农林类、渔业类、卫生保健类、交通运输类、军事类等类别的条约。按照不同标准分类的条约互有重叠。例如，WTO 协定可以说是多边条约，也可以说是造法性条约，又可以说是国际经济条约。

三、条约成立的实质要件

（一）具备缔约能力

《维也纳条约法公约》第 6 条规定："每一国家皆有缔结条约之能力。"所谓缔约能力，指的是国际法主体作为国际人格者依照国际法所享有的缔结条约的权利能力或法律资格。这种能力的有无应根据国际法来确定。根据一般国际法，具有国际法主体资格的国家、国际组织具有缔约能力。

缔约权指国际法主体的特定机关或其授权的人代表该主体缔结条约的权限。国家的缔约权必须由国家统一行使。这种权限的有无应根据缔约方的国内法或内部法来确定。

　　缔约能力是缔约权的前提，无缔约能力的实体就不存在由谁或如何行使缔约权的问题；缔约权是实现缔约能力的条件，缔约权必须由国家统一行使，缔约能力必须通过具体的职能部门行使缔约权来实现。根据《中华人民共和国缔结条约程序法》（以下简称《缔结条约程序法》）第3条规定："中华人民共和国国务院，即中央人民政府，同外国缔结条约和协定。中华人民共和国全国人民代表大会常务委员会决定同外国缔结的条约和重要协定的批准和废除。中华人民共和国主席根据全国人民代表大会常务委员会的决定，批准和废除同外国缔结的条约和重要协定。中华人民共和国外交部在国务院领导下管理同外国缔结条约和协定的具体事务。"

　　（二）同意的自由

　　条约的成立需要缔约各方意思表示一致，并且意思表示一致需是自由的，根据《维也纳条约法公约》的规定，如果存在错误、诈欺、贿赂、强迫情形，会成为导致条约在实质上无效的原因。

　　1. 错误

　　《维也纳条约法公约》第48条共有3款关于错误的规定："一、一国得援引条约内之错误以撤销其承受条约拘束之同意，但此项错误以关涉该国于缔结条约时假定为存在且构成其同意承受条约拘束之必要根据之事实或情势者为限。二、如错误系由关系国家本身行为所助成，或如当时情况足以使该国知悉有错误之可能，第一项不适用之。三、仅与条约约文用字有关之错误，不影响条约之效力，在此情形下，第七十九条适用之。"即如果条约内容存在错误，且此项错误关涉一国缔约时假定为存在并构成其同意的必要根据的事实或情势时，该国可以援引条约的错误撤销其承受条约约束的同意。但如果错误是由该国本身所造成或当时情况有足以使该国知悉错误的可能，则该国不能将错误作为撤销其对条约同意的理由；如果错误仅与条约约文用字有关，则不影响条约的效力，可以按《维也纳条约法公约》第79条"条约约文或正式副本错误之更正"第1款之规定，对条约约文适当更正。

　　2. 诈欺

　　《维也纳条约法公约》第49条关于"诈欺"的规定如下："倘一国因另一谈判国之诈欺行为而缔结条约，该国得援引诈欺为理由撤销其承受条约拘束之同意。"即当一国因为另一谈判国的欺骗行为导致缔结条约时，则该国可以以此作为理由要求撤销其承受条约约束的同意。

3. 贿赂

《维也纳条约法公约》第 50 条规定的对一国代表之贿赂，包括"倘一国同意承受条约拘束之表示系经另一谈判国直接或间接贿赂其代表而取得，该国得援引贿赂为理由撤销其承受条约拘束之同意"。即如果一国采取直接或间接的方式贿赂对方代表，使其同意承受条约约束，则该国可以以贿赂为理由撤销其承受条约拘束的同意。

4. 强迫

《维也纳条约法公约》第 51 条规定："一国同意承受条约拘束之表示系以行为或威胁对其代表所施之强迫而取得者，应无法律效果。"第 52 条规定："条约系违反联合国宪章所含国际法原则以威胁或使用武力而获缔结者无效。"即如果属于对一国谈判代表采取强迫手段或者是违反国际法原则威胁或使用武力对它国进行强迫而缔结的条约，都属于违反国际法和违反缔约国的同意的自由的条约，都是无效的。

（三）符合强行法

《维也纳条约法公约》第 53 条规定："条约在缔结时与一般国际法强制规律抵触者无效。就适用本公约而言，一般国际法强制规律指国家之国际社会全体接受并公认为不许损抑且仅有以后具有同等性质之一般国际法规律始得更改之规律。"根据该规定，一般国际法强行规则是指被国际社会作为整体接受并公认为不许损抑且只能由发生在后而具有同一性质的一般国际法规则予以更改的规则。条约若与一般国际法强行规则抵触，则该条约无效。条约与强行法抵触的情况有两种：一是条约在缔结时与现行强行法抵触；二是现有条约与新产生的强行法抵触。

第二节　条约的缔结

一、条约缔结的一般程序

《维也纳条约法公约》第 6 条规定："每一个国家都有缔结条约之能力。"条约是按一定程序缔结的。第 11 条规定了，表示同意承受条约拘束的方式，可以以签署、交换构成条约之文书，批准、接受、赞同或加入，或任何其他同意之方式表示。通常，缔约程序包括议定约文、认证约文和表示同意受条约约束，通常包括谈判、签署、批准、交换或交存批准书和条约的登记与公布。

（一）谈判

一般来说，缔约各方首先需要谈判。谈判是缔约各方为了就条约内容达成协议而进行的交涉过程。它的主要任务就是拟定条约约文。例如，谈判《联合国宪章》的时候，苏联和美、英等国坚持安理会对实质性问题的表决要采取"大国一致原则"，也就是常说的"否决权"，这一意见最终写入宪章第27条。[1] 再如，《中俄伊犁条约》经过多次谈判，成为中国近代史上唯一通过谈判，收回被占领土的条约。《维也纳条约法公约》第9条规定，国际会议议定条约之约文应以出席及参加表决国家三分之二多数之表决为之，但此等国家以同样多数决定适用另一规则者不在此限。如无上述情况，议定条约约文应以所有参加草拟约文国家之同意为之。

谈判代表一般需持有被授权进行谈判的"全权证书"。《维也纳条约法公约》第2条第1款第（c）项规定："称'全权证书'者，谓一国主管当局所颁发，指派一人或数人代表该国谈判，议定或认证条约约文，表示该国同意受条约拘束，或完成有关条约之任何其他行为之文件。"即"全权证书"是一国主管当局所颁发给其指派的一人或数人代表该国谈判、议定、认证条约约文或表示该国同意受条约拘束，或完成与条约有关的任何其他行为的文件。《维也纳条约法公约》第7条第2款规定了无须出具全权证书的人员，包括国家元首、政府首脑及外交部部长为实施缔结条约之一切行为，使馆馆长为议定派遣国与驻在国间条约约文，国家派往国际会议或派驻国际组织或该国际组织一机关之代表。上述人员因其所任职务代表其国家而无须出具全权证书。

我国《缔结条约程序法》规定，以中华人民共和国名义或者中华人民共和国政府名义缔结条约、协定，由外交部或者国务院有关部门报请国务院委派代表。代表的全权证书由国务院总理签署，也可以由外交部部长签署；以

---

[1] 《联合国宪章》第27条第3款规定："安全理事会对于其他一切事项之决议，应以九理事国之可决票包括全体常任理事国之同意票表决之；但对于第六章及第五十二条第三项内各事项之决议，争端当事国不得投票。"该规定也即"大国一致原则"的体现。

中华人民共和国政府部门名义缔结协定，由部门首长委派代表。代表的授权证书由部门首长签署。部门首长签署以本部门名义缔结的协定，各方约定出具全权证书的，全权证书由国务院总理签署，也可以由外交部部长签署。我国无须出具全权证书的人员包括：国务院总理、外交部部长；谈判、签署与驻在国缔结条约、协定的中华人民共和国驻该国使馆馆长，但是各方另有约定的除外；谈判、签署以本部门名义缔结协定的中华人民共和国政府部门首长，但是各方另有约定的除外；中华人民共和国派往国际会议或者派驻国际组织，并在该会议或者该组织内参加条约、协定谈判的代表，但是该会议另有约定或者该组织章程另有规定的除外。

（二）签署

签署是指在条约文本上签字。签署是表示缔约国同意承受条约拘束的方式，但是并非所有签署都具有同意承受条约拘束的效果。《维也纳条约法公约》第12条规定，签署构成一国同意承受条约约束的情况有三种：第一，条约规定签署有此效果；第二，另经谈判国协议确定签署有此效果；第三，该国使签署有此效果的意思可见诸其代表所奉全权证书或已于谈判时有此表示。如果不属于这三种情况，那么，缔约国的签字只有正式认证条约约文或文本的效果。

在正式签署前，条约可以由谈判代表草签。草签是指条约正式签署前的认证约文的方式，草签表明各谈判方对于约文将不再作实质性变更，但是草签只构成对条约文本的认证，不具有法律效力。当事国政府若对约文有异议，可要求重新谈判，不受草签约束。若当事国达成协议，草签可在其政府核准同意后构成正式签署。

（三）批准

批准，是指缔约国的有权机关对其全权代表所签署的条约的认可并同意承受条约约束的行为。《维也纳条约法公约》第14条规定了以批准表示承受条约拘束的同意的情形。如果存在条约规定以批准方式表示同意、另经确定谈判国协议需要批准或者该国代表已对条约作须经批准之签署或者该国对条约作须经批准之签署之意思可见诸其代表所持有的全权证书，或已在谈判时有此表示。

一国对其全权代表已签署的条约，可以批准，也可以不批准。国家对于已签署的条约没有批准的义务，也无须向有关国家陈述拒绝批准的理由。批准条约的机关由各国国内法规定。根据《维也纳条约法公约》的规定，除批准以外，一国还可采取接受、赞同等方式表示同意受条约拘束。采用这两种方式缔结条约的程序更加简单方便。

我国《缔结条约程序法》第 7 条规定，条约和重要协定的批准由全国人民代表大会常务委员会决定，具体包括友好合作条约、和平条约等政治性条约，有关领土和划定边界的条约、协定，有关司法协助、引渡的条约、协定，同我国法律有不同规定的条约、协定，缔约各方议定须经批准的条约、协定以及其他须经批准的条约、协定。

（四）交换或交存批准书

批准书，是指缔约方各自国家的有权机关批准其所缔结的条约的证明文件。《维也纳条约法公约》规定，除条约另有规定外，条约缔约国可以互相交换批准书，也可以将文书交存保管机关或者经过协议，通知缔约国或保管机关。在国际实践中，有些双边条约除需经批准外，还须互换批准书；多边条约则一般规定各缔约国要向条约规定的国家或机构交存批准书。

（五）条约的登记与公布

《维也纳条约法公约》对条约的登记和公布也有所规定：联合国会员国有义务在条约生效后将条约在联合国秘书处登记并公布。登记不是条约生效的必备条件，未登记的条约并不影响其法律效力，仅是不能在联合国机构中援引。

二、多边条约的加入

条约的加入是指未在条约上签字的国家参加已经签订的多边条约，从而成为缔约国的一种方式，也是该加入国接受条约拘束的一种法律行为。加入一般适用于开放性多边条约，双边条约不存在加入的问题。如截至 2020 年 8 月，《武器贸易条约》共有 110 个缔约国，中国于 2020 年 7 月 6 日向联合国秘书长古特雷斯交存了《武器贸易条约》加入书，条约自 7 月 6 日起 90 天后对中国生效。

三、条约的保留

（一）条约的保留的概念与范围

1. 条约的保留的概念

《维也纳条约法公约》第 2 条就"保留"进行了界定，即条约的保留是指一国于签署、批准、接受、赞同或加入条约时所做之片面声明，不论措辞或名称如何，其目的在摒除或更改条约中若干规定对该国适用时之法律效果。

2. 条约的保留的范围

根据《维也纳条约法公约》的规定，一国可以于签署、批准、接受、赞同或加入条约时，提出保留，但是有下列三种情形之一，一国不得提出保留：该项保留为条约所禁止；条约仅准许特定的保留而有关保留不在其内；该项保留与条约的目的及宗旨不符。

（二）条约保留的接受与反对及法律效果

1. 条约保留的接受与反对

根据《维也纳条约法公约》第 20 条规定可知，条约的保留与接受与反对存在以下情况：①对于明文准许保留的条约，不需经过其他缔约国事后予以接受，除非条约有相反规定。②如果从谈判国的有限数目及条约的目的与宗旨来看，在全体当事国间适用全部条约为每一个当事国同意承受条约拘束的必要条件时，保留须经全体当事国接受。③如果该条约为国际组织的组织约章，保留经该组织主管机关接受，条约另有规定除外。④若不属上述情况的，除条约另有规定外：第一，若保留经另一缔约国接受，对于该另一缔约国而言，保留国即成为该条约的当事国，但须条约对各该国均已生效；第二，若保留经另一缔约国反对，则该条约在反对国与保留国间生效力，但反对国确切表示相反之意思者不在此限；第三，一国同意承受条约拘束而附有保留的行为，只要至少有另一缔约国接受保留，该保留即发生效力。⑤除条约另有规定外，若一国在接到关于保留通知后 12 个月期间届满时，或者至其表示同意承受条约拘束之日为止，两个日期中以较后的日期为准，未对保留提出反对，该项保留即视为该国已经接受。

2. 法律效果

关于条约的保留与反对保留的法律效果，根据《维也纳条约法公约》第 21 条规定可知，有效成立的保留，对保留国与被保留国而言，依保留的范围修改保留所涉及的条约规定，在其他当事国相互之间不修改条约的规定。若反对保留的国家未反对条约在其与保留国间生效，那么该项保留所涉及的规定在保留的范围内于该两国间不适用。

（三）条约保留的撤回及撤回对保留提出的反对

《维也纳条约法公约》第 22 条规定，除条约另有规定外，保留得随时撤回，不须经已经接受保留的国家的同意。对保留提出的反对也可以随时撤回。

例如，2013 年 1 月，中国撤回对《联合国国际货物销售合同公约》第 11 条的保留（国际贸易合同必须以书面形式订立），中国对该保留的撤回，不须经过已经接受该项保留的国家的同意。

（四）条约保留的程序

《维也纳条约法公约》第 23 条规定：①保留、明示接受保留及反对保留，均须以书面形式并致送缔约国及有权成为条约当事国之其他国家。②若保留是在签署须经批准、接受或赞同的条约时提出，必须由保留国在表示同意承受条约拘束时正式确认。这种情况下，该项保留应视为在其确认之日提出。③明示接受保留或反对保留是在确认保留前提出的，其本身无须经过确认。④撤回保留或撤回对保留的反对，必须以书面形式。

第三节　条约的生效及暂时适用

一、条约的生效

条约的生效指一个条约正式对各发生法律效力，从而开始对各当事国产生法律拘束力。[1]《维也纳条约法公约》第 24 条规定，条约生效的方式和日期，依据条约规定或依据谈判国之间的协议。如果没有这种规定或协议，条约在所有谈判国都同意承受条约拘束后生效。除条约另有规定外，一国承受条约拘束的同意如果在条约生效后某一日期确定，则条约自该日起对该国生效。

双边条约生效的方式一般有：①自签署之日起生效。②自双方均履行完毕国内或内部法律程序并相互通知之日或之后若干天开始生效。③自互换批准书或其他同意受条约拘束的文书之日或之后若干天起生效。

多边条约生效的方式一般有：①自签署国达到一定数目之后生效。②自全体签署国批准或各签署国明确表示承受拘束之日起生效。③自一定数目的国家交存批准书或加入书之日或之后某日起生效。④自一定数目的国家，其中包括某些特定的国家提交批准书等同意受条约拘束的文书后生效。⑤自一定数目的国家交存批准书或加入书并且达到一定标准后生效。

条约的生效与条约开始对某一国家生效不同。若在条约本身生效之前交

〔1〕　陈亚芸主编：《国际公法案例教程》，法律出版社 2015 年版，第 139 页。

存批准书或加入书，条约本身的生效日期和对这些国家的生效日期是一致的。若在条约本身生效之后交存批准书或加入书的，条约对这些国家的生效日期肯定晚于条约本身的生效日期。

二、条约的暂时适用

《维也纳条约法公约》第 25 条第 1 款制定，条约或条约之一部分于条约生效前在下列两种情形下暂时适用：第一，条约本身如此规定；第二，谈判国以其他方式协议如此办理。

第四节　条约的遵守、适用及解释

一、条约必须遵守

《维也纳条约法公约》第 26 条规定："凡有效之条约对其各当事国有拘束力，必须由各该国善意履行。"条约必须遵守原则，是指各当事方必须遵守条约，根据条约的规定，行使自己的权利，履行自己的义务。

二、条约的适用

（一）条约适用的时间范围

根据《维也纳条约法公约》第 28 条之规定，条约没有溯及力。除条约表示不同意思，或另经确定外，条约对当事国在条约生效之日以前发生的任何行为或事实或已不存在之任何情势，条约的规定不对该当事国发生拘束力。

（二）条约适用的领土范围

根据《维也纳条约法公约》第 29 条之规定，除条约表示不同意思，或另经确定外，条约一旦生效，其效力及于当事国全部领土。条约当事国可以在条约中明文规定或另经当事国协议，条约的全部或一部分仅适用于当事国的某一特定区域，或排除适用于某一特定区域。

（三）条约的冲突

条约的冲突是指缔约方就同一事项缔结了两个或两个以上内容不同的条约，从而造成不同条约之间发生矛盾的情形。《维也纳条约法公约》第 30 条

"对同一事项先后所订条约之适用"的规定如下：①如果条约明文规定，该条约不违反先订或后订条约，或不得视为与先订或后订条约不合，则该先订或后订条约优先。②若条约无明文规定，当先订条约的当事国亦为后订条约的当事国时，在后订条约没有终止或停止施行先订条约的情形下，先订条约仅在其规定与后订条约相符的范围内适用，即后订条约优先。③如果后订条约的当事国不包括先订条约的全体当事国，在同为两个条约的当事国之间，后订条约优先；而在为两条约的当事国与仅为其中一个条约的当事国之间，适用两国同为当事国的条约的规定。④联合国会员国相互间在《联合国宪章》生效以前或以后所缔结的条约如果与宪章的规定抵触，宪章居优先地位。

三、条约的解释

根据《维也纳条约法公约》第 31 条、第 32 条规定，应依照条约的用语按其上下文并参照条约的目的及宗旨所具有的通常意义，善意地进行解释。上下文包括条约的弁言及附件，全体当事国间因缔结条约所订立的与条约有关的协定以及一个以上当事国因缔结条约所订立并经过其他当事国接受为条约有关文件的任何文书。如果依据上述方法解释意义仍然不明或难解或所获得的结果显然荒谬或不合理时，可以使用解释的补充资料，包括条约的准备工作及缔约情况在内。

第五节　条约与第三国

《维也纳条约法公约》第 34 条规定："条约非经第三国同意，不为该国创设义务或权利。"原则上，条约对缔约国存在拘束力，但是对第三国没有拘束力，但是，在某些条件下，可以为第三国规定义务、创设权利以及取消或变更第三国的义务或权利。

一、条约为第三国规定义务

《维也纳条约法公约》第 35 条规定："如条约当事国有意以条约之一项规定作为确立一项义务之方法，且该项义务经一第三国以书面明示接受，则该第三国即因此项规定而负有义务。"即一项条约要对第三国规定义务，必须具备两个条件：条约当事国必须有给第三国施加义务的意思表示；第三国以书面形式明示接受此项义务。

二、条约为第三国创设权利

《维也纳条约法公约》第 36 条规定："一、如条约当事国有意以条约之一项规定对一第三国或其所属一组国家或所有国家给予一项权利，而该第三国对此表示同意，则该第三国即因此项规定而享有该项权利。该第三国倘无相反之表示，应推定其表示同意，但条约另有规定者不在此限。二、依第一项行使权利之国家应遵守条约所规定或依照条约所确定之条件行使该项权利。"即一项条约要为第三国创设一项权利，必须具备两个条件：条约当事国必须有给第三国创设权利的意思表示；第三国表示同意或第三国无相反意思表示，推定其表示同意。因此，缔约国的同意并不要求以书面形式明示接受。

三、取消或变更对第三国的义务或权利

《维也纳条约法公约》第 37 条规定了取消或变更第三国的义务或权利的情况：①取消或变更该第三国已负担的义务，须经条约当事国和该第三国同意，另有协议除外。②如果经确定原意为不经该第三国同意不得取消或变更该项权利，当事国就不得取消或变更。

此外，若一个条约的规定被许多第三国认为是应当或必须遵守的规则，且在一个相当长的时期内该规定被这些第三国反复遵行，从而使该规定成为国际法习惯规则，那么该国际习惯法规则对第三国也有拘束力。

第六节　条约的修订、终止和暂停施行

一、条约的修订

（一）条约的修正

根据《维也纳条约法公约》的规定，条约可以根据当事国的协议进行修正。条约的修正是指重新缔结条约的部分规定，应当适用原条约的缔结程序。修正依列各项之规定：①修正提议必须通知全体当事国，各缔约国均有权参

加对修正提议采取行动的决定，以及参加修正条约的任何协定的谈判和缔结；②凡有权成为条约当事国的国家也有权成为修正后条约的当事国。③修正条约的协定对已为条约当事国而未成为该协定当事国的国家无拘束力；④修正条约的协定生效后成为条约当事国的国家，若无相反意思表示，应视为修正后的条约的当事国，并就其与不受修正协定拘束的原条约当事国的关系而言，应视为未修正条约的当事国。

（二）条约的修改

条约的修改是指部分条约当事方修订条约，则原有规定在其他条约当事国之间仍然适用。根据《维也纳条约法公约》的规定，条约的修改须遵守以下规则：①必须是条约内规定有做此种修改的可能，或者有关修改不为条约所禁止，而且不影响其他当事国享有条约上的权利或履行其义务，也不涉及损抑整个条约的目的和宗旨的有效实现；②有关当事国应将其缔结协定的意思及协定对条约所规定的修改，通知其他当事国。

二、条约的终止和暂停施行

（一）条约的终止

条约终止是指条约由于某种法律事实和原因的发生而造成条约失去效力的法律情况。

根据《维也纳条约法公约》的规定，条约终止的原因如下：①条约期满，当条约规定的有效期期满时，条约自动终止。例如，2021 年是中俄《睦邻友好合作条约》签署 20 周年，也是条约期满之年。②条约执行完毕。若条约所规定的义务或事项全部执行完毕，条约的效力也会终止。③条约解除条件成立。若具备了规定的解除条件，条约自动终止。④退约。若条约无终止、废止或退出作出规定，则不得废止或退出，除非经确定当事国原意为容许有废止或退出的可能或根据条约性质可以认为当事国有废止或退出条约的权利。⑤条约被代替，即新条约代替旧条约。⑥条约执行的不可能。条约缔结后所发生的事实致使该条约无法履行时，该条约因此而终止。若因实施条约所必不可少之标的物永久消失或毁坏以致不可能履行条约时，当事国可以援引不可能履行为理由终止或退出条约。若条约不可能履行是由于一当事国违反条约义务或违反对条约任何其他当事国所负任何其他国际义务的结果，该当事国不得援引不可能履行为理由终止、退出或停止施行条约。⑦全体当事国同意终止。当事国能因其同意而受条约拘束，也就能因其同意而解除该拘束。无论何时经全体当事国于咨商其他各缔约国后表示同意，得终止条约。⑧单方面终止条约。例如双边条约当事国一方有重大违约[1]时，他方有权援引违约为理由终止该条约，或全部或局部停止其施行。多边条约当事国之一有重大违约时，其他当事国有权以一致协议，在各该国与违约国之关系上，或在全体当事国之间，将条约全部或局部停止施行或终止该条约。⑨情况的基本改变。旧称为情势变迁，条约缔结时存在之情况发生基本改变而非当事国所预料者，不得援引为终止或退出条约之理由，除非这种情况的存在构成当事国同意承受条约拘束之必要根据或者该项改变的影响将根本变动依条约尚待履行的义务的范围。⑩断绝外交或领事关系。条约当事国间断绝外交或领事关系不影响彼此间由条约确定的法律关系，但外交或领事关系的存在为适用条约所必不可少者不在此限。⑪一般国际法新强制规范（绝对法）的产生。若有新的一般国际法强制规范产生时，任何现有条约与该项规范抵触的即因无效而终止。

（二）条约的暂停施行

条约的暂停施行，又称条约的中止，是指一个或数个当事国于一定时期内暂停施行条约的一部或全部，在停止施行期间中止条约的效力。

根据《维也纳条约法公约》的规定，根据条约规定或者经全体当事国同意，条约可以对全体当事国或某一当事国暂停施行。多边条约仅经若干当事国协议而暂停施行，应符合以下条件：若条约内规定有此种暂停施行的可能，或有关暂停施行不被条约所禁止，且不影响其他当事国享有条约上的权利或履行其义务，也不存在与条约目的和宗旨冲突的情况。有关当事国应将暂停施行的协议通知其他当事国。

案例分析

案例一：中国与条约的保留

【案情介绍】

对条约提出保留和声明是国际法所允许的。1969年《维也纳条约法公

---

[1] 重大违约系指：（甲）废弃条约，而此种废弃非本公约所准许者；或（乙）违反条约规定，而此项规定为达成条约目的或宗旨所必要者。

约》第 2 条第（丁）款及第 19、20、21、22、23 条对多边条约的保留、声明及保留的撤销等事项作了规定。其中第 2 条第（丁）款，称"保留"是指一国于签署、批准、接受、核准或加入条约时所作的单方面声明，不论措辞或名称如何，其目的在摒除或更改条约中若干规定对该国适用时之法律效果。同时，公约第 19 条还规定了对提出保留的限制，"除有下列情况之一外，一国得于签署、批准、接受、核准或加入条约时，提出保留：（甲）该项保留为该条约所禁止；（乙）该条约规定只准作出一些特定的保留，而提出的保留不在其内；（丙）凡不属（甲）（乙）两款之情形，该项保留与条约目的及宗旨不合者"。

我国的条约保留实践较为频繁，截至 2016 年，在综合考虑中国政治制度、外交、法律等各方面的因素后，对已经参加的 400 多项多边国际条约提出了 130 余项保留，这些保留可分为以下几类：

（1）对争端解决方式条款的保留，主要是排除国际法院等对于缔约国之间对条约的解释、适用发生争端时的强制管辖权。其一是排除国际法院等强制仲裁或审理的权利，其二是排除在某些情况下国际法院发表具有决定效力、咨询意见的权利。另有少数是排除联合国秘书长等机关挑选仲裁员进行仲裁的权利。这与我国一贯坚持的以谈判、协商方式通过外交途径解决国际争端的立场是一致的。此种保留数量较多，占了中国保留声明总数的近一半。例如，中国政府于 1972 年 12 月 5 日声明，中华人民共和国政府不承认旧中国政府 1946 年 10 月 26 日关于接受国际法院强制管辖的声明"，排除了《国际法院规约》第 36 条第 2 款关于强制管辖的适用；在加入《联合国特权和豁免公约》时，中国对该公约第 8 条第 30 节予以保留。该公约第 8 条第 30 节规定：除经当事各方商定援用另一解决方式外，本公约的解释或适用上所发生的一切争议，应按照宪章第 96 条及法院规约第 65 条请法院就所牵涉的任何法律问题发表咨询意见。当事各方应接受法院所发表的咨询意见为具有决定效力。

（2）对可能损害中国国家主权、利益或与中国政治制度、外交政策等不相符条款的保留。例如，中国加入《维也纳外交关系公约》时，对有关"教廷大使"的规定予以了保留。又如，《禁止酷刑和其他残忍、不人道或有辱人格的待遇或处罚公约》第 20 条中规定禁止酷刑委员会可以对缔约国进行有关酷刑的秘密调查，中国对此条予以了保留。

（3）对与中国国内法有抵触的条款的保留。当国际条约中的内容和中国国内法发生冲突时，如果不能修改国内法，就只能对条约中的这部分内容进行保留。例如，在中国《合同法》（已废止）未修订前不承认口头合同。《联合国国际货物销售合同公约》第11条规定的"销售合同无须以书面订立或书面证明，在形式方面也不受任何其他条件的限制。销售合同可以用包括人证在内的任何方法证明"与中国法律相抵触，因此中国对该公约中第1条1款（B）第11条及与第11条内容有关的规定予以了保留。

（4）对目前中国履约有技术困难的条款进行保留。在确定参加条约总体上利大于弊的情况下，中国会对条约中超出中国现阶段国情和履行能力的某些技术性要求或标准予以保留。如在加入《关于1973年防止船舶造成污染国际公约之1978年议定书》时，中国对公约附则Ⅱ、Ⅳ和Ⅴ都曾予以了保留。原因在于这些附则中对于船舶生活用水、船舶垃圾污染处理都规定了比较高的要求，在当时实际情况下，中国确实难以实行该标准。[1]

【法律问题】

一、条约的保留的概念

根据《维也纳条约法公约》第2条第1款第（d）项规定，条约的保留是指一国于签署，批准、接受、赞同或加入条约时所做之片面声明，不论措辞或名称如何，其目的在摒除或更改条约中若干规定对该国适用时之法律效果。

二、条约的保留的范围

根据《维也纳条约法公约》的规定，一国可以于签署、批准、接受、赞同或加入条约时，提具保留，但是有下列三种情形之一，一国不得提出保留：该项保留为条约所禁止；条约仅准许特定的保留而有关保留不在其内；该项保留与条约的目的及宗旨不符。例如，在符合《维也纳条约法公约》规定的前提下，中国对争端解决方式条款的保留主要考虑到要与我国一贯坚持以谈判、协商方式通过外交途径解决国际争端的立场保持一致。

【中国立场及思政元素分析】

国际法缔约国在同一个条约中难免会产生一定的利益冲突，而条约的保

---

〔1〕 段洁龙主编：《中国国际法实践与案例》，法律出版社2011年版，第202页。

留制度是缔约国面临冲突时能够选择的合法途径之一。条约保留已经成为我国缔结条约进程中的重要环节。我国自 1978 年实施改革开放以来，国际地位得到极大的提高，与世界各国的交流也不断深化。随着"一带一路"倡议的稳步推进，我国有序地参与国际条约的缔结，积极承担国际法责任，充分遵守的条约规定，积极地承担国际法义务。我国正有条不紊地提升自己在国际社会的影响力，积极提高条约程序的应对能力，不断完善保留支付的构建和发展，积极向世界展示负责任大国的国际法形象。

案例二：香港适用国际条约

【案情介绍】

国际条约适用于香港、澳门特别行政区包括两个层面：一是中国对外缔结的多边和双边条约适用于港、澳特别行政区；二是特别行政区经授权自行对外缔结双边协议。两特别行政区基本法的相关规定为国际条约适用于香港和澳门提供了法律基础。

香港、澳门回归前，中央政府从港、澳的客观需要出发，本着有利于落实"一国两制"和特别行政区长期繁荣稳定的原则，对有关多边公约进行了分类研究，最终使 214 项公约继续适港，其中 127 项中国已参加，87 项中国当时尚未参加；158 项公约适用于澳门，其中 100 项中国已参加，58 项中国当时尚未参加。港、澳回归后，中央政府根据两特别行政区基本法的规定，继续办理中国参加的国际公约适用于香港、澳门特别行政区的事宜。根据《中华人民共和国香港特别行政区基本法》第 153 条和《中华人民共和国澳门特别行政区基本法》第 138 条的规定：①对于我国缔结的国际协议，中央政府可根据特别行政区的情况和需要，在征询特别行政区政府的意见后决定是否适用于特别行政区；②我国尚未参加但已适用于香港和澳门的国际协议仍可继续适用；③中央政府根据需要授权或协助特别行政区作出适当安排，使其他有关国际协议适用于特别行政区。例如，回归后，中国为香港特别行政区单独办理了《修正 1971 年设立国际油污损害赔偿基金国际公约的 1992 年议定书》适用于香港特别行政区的手续，该议定书不适用于中国其他地区。

中央政府与两特别行政区政府在特别行政区适用条约方面一直保持着

良好的关系。截至 2009 年 2 月，已办理 90 余项公约适用于香港、80 余项公约适用于澳门事宜。在总结经验的基础上，经国务院批准，外交部于 2006 年制定了多边条约适用于香港特别行政区和澳门特别行政区办理程序的规定，就办理多边条约适用于特别行政区事宜应履行的国内程序和需向条约保存机关办理法律手续的程序作出明确规定，使此项工作进一步走上规范化轨道。

为使有关条约适用于特别行政区，除基本法作出规定及中英、中葡达成协议外，还必须在国际层面作出必要的安排。为此，中央政府采取了两方面的行动，即法律行动和外交行动。具体如下：①法律行动，即由中国政府以外交照会的方式就条约适用特别行政区事宜逐一照会各公约保存机关，并请条约保存机关通知这些条约的其他缔约国。②外交行动，是从政治角度配合法律行动的实施。为使国际社会更清楚地理解和接受中国关于特别行政区适用国际条约的做法，中央政府通过中国常驻联合国代表向联合国秘书长提交了一份全面阐述有关立场和政策的照会，并附有适用于特别行政区的全部条约的清单，要求转交联合国成员国及专门机构。

上述法律和外交行动分别从法律、政治方面确保中央政府对条约适用于特别行政区问题所做的特殊安排在国际社会得到知会和认可。另外，中国政府在采取上述行动时，请英方和葡方也以类似的方式予以配合。实践证明，中国的特殊安排得到了国际社会的普遍理解与支持。

除多边条约和双边条约的适用外，特别行政区经授权可自行对外缔结双边协议。基本法规定，两特别行政区政府在特定领域享有缔约权，包括：①基本法一次性授权：两特别行政区基本法授权香港、澳门特别行政区可在经济、贸易、金融、航运、通信、旅游、文化、体育等领域以"中国香港"或"中国澳门"的名义，单独签订和履行协议。对于这些领域的协议。特别行政区可自行对外缔约，无须中央政府具体授权。②中央政府根据基本法的规定具体授权：基本法规定，经中央政府授权，特别行政区可对外缔结司法协助（包括刑事司法协助协定、移交逃犯协定、移交被判刑人协定）、民航、互免签证等协定。由于上述各类协定所涉事项具有一定的主权性质（司法互助涉及国家的司法主权，民航协定涉及领空使用和航权问题，互免签证安排则涉及出入境尤其是外国人进入港、澳及在特别行政区停留的问题），因此，特别行政区在对外谈判和缔结上述各类协定时，均须获得中央政府逐案授权。

③对于其他一些领域的协定，虽然基本法中没有明文规定需中央政府授权特别行政区缔结，但根据基本法规定的中央政府负责外交和国防等主权事务原则，特别行政区对外缔约仍需中央政府授权。实践中，主要有投资保护协定、处理非法移民的协定和打击非法贩卖人口协定等。

截至 2008 年 4 月，中央政府共授权香港特别行政区对外谈判民航、司法协助、投资保护等双边协定 180 项，授权签署协定 100 项、授权修订协定 11 项；授权澳门特别行政区对外谈判此类双边协定 40 项，授权签署及修订协定 39 项。这些协定为促进特别行政区与外国在相关领域的合作，扩大特别行政区对外交往奠定了有力的法律基础。值得一提的是，在回归后十年左右时间，港、澳特别行政区对外签订的双边协定的数量已经超过了回归前数百年间签订的双边协议总数量，且对外缔约的领域和范围扩大。这充分体现了中央政府对特别行政区根据基本法开展对外交往的信任与支持，也显示了回归后特别行政区对外交往与合作广度和深度的大幅提高。

【法律问题】

《中华人民共和国香港特别行政区基本法》第 153 条第 1 款规定，中华人民共和国缔结的国际协议，中央人民政府可根据香港特别行政区的情况和需要，在征询香港特别行政区政府的意见后，决定是否适用于香港特别行政区。这有助于我国坚定不移全面准确贯彻"一国两制"方针，坚持和完善"一国两制"制度体系，也有助于推动港澳繁荣稳定。

【中国立场及思政元素分析】

2023 年 1 月 1 日，我国《缔结条约管理办法》实施。该《办法》第 5 条规定："下列条约，除法律另有规定外，应当以中华人民共和国名义缔结：（一）友好合作条约、和平条约等政治性条约；（二）有关领土和划定边界的条约，包括划定陆地边界和海域边界的条约；（三）有关司法合作的条约，包括司法协助、引渡、被判刑人移管、承认与执行外国法院判决或者仲裁裁决的条约；（四）其他涉及重大国家利益的条约。特殊情况下，经国务院审核决定，前款所列条约可以中华人民共和国政府名义缔结。"因此，两特别行政区不能以特别行政区名义缔结友好合作条约、和平条约等政治性条约。该《办法》第 14 条规定："下列情形，国务院有关部门应当在签署条约的请示中予以说明：（一）拟签署的条约内容与中华人民共和国法律、行政法规或者与中华人民共和国依据其他条约承担的国际义务是否一致；有不一致的，应当提出解决方案；根据本办法第十三条规定应当征求司法部意见的，还应当附司法部的意见；（二）拟签署的条约是否需要征询香港特别行政区政府、澳门特别行政区政府的意见以及征询意见的情况；（三）拟签署的条约属于多边条约的，是否需要作出声明或者保留以及声明或者保留的内容。"第 25 条规定："缔结多边条约，除本办法第二十七条规定的情形外，国务院有关部门应当在报请国务院审核并建议提请全国人民代表大会常务委员会决定批准或者加入前，或者报请国务院核准、决定加入或者接受前，通过外交部分别征询香港特别行政区政府、澳门特别行政区政府意见。多边条约规定缔约方不限于主权国家，且根据《中华人民共和国香港特别行政区基本法》和《中华人民共和国澳门特别行政区基本法》，香港特别行政区、澳门特别行政区有权单独签订的，可以不征询香港特别行政区政府、澳门特别行政区政府意见。缔结双边条约，需要征询香港特别行政区政府、澳门特别行政区政府意见的，由国务院有关部门会同外交部和国务院港澳事务机构参照前款规定办理。"第 26 条规定："根据本办法第二十五条规定，外交部征询香港特别行政区政府、澳门特别行政区政府意见的事项包括：（一）条约是否适用于香港特别行政区、澳门特别行政区；（二）拟对条约作出的有关声明或者保留是否适用于香港特别行政区、澳门特别行政区；（三）香港特别行政区、澳门特别行政区是否需要作出其他声明或者保留；（四）条约已经适用于香港特别行政区、澳门特别行政区，且为香港特别行政区、澳门特别行政区作出声明或者保留的，原声明或者保留是否继续有效。"

斗转星移，岁月如梭。香港、澳门已经回归祖国多年。多年来，香港、澳门依托祖国、面向世界、益以新创，不断塑造自己的现代化风貌。尽管经历了许多风雨挑战，"一国两制"在香港和澳门的实践取得了举世公认的成功。香港、澳门回归祖国多年不平凡的历程充分证明，实行"一国两制"，有利于维护国家根本利益，有利于维护香港根本利益，有利于维护广大香港同胞根本利益。全面准确、坚定不移贯彻"一国两制"方针，全面落实"爱国者治港""爱国者治澳"原则，抓住国家发展带来的历史机遇，香港、澳门必将迈向更加繁荣稳定、和谐美好的未来。

案例思考题

1. 我国在综合考虑中国政治制度、外交、法律等各方面的因素后，提出保留是否符合国际法？

2. 两特别行政区对外签订的协议能否与我国已缔结的条约相抵触？

3. 两特别行政区能否以特别行政区名义缔结友好合作条约、和平条约等政治性条约？

第十四章
外交与领事关系法

本章知识点

概述；外交关系法；领事关系法；中国相关立法和制度。

第一节　概述

一、外交关系和领事关系的概念

国际法上的外交关系主要是指国家通过其外交机关和授权代表与其他国家和政府间国际组织以和平方式进行交往所形成的关系。例如，中国同奥地利于 1971 年 5 月 28 日正式建立外交关系，同马来西亚于 1974 年 5 月 31 日建立外交关系，再如两国之间互设使馆、领馆，都是建立外交关系的表现。

外交关系有多种形式，主要有正式的外交关系、半外交关系、非正式外交关系和国民外交关系。正式的外交关系，也称为正常的外交关系，以双方互派常驻使节为主要特征；半外交关系，也称为不完全的外交关系，以双方互派代办级的外交使节为其主要特征；非正式外交关系，是指两个尚未正式建交的国家直接进行外交谈判，并互设某种联络机构；国民外交，也称为民间外交，其主要表现是两国的个人或民间团体相互进行友好访问的接触，就国际问题和两国关系的问题达成协议，或就其某些具体事务签订民间协定，发展国家间的交往关系。

领事关系是指一国根据与他国达成的协议，相互在对方一定地区设立领事馆和执行领事职务所形成的国家间的关系。

二、外交与领事关系法的定义

外交与领事关系法，主要是指调整国家之间外交及领事关系的国际法原则、规则和制度的总称。

外交与领事关系法，是国际法最古老的部门之一，它是在国家之间交往的基础上逐渐形成的。1648 年《威斯特伐利亚和约》是近代外交法得以发展的标志，威斯特伐利亚和会为之后的国际交往提供了范例模式和初步经验，通过丰富的实践活动拓展了外交法规则。此后，国家之间不仅正式派遣和接受常驻使节，而且还创立了特别使团制度。1815 年的维也纳会议，正式规定了外交使节的三个等级（大使、公使和代办），这种等级制度一直沿用至今。19 世纪中叶，欧美列强相继在远东和非洲等地设立代表机构和领事馆，客观上扩大了外交法适用的空间，但也是列强实行扩张的前沿哨所。进入 20 世纪以来，现代外交关系和领事关系发展迅速，使得外交和领事关系法律制度进入了一个新时代。

第二节　外交关系法

一国借以与另一国或其他国际法主体进行外交活动的各种机关，属于国家的外交机关。国家的外交机关可以大致分为国内的机关和国外的机关两大类。前者是位于国内的中央外交机关，后者是驻外的外交代表机关。

一、国内的外交机关

国内的外交机关有：国家元首、政府、外交部门。虽然这些机关根据本国宪法和法律规定，各有自己的职权范围，但是在国际法上都是代表本国与外国或与其他国际法主体建立和保持外交关系以及开展外交活动的国家机关。

（一）国家元首

国家元首是一国在国内外代表国家的国家最高机关。国家元首可以是个人，也可以是集体。例如，以个人作为国家元首的，如总统、主席、国王、皇帝等。无论国家元首采用何种名称，也不论其职权的大小，在对外关系上，国家元首所做的一切法律行为，都被视为其所代表的国家的行为。国家元首在对外关系方面的职权主要包括：派遣和接受外交代表、批准和废除条约、出国访问或参加国际会议，宣布战争状态和媾和。根据国际法，一国国家元首进行外交活动无须出具全权证书。通常情况下，国家元首在外国享有完全的外交特权和豁免。

中国的国家元首是中华人民共和国主席，根据《宪法》第 81 条规定："中华人民共和国主席代表中华人民共和国，进行国事活动，接受外国使节；根据全国人民代表大会常务委员会的决定，派遣和召回驻外全权代表，批准和废除同外国缔结的条约和重要协定。"

（二）政府

政府是一国的最高行政机关，也是国家对外关系的领导机关。政府的名称不一，例如日本和英国称为内阁，在某些共和制国家中称为部长会议，我国为国务院。相应的，政府首脑分别称为内阁首相、部长会议主席和国务院总理等。根据我国《宪法》规定，中华人民共和国国务院，即中央人民政府，是最高国家权力机关的执行机关，是最高国家行政机关。政府在对外关系方面的职权主要包括：领导外交工作，同外国政府或国际组织的代表谈判、签订条约，签发外交代表的全权证书，任免一定等级的外交人员等。政府首脑可以直接进行外交谈判；参加国际会议，签订条约，同外国政府首脑发表共同宣言和公报等。按照国际法，政府首脑在国外时，享有完全的外交特权和豁免。例如，《中华人民共和国对外关系法》第 12 条规定："国务院管理对外事务，同外国缔结条约和协定，行使宪法和法律规定的对外关系职权。"

（三）外交部门

外交部门是政府设立的主管外交事务的专门机关或部门。大多数国家将该部门称为外交部，但也有些国家采用不同的名称，如美国称国务院、日本称外务省、英国称外交与英联邦事务部。外交部的对外关系职权主要包括：负责执行国家关于外交政策的决定；与驻外代表机关保持经常性的联络；与外国或国际组织的使团保持联系和进行谈判。例如，我国外交部的主要职权之一为：贯彻执行国家外交方针政策和有关法律法规，代表国家维护国家主权、安全和利益，代表国家和政府办理外交事务，承办党和国家领导人与外国领导人的外交往来事务。

外交部门的首长一般被称为外交部长，外交部长的职权包括：全面领导外交部贯彻国家的对外政策和处理日常事务，同外国政府谈判、签订条约，参加国际会议等。外交部长在外交活动中无须出示或提交全权证书，享有完全的外交特权和豁免。例如，周恩来总理在 1958 年前曾兼任外交部长，他善于把外交理论与外交实践相结合，将原则的坚定性与策略的灵活性相结合，将国际公认的外交准则和手段同中国的优秀传统和哲学思想相结合，从而形成了具有自己特色的外交思想和外交风格。陈毅元帅曾在 1958 年至 1972 年兼任外交部长，1962 年 7 月，率中国代表团出席第二次日内瓦会议，讨论和平解决老挝问题，促使会议达成协议，签订了《关于老挝中立的宣言》和《关于老挝中立的宣言的议定书》，周恩来对陈毅的外交才干和风格曾作如下评价：他在对外活动中有鲜明的特色和独到之处；他思路开阔，知识深广，眼力敏锐，胆略超人，言谈中往往有新创造、新境界。

二、外交代表机关

（一）外交代表机关简介

一国派出驻国外的外交机关，亦称外交代表机关，外交代表机关是一国派驻另一国的官方代表机构。在达成建交协议后，建交双方在对方首都各自设立与外交代表等级相应的外交代表机关。外交代表机关通常分为三级：以大使为馆长的称大使馆（以高级专员为馆长的称高级专员公署）；以公使为馆长的称公使馆；以代办为馆长的称代办处。通常可以分为两大类：一类是常设的机关，另一类是临时性的机关。常设外交代表机关一般是一国派驻另一国或国际组织的处理日常外交事务并保持对外关系的机构，临时的外交代表机关只是一国派遣到他国或国际组织执行特定的临时外交任务的外交使团，如参加外国的国庆典礼等。

二战后，国家间还出现过其他一些官方或半官方的代表机关，这种代表机关往往是两国关系正常化前的一种特殊做法和过渡形式。如中美在两国关系正常化之前，于 1973 年商定互设联络处。

此外，在正式建立外交关系前还有互设经济、商务代表团处等做法。例如 20 世纪 50 年代我国曾同柬埔寨王国互设经济代表团，代表团团长所享有的特权与礼遇是根据两国间的专门协定规定的。又如，我国曾同埃及、秘鲁、智利、意大利、奥地利等国互设商务代表处，互派商务代表。

（二）外交代表机关的一般规则

1. 使馆的设立和职务

《维也纳外交关系公约》第 2 条规定："国与国间外交关系及常设使馆之建立，以协议为之。"协议的形式，由国家决定。可以采用条约、换文、照会、联合公报等形式。一国同何种国家、按照什么条件、采取什么方式建立外交关系和互设使馆，各国可以自行决定。我国根据自己的国情，一贯坚持以承认中华人民共和国政府为中国唯一合法政府为条件，同外国谈判建立外交关系和互设使馆。

《维也纳外交关系公约》第 3 条第 1 款规定了使馆的职务，包括：①在接受国中代表派遣国；②在国际法许可的限度内，在接受国中保护派遣国及其国民的利益；③与接受国政府办理交涉；④以一切合法手段调查接受国的状况及发展情形，向派遣国政府报告；⑤促进派遣国与接受国间之友好关系，及发展两国间之经济、文化与科学关系。以上五项是使馆的主要职务，使馆还可以在国际法许可和接受国同意的前提下执行其他职务，如执行领事职务，受托保护第三国及其国民的利益。

2. 使馆人员

《维也纳外交关系公约》第 1 条规定了使馆人员的组成，主要包括使馆馆长及使馆职员。使馆馆长是派遣国责成担任此项职位的人，《中华人民共和国外交特权与豁免条例》第 28 条规定，使馆馆长是指派遣国委派担任此项职位的大使、公使、代办以及其他同等级别的人。使馆职员包括使馆外交职员、行政及技术职员及事务职员。外交职员指的是具有外交官级位的使馆职员；行政及技术职员指的是承办使馆行政及技术事务的使馆职员；事务职员指的是为使馆服务的使馆职员。外交代表指的是使馆馆长或使馆外交职员。私人仆役不属于使馆职员。

3. 外交代表

外交代表，又称外交使节，是一个国家派往其他国家或国际组织的代表。他们代表国家，负责办理外交事务，有常驻和临时两种。常驻外交代表系指派驻某一特定国家或某一国际组织、并负责同该国或该组织保持经常联系的代表；临时外交代表指临时出国担负有某种特定任务的代表。

外交代表的等级应是对等的，并且明确见之于建交公报或其他建交文书中。理论上外交代表有特命全权大使、特命全权公使和代办。①特命全权大使，简称大使，是最高一级的外交代表，系一国元首向另一国元首派遣的代表。享有完全的外交特权和豁免权，并享有比其他两个等级的外交代表更高的礼遇。在现代外交实践中，互派大使级外交代表是各国通行做法。②特命全权公使，也是一国元首向另一国元首派遣的外交代表，只是其所受礼遇次于大使，所享有的外交特权和豁免权与大使相同。二战以后，任命特命全权公使一级的外交代表已越来越少，绝大多数国家都把特命全权公使升格为特命全权大使。③代办，是由一国外交部长向另一国外交部长派遣的，它是最低一级的外交代表。代办所受礼遇低于大使、公使，但所享有的外交特权和豁免权与大使、公使相同。例如，1954 年以后我国先后与英国、荷兰根据双方政府协议，曾互派代办。区别于常任代办，临时代办是在使馆馆长休假、离职、因故不能视事时，临时代理主持馆务的外交人员。临时代办不是外交代表的一个等级，一般由外交代表机关主管政务的外交人员中级别最高者担任。外交人员被任命为临时代办均不必事先征得驻在国的同意。

4. 使馆馆长的等级

《维也纳外交关系公约》第 14 条第 1 款将使馆馆长分为三级，包括：①向国家元首派遣的大使或教廷大使及其他同等级位的使馆馆长；②向国家元首派遣的使节、公使及教廷公使；③向外交部长派遣的代办。我国在加入这一公约时，声明对关于教廷使节的规定加以保留。上述三级馆长为首脑的驻外代表机关，相应地称为大使馆、公使馆和代办处。第 19 条第 1 款规定，当使馆馆长缺位或不能执行职务时，应由临时代办暂代使馆馆长。但是除关于位次和礼仪事项外，各使馆馆长不应因其等级不同而在接受国有任何差别待遇。

5. 使馆人员的派遣与接受

根据《维也纳外交关系公约》的规定：①派遣国对于拟派驻接受国之使馆馆长人选，须经接受国同意，接受国有权拒绝，并且无须向派遣国说明不同意的理由。②除另有规定，派遣国可以自由委派使馆职员。③关于陆、海、空军武官，接受国得要求派遣国征求该国同意。④使馆外交职员原则上应具有派遣国国籍。除非接受国同意，否则不能委派属接受国国籍的人作为使馆外交职员，但是接受国的此项同意可以随时撤销。⑤接受国对于使馆任何人员，不论是在他到达接受国之前还是就任以后，都可以随时宣告他为不受欢迎或不能接受的人，并且无须解释。⑥使馆馆长到达接受国后，应立即与接受国外交部联系并商定递交国书[1]事宜。在呈递国书后或在向接受国外交部或另经商定的其他部通知到达并将所奉国书正式副本送交后，即视为已在接受国内开始执行职务。例如，2023 年 12 月 22 日，外交部礼宾司司长洪磊分别接受日本新任驻华大使金杉宪治、保加利亚新任驻华大使特霍夫递交国书副本。2024 年 1 月 9 日，新任驻玻利维亚大使王亮向玻外长索萨递交国书副本。

三、外交团

外交团是各国驻同一国的外交代表机关馆长及其外交人员的总称。外交团制度是按照国际惯例和传统形成的，不行使具有法律性质的职能。

外交团团长由外交团中级别最高、递交国书最早的外交使节担任。外交团团长所享有特权与豁免权，其所享有的礼遇高于其他外交团成员。

外交团的活动通常是礼仪性的，如向驻在国表示祝贺、慰问、吊唁；参加典礼活动；磋商驻在国对外交团的优遇和礼仪安排；为离任使节举行饯行活动；对驻在国为外交团举行的活动表示答谢等等。外交团议决的一切事项或共同提出的要求，驻在国并无必须奉行的义务，亦不受其束缚，但驻在国对外交团的正常活动也应给予一定的便利，对其合理的意见或建议应予尊重。外交团的活动不得干涉接受国的内政。

四、外交代表职务的终止

根据《维也纳外交关系公约》的规定，外交代表职务终止的情况主要有六种，包括：①任届期满。使馆人员任期届满，任期不再延长，职务即终止。②派遣国召回。但外交代表由于（如辞职、重病等特殊情况或调职）等原因被派遣国召回，职务即终止。③接受国要求召回。由于接受国宣布外交代表为不受欢迎或不能接受的人，职务即终止。④派遣国与接受国外交关系断绝。两国断绝外交关系的直接后果之一就是各自关闭使馆，撤回使馆人员。⑤发生革命成立新的政府。⑥外交代表死亡。如果某一外交代表死亡，其职务自然终止。

---

[1] 国书是一国派遣或召回大使、公使时，由国家元首致接受国元首的正式文书。

五、特别使团

（一）特别使团的概念

根据《特别使团公约》第 1 条，特别使团指一国经另一国同意派往该国交涉特定问题或执行特定任务而具有代表国家性质的临时使团。

（二）特别使团的职务、组成和派遣

根据《特别使团公约》规定，特别使团的职务须由派遣国与接受国协议确定，特别使团的职务于该使团与接受国外交部或与另经商定的该国其他机关取得正式联络后立即开始；派遣或接受特别使团不以建有外交或领事关系为必要条件；特别使团由派遣国代表一人或多人组成，派遣国可以委派其中一人为团长；特别使团可以包括外交职员、行政及技术职员及事务职员；驻在接受国的常设使馆或领馆人员作为特别使团成员时，除享有公约规定的特权及豁免外，仍保有常设使馆和领馆人员的特权及豁免。

六、外交特权与豁免

（一）外交特权与豁免概述

外交特权与豁免，是指外交代表机关及其人员根据国际法或相关协议在接受国或国际组织享有的特别权利和优惠待遇的总称。

自古以来，各国对于相互派遣的使者，实际上都给予某种特殊权利和优惠待遇。我国古代就有"两国交兵，不斩来使"的说法。17 世纪后半期，互派常驻使节成为一种较为普遍的制度，使节享有的特权和豁免也逐渐形成一种惯例。后来，随着国际交往日益频繁，有些国家对使节享有的特权与豁免订立了专门的协定，以条约的形式确定下来，从而成为国际法的重要组成部分，并为各国所公认。目前，外交特权与豁免的规定主要是在以 1961 年《维也纳外交关系公约》为主的相关条约中。

（二）使馆的特权与豁免

1. 使馆馆舍不得侵犯

根据《维也纳外交关系公约》第 22 条之规定，使馆馆舍不得侵犯的主要内容包括：①接受国官吏[1]非经使馆馆长许可，不得进入使馆馆舍。例如，

---

〔1〕　一般系指驻在国的军警、司法人员、税收人员以及其他执行公务的人员。

接受国的执法人员，未经使馆馆长许可，不得进入使馆馆舍。②接受国负有特殊责任，采取一切适当步骤保护使馆馆舍免受侵入或损害，并防止一切扰乱使馆安宁或有损使馆尊严之情事。③使馆馆舍及设备，以及馆舍内其他财产与使馆交通工具免受搜查、征用、扣押或强制执行。

2. 使馆档案及文件不得侵犯

根据《维也纳外交关系公约》第 24 条之规定，使馆档案及文件无论何时，也不论位于何处，均不得侵犯。

3. 使用国旗和国徽

根据《维也纳外交关系公约》第 20 条之规定，使馆及其馆长有权在使馆馆舍，及在使馆馆长的寓邸和交通工具上使用派遣国的国旗或国徽。

4. 通讯自由

《维也纳外交关系公约》第 27 条之规定："一、接受国应允许使馆为一切公务目的自由通讯，并予保护。使馆与派遣国政府及无论何处之该国其他使馆及领事馆通讯时，得采用一切适当方法，包括外交信差及明密码电信在内。但使馆非经接受国同意，不得装置并使用无线电发报机。二、使馆之来往公文不得侵犯。来往公文指有关使馆及其职务之一切来往文件。三、外交邮袋不得予以开拆或扣留。四、构成外交邮袋之包裹须附有可资识别之外部标记，以装载外交文件或公务用品为限。五、外交信差应持有官方文件，载明其身份及构成邮袋之包裹件数；其于执行职务时，应受接受国保护。外交信差享有人身不得侵犯权，不受任何方式之逮捕或拘禁。六、派遣国或使馆得派特别外交信差。遇此情形，本条第五项之规定亦应适用，但特别信差将其所负责携带之外交邮袋送交收件人后，即不复享有该项所称之豁免。七、外交邮袋得托交预定在准许入境地点降落之商营飞机机长转递。机长应持有官方文件载明构成邮袋之邮包件数，但机长不得视为外交信差。使馆得派馆员一人径向飞机机长自由取得外交邮袋。"根据上述规定可知，使馆通信自由的主要内容包括：①接受国应该允许和保护使馆为一切公务目的的自由通信，但使馆未经接受国同意，不得装置并使用无线电发报机。②使馆来往公文不得侵犯。③外交邮袋不得予以开拆或扣留。④外交信差享有人身不得侵犯权，不受任何方式的逮捕或拘禁。外交邮袋可以委托飞机机长转递，但是该机长不被视为外交信差。

5. 免纳捐税、关税

《维也纳外交关系公约》第 28 条之规定："使馆办理公务所收之规费及手续费免征一切捐税。"

（三）外交代表的特权与豁免

1. 人身不可侵犯权

根据《维也纳外交关系公约》第 29 条之规定，外交代表人身不可侵犯。外交代表不受任何方式的逮捕或拘禁。接受国应尊重外交代表，并应采取一切适当步骤以防止其人身、自由或尊严受有任何侵犯。但是，外交代表的人身不可侵犯权并不是绝对的，当外交人员的行为严重地危害当地社会秩序或驻在国的安全、不加以制止则损害将继续扩大时，如进行政治阴谋、间谍活动、行凶、殴人、酒醉开车闯祸等，驻在国可以在现场采取必要的措施，包括现场监视、暂时拘捕等，予以制止。

2. 私人寓所、文书、信件及财产不可侵犯权

根据《维也纳外交关系公约》第 30 条之规定，外交代表的私人寓所同使馆馆舍一样，应享有不得侵犯权及保护。外交代表的文书、信件同样享有不得侵犯权。

3. 管辖豁免

根据《维也纳外交关系公约》第 31 条第 1 款之规定，外交代表对接受国之刑事管辖享有豁免，对于外交代表的法律责任，可以通过外交途径解决。外交代表享有民事及行政管辖豁免，但是下列案件除外：①关于接受国境内私有不动产之物权诉讼；②关于外交代表以私人身份并不代表派遣国而为遗嘱执行人、遗产管理人、继承人或受遗赠人之继承事件之诉讼；③关于外交代表于接受国内在公务范围以外所从事之专业或商务活动之诉讼。需要注意的是，外交代表不因其对接受国管辖所享有豁免而免除其受派遣国的管辖。

根据《维也纳外交关系公约》第 32 条之规定，外交代表的管辖豁免可以由派遣国放弃，派遣国对豁免的放弃必须明示。

4. 免除作证义务

《维也纳外交关系公约》第 31 条第 2 款规定："外交代表无以证人身份作证之义务。"

5. 免除捐税

根据《维也纳外交关系公约》第 34 条之规定，外交代表免纳一切对人或

对物课征之国家、区域，或地方性捐税，但下列各项除外：①通常计入商品或劳务价格内之间接税；②对于接受国境内私有不动产课征之捐税，但其代表派遣国为使馆用途而置有之不动产，不在此列；③接受国课征之遗产税、遗产取得税或继承税，但以不抵触第 39 条第 4 项之规定为限；④对于自接受国内获致之私人所得课征之捐税，以及对于在接受国内商务事业上所为投资课征之资本税；⑤为供给特定服务所收费用；⑥关于不动产之登记费、法院手续费或记录费、抵押税及印花税。

6. 免纳关税、免受查验

根据《维也纳外交关系公约》第 36 条之规定，外交代表或与其构成同一户口之家属的私人用品，接受国应免除一切关税。外交代表的私人行李免受查验。

7. 其他特权与豁免

根据《维也纳外交关系公约》第 33 条第 1 款之规定，外交代表应免适用接受国施行之社会保险办法。第 35 条规定，接受国对外交代表应免除一切个人劳务及所有各种公共服务，并应免除关于征用、军事募捐及屯宿等之军事义务。

（四）其他人员的特权与豁免

《维也纳外交关系公约》第 37 条还规定了外交代表家属、使馆行政与技术职员及其家属、事务职员及服务人员的特权与豁免等。主要包括：第一，与外交人员构成同一户口的家属，如果不是接受国国民，应享有条约第 29 条至第 36 条所规定的特权与豁免。第二，行政与技术人员和与其构成同一户口的家属，如果不是接受国国民，并且不在该国永久居住，也享有条约第 29 条至 35 条所规定的特权与豁免。第三，使馆事务职员如非接受国国民且不在该国永久居留者，就其执行公务之行为享有豁免，其受雇所得酬报免纳捐税，并享有第 33 条所规定的豁免。第四，使馆服务人员如非接受国国民且不在该国永久居留者，其受雇所得酬报免纳捐税。在其他方面，仅享有在接受国许可范围内享有特权与豁免。

（五）其他规定

关于外交特权与豁免的开始和终止，根据《维也纳外交关系公约》第 39 条规定：①凡享有外交特权与豁免之人，自其进入接受国国境前往就任之时起享有此项特权与豁免，其已在该国境内者，自其委派通知外交部或另经商定之其他部之时开始享有。②若享有特权与豁免人员职务已经终止，其所享有的特权与豁免通常在该人员离境之时或听任其离境的合理期间终了之时停止。③遇使馆人员死亡，其家属应继续享有特权与豁免，至听任其离境之合理期间终了之时为止。

关于使馆人员及其他人员在第三国的地位，根据《维也纳外交关系公约》第 40 条的规定，遇外交代表前往就任或返任或返回本国，经过第三国国境或在该国境内，而该国曾发给所需的护照签证时，第三国应给予不得侵犯权及确保其过境或返回所必需的其他豁免。享有外交特权或豁免的家属与外交代表同行时，或单独旅行前往会聚或返回本国时，同样适用该规定。使馆的行政与技术或事务职员及其家属遇有上述情况时，第三国不得阻碍其经过该国国境。

此外，享有外交特权与豁免的人员，还负有一定义务：①均负有尊重接受国法律规章的义务，并且负有不得干涉接受国内政的义务；②使馆接受派遣国的命令与接受国洽商公务，应直接或经由接受国外交部或另经商定的其他部门办理；③使馆馆舍不得用作与使馆职务不相符合的用途；④外交代表不应在接受国内为私人利益从事任何专业或商业活动。

第三节　领事关系法

一、领事与领事制度

领事是由一国政府根据同另一国政府达成的协议，派驻对方国家的特定城市，在一定区域内保护本国国家和本国公民的权利和利益的政府代表。

领事制度的形成和发展与国家间商业交往的发展密切相关。在古希腊，领事的萌芽就已经出现。领事制度产生于中世纪后期。18 世纪中叶以后，随着资本主义的发展，领事制度从欧洲推行到东亚和西亚一些国家。100 多年前，西方列强依靠坚船利炮打开了中国的国门，将不平等的领事关系和领事裁判权强加于中国。100 多年后，中国作为世界第二大经济体，日益走近世界舞台中央。在中国共产党的领导下，中国摆脱了外国不平等条约和领事裁判权的压迫，开展了丰富多彩的领事实践，逐步形成了具有中国特色和世界眼光的领事制度，为推动世界领事制度的发展作出了积极贡献。新中国不承认旧政府的对外领事关系，提出"打扫干净屋子再请客""另起炉灶""站在社会主义一边"三大方针，肃清列强通过不平等条约在华攫取的特权和势力，与社会主义国家及其他友好国家建立外交领事关系，开启了中国外交新征程。改革开放以来，中外人员跨国流动迅猛增长，中国领事工作顺势而上，与时俱进，不断扩大与国际社会的交流合作，取得了前所未有的大发展。

二、领事关系的建立与领馆的设立

《维也纳领事关系公约》第 2 条第 1 款规定："国与国间领事关系之建立，以协议为之。"除另有声明外，两国同意建立外交关系也意味着同意建立领事关系。断绝外交关系并不当然断绝领事关系。

根据《维也纳领事关系公约》，领馆指总领事馆、领事馆、副领事馆或领事代理处，在实践中，各国基本不设立副领事馆。领事职衔包括总领事、领事、副领事和领事代理人等。在中国具体实践中，对外委派的领事官员有总领事、副总领事、领事、副领事和领事随员。

《维也纳领事关系公约》第 4 条第 1、2 款规定，领馆的设立须经接受国同意，设立地点、领馆类别及其辖区由派遣国确定，但须经接受国同意。例如甲国若在迪拜设立领馆，需要迪拜同意，并且设立地点、领馆类别及辖区也需要经过同意。

三、领事职务

《维也纳领事关系公约》第 5 条规定了领事职务，主要包括 13 方面的内容：①在国际法许可的限度内，在接受国内保护派遣国及其国民的利益；②增进派遣国与接受国间之商业、经济、文化及科学关系之发展，并在其他方面促进两国间之友好关系；③以一切合法手段调查接受国内商业、经济、文化及科学活动的状况及发展情形，向派遣国政府具报，并向关心人士提供资料；④向派遣国国民发给护照及旅行证件，并向拟赴派遣国旅行人士发给签证或其他适当文件；⑤帮助及协助派遣国国民；⑥担任公证人，民事登记员及类似之职司，并办理若干行政性质的事务，但以接受国法律规章无禁止之规定为限；⑦依接受国法律规章在接受国境内之死亡继承事件中，保护派遣国国民的利益；⑧在接受国法律规章所规定的限度内，保护作为派遣国国民的未成年人及其他无充分行为能力人的利益；⑨以不抵触接受国内施行的办法与程序为限，遇派遣国国民因不在当地或由于其他原因不能在适当期间自行辩护其权利与利益时，在接受国法院及其他机关之前担任其代表或为其安排适当代表，依照接受国法律规章取得保全该国民的权利与利益的临时措施；⑩依现行国际协定的规定或在不存在国际协定时，以符合接受国法律规章的任何其他方式，转送司法书状与司法以外文件或执行嘱托调查书或代派遣国法院调查证据的委托书；⑪对具有派遣国国籍的船舶，在该国登记的航空器以及其航行人员，行使派遣国法律规章所规定的监督及检查权；⑫对前述船舶与航空器及其航行人员给予协助，听取关于船舶航程的陈述，查验船舶文书并加盖印章，在不妨害接受国当局权力的情形下调查航行期间发生的任何事故及在派遣国法律规章许可范围内调解船长船员与水手间的任何争端；⑬执行派遣国责成领馆办理而不被接受国法律规章所禁止、或不被接受国所反对、或派遣国与接受国间现行国际协定所订明的其他职务。

四、领馆人员

（一）类别

根据《维也纳领事关系公约》第1条第1款第1项规定，领馆人员，指领事官员、领馆雇员及服务人员。领事官员是指派任此职承办领事职务的任何人员，包括领馆馆长在内；领事官员分为两类，即职业领事官员与名誉领事官员。职业领事是国家任命的专职领事官员，一般为本国公民。名誉领事，又称选任领事，通常是一国政府从接受国当地居民中选任的执行领事职务的兼职官员，可以是派遣国国民，也可以是接受国国民或第三国国民。新中国成立至今，未曾向外国委派过名誉领事。领馆雇员是指受雇担任领馆行政或技术事务之任何人员。服务人员是指受雇担任领馆杂务的任何人员。

（二）领馆人员的委派及承认、职务终止

根据《维也纳领事关系公约》的规定，领馆馆长由派遣国委派，并由接受国承认准予执行职务。领馆馆长每次奉派任职，应由派遣国发给委任文凭或类似文书以作为其职位证书，其上应载明馆长的全名、职类与等级、领馆辖区及领馆设置地点。领馆馆长须经接受国准许方可执行职务，此项准许不论采何形式，均称领事证书。领事证书未送达前，领馆馆长得暂时准予执行职务。领馆馆长不能执行职务或缺位时，得由代理馆长暂代领馆馆长。两个以上国家经接受国同意可以委派同一人为驻该国的领事官员。

除另有规定外，派遣国可以自由委派领馆馆长以外的领馆馆员。派遣国应在充分时间前将领馆馆长以外所有领事官员的全名、职类及等级通知接受国。接受国依其本国法律规章确有必要时，可以对领馆馆长以外的领事官员发给领事证书。

领事官员原则上应属派遣国国籍。若委派属接受国国籍的人为领事官员，须经该国明示同意，但该同意可以随时撤销。接受国可以随时通知派遣国，宣告某一领事官员为不受欢迎人员或任何其他领馆馆员为不能接受的人。遇此情事，派遣国应视情形召回该员或终止其在领馆中的职务。若派遣国拒绝履行或不在相当期间内履行上述义务，接受国可以视情形撤销关系人员的领事证书或不再承认该员为领馆馆员。任何派为领馆人员的人在其到达接受国国境前（若其已在接受国境内，则在其于领馆就职前）被宣告为不能接受，派遣国应撤销对该人员的任命。若存在上述情形，接受国无须向派遣国说明理由。

根据《维也纳领事关系公约》第 25 条规定，领事职务有下列情况之一即终止：①派遣国通知接受国该人员职务已经终止；②撤销领事证书；③接受国通知派遣国，接受国不再承认该人员为领馆馆员。

五、领事特权与豁免

领事特权与豁免，是指为了领事馆及其人员在接受国能够有效地执行领事职务而由接受国给予的特别权利和优惠待遇的总称。领事特权与豁免的目的"在于确保领馆能代表本国有效执行职务"。

（一）领馆的特权与豁免

1. 领馆馆舍不可侵犯

根据《维也纳领事关系公约》第 31 条之规定：①领馆馆舍于公约所规定的限度内不得侵犯。②接受国官吏非经领馆馆长或其指定人员或派遣国使馆馆长同意，不得进入领馆馆舍中专供领馆工作之用的部分。若遇火灾或其他灾害须迅速采取保护行动时，得推定领馆馆长已表示同意。③接受国负有特殊责任，采取一切适当步骤保护领馆馆舍免受侵入或损害，并防止任何扰乱领馆安宁或有损领馆尊严之情事。④领馆馆舍、馆舍设备以及领馆之财产与交通工具应免受为国防或公用目的而实施的任何方式的征用。若为此等目的确有征用的必要时，应采取一切可能步骤以免领馆职务的执行受有妨碍，并应向派遣国为迅速、充分及有效之赔偿。

2. 领馆馆舍免税

根据《维也纳领事关系公约》第 32 条第 1 款之规定，领馆馆舍及职业领馆馆长寓邸之以派遣国或代表派遣国人员为所有权人或承租人者，概免缴纳国家、区域或地方性之一切捐税。但其为对供给特定服务应纳之费者不在此列。

3. 领馆档案及文件不可侵犯

根据《维也纳领事关系公约》第 33 条之规定，领馆档案及文件不得侵犯，领馆档案及文件无论何时，也不论位于何处，均属不得侵犯。

4. 行动自由

根据《维也纳领事关系公约》第 34 条之规定，除接受国为国家安全所订法律规章另有规定外，接受国应确保所有领馆人员在其境内行动及旅行自由。

5. 通讯自由

根据《维也纳领事关系公约》第 35 条之规定，接受国应准许领馆为一切公务目的自由通讯，并予保护；领馆之来往公文不得侵犯；领馆邮袋不得予以开拆或扣留；领馆信差执行职务时，应受接受国保护，其享有人身不得侵犯权，不受任何方式的逮捕或拘禁。

6. 与派遣国国民通信及联络

根据《维也纳领事关系公约》第 36 条之规定，领事官员可以自由与派遣国国民通信及会见，派遣国国民与派遣国领事官员通信及会见应有同样自由。遇有领馆辖区内有派遣国国民受逮捕或监禁或羁押候审或受任何其他方式的拘禁等情况，经其本人请求时，接受国主管当局应立即通知派遣国领馆。领事官员有权探访受监禁、羁押或拘禁的派遣国国民，与其交谈或通信，并代聘其法律代表。

7. 使用国旗、国徽

根据《维也纳领事关系公约》第 29 条第 2 款之规定，领馆所在建筑物及其正门上以及领馆馆长寓邸与在执行公务时乘用的交通工具上可以悬挂派遣国国旗并揭示国徽。

（二）领馆人员的特权与豁免

1. 领事官员人身不得侵犯

根据《维也纳领事关系公约》第 41 条之规定，领事官员不得予以逮捕候审或羁押候审，但遇犯严重罪行并依主管司法机关的裁判执行的除外。对于领事官员不得施以监禁或对其人身自由加以任何其他方式的拘束，但为了执行有确定效力的司法裁决的不在此限。若对领事官员提起刑事诉讼，该员须到管辖机关出庭。

2. 管辖豁免

根据《维也纳领事关系公约》第 43 条之规定，领事官员和领事雇员对其为执行领事职务而实施的行为，不受接受国司法或行政机关的管辖。但不适用下列民事诉讼：①因领事官员或领事雇员并未明示或默示以派遣国代表身份而订立契约所发生的诉讼；②第三者因车辆、船舶或航空器在接受国内所造成的意外事故而要求损害赔偿的诉讼。

3. 作证义务

根据《维也纳领事关系公约》第 44 条之规定，领事人员就其执行职务所涉及的事项，无担任作证或提供有关来往公文及文件的义务。领馆人员还有权拒绝以鉴定人身份就派遣国的法律提出证言。除上述情况外，领馆雇员或服务人员不得拒绝作证。如领事官员拒绝作证，不得对其施行强制措施或处罚。

4. 免纳捐税

根据《维也纳领事关系公约》第 49 条之规定，领事官员及其雇员以及与其构成同户的家属免纳一切对人或对物课征的国家、区域或地方性捐税，但间接税、遗产税等不在此列。领馆服务人员由于其服务而得的薪金，免纳捐税。

5. 免纳关税及免受查验

根据《维也纳领事关系公约》第 50 条之规定，接受国对于领事官员或与其构成同一户口之家属的私人自用品，包括供其初到任定居之用的物品在内，免除一切关税。领事官员及与其构成同一户口之家属所携私人行李免受查验。

6. 其他特权与豁免

免除接受国法律、规章对外侨登记和居留证所规定的一切义务；免除有关工作证的义务；免予适用社会保险办法；免除个人劳动及各种公共服务等义务。

六、领馆及其人员对接受国的义务

根据《维也纳领事关系公约》第 50 条之规定，享有特权与豁免的人员负有尊重接受国法律规章之义务。此等人员并负有不干涉该国内政之义务。领馆馆舍不得充作任何与执行领事职务不相符合之用途。

第四节 中国相关立法和制度

一、《中华人民共和国外交特权与豁免条例》

该条例由第六届全国人民代表大会常务委员会第十七次会议于 1986 年 9 月 5 日通过，该条例共 29 条。第 1 条规定了该条例的制定目的，即 "为确定外国驻中国使馆和使馆人员的外交特权与豁免，便于外国驻中国使馆代表其国家有效地执行职务"。第 2 条至第 23 条主要规定了使馆、外交代表、其他人员等享有的外交特权与豁免问题，第 25 条规定了享有外交特权与豁免人员的义务，包括：①应当尊重中国的法律、法规；②不得干涉中国的内政；③不得在中国境内为私人利益从事任何职业或者商业活动；④不得将使馆馆舍和使馆工作人员寓所充作与使馆职务不相符合的用途。第 26 条规定了对等原则，即如果外国给予中国驻该国使馆、使馆人员以及临时去该国的有关人员的外交特权与豁免，低于中国按本条例给予该国驻中国使馆、使馆人员以及临时来中国的有关人员的外交特权与豁免，中国政府根据对等原则，可以给予该国驻中国使馆、使馆人员以及临时来中国的有关人员以相应的外交特权与豁免。

二、《中华人民共和国驻外外交人员法》

2009 年 10 月 31 日，第十一届全国人民代表大会常务委员会第十一次会议通过《中华人民共和国驻外外交人员法》，该法共 10 章 48 条，主要包括以下内容。

第一，制定目的与适用范围。第 1 条规定了该法的制定目的，即 "为了建设高素质的驻外外交人员队伍，保证驻外外交机构依法履行职责，规范驻外外交人员的管理，保障驻外外交人员的合法权益，根据宪法和公务员法，制定本法"。第 2 条明确规定了该法的适用范围，即在中国驻外外交机构中从事外交、领事等工作，使用驻外行政编制，具有外交衔级的人员。驻外外交人员的义务、权利和管理，适用该法。该法未作规定的，适用公务员法的规定。

第二，驻外外交人员的职责、条件、义务和权利，职责主要包括：①维护国家主权、安全、荣誉和利益；②贯彻执行国家外交方针政策；③代表国家提出外交交涉；④发展中国与驻在国之间的关系，参与国际组织活动，促进双边和多边友好交流与合作；⑤维护中国公民和法人在国外的正当权益；⑥报告驻在国情况和有关地区、国际形势；⑦介绍中国情况和内外政策，增进驻在国和世界对中国的了解；⑧履行其他外交或者领事职责。驻外外交人员应当具备的条件包括：①具有中华人民共和国国籍；②年满二十三周岁；③拥护中华人民共和国宪法；④具有良好的政治素质和品行；⑤具有胜任工作所需的专业知识、工作能力和语言能力。驻外外交人员应当履行下列义务：①忠于祖国和人民，维护国家尊严；②忠于中华人民共和国宪法和法律，尊重驻在国的法律和风俗习惯；③忠于职守，勤勉尽责，完成各项工作任务；④服从派出部门的调遣，遵守驻外外交机构规章制度和工作纪律；⑤严守国家秘密和工作秘密；⑥不得在驻外工作期间辞职；⑦按照规定向驻外外交机构和派出部门报告个人重大事项；⑧法律规定的其他义务。驻外外交人员享有下列权利：①获得履行职责应当具有的工作条件；②获得与常驻国外工作、生活相适应的工资福利保险待遇；③在驻外工作期间不被辞退；④派遣前和驻外工作期间参加培训；⑤法律规定的其他权利。

第三，驻外外交人员的职务和衔级。驻外外交人员的职务分为外交职务和领事职务。外交职务分为：特命全权大使、代表、副代表、公使、公使衔参赞、参赞、一等秘书、二等秘书、三等秘书、随员。领事职务分为：总领事、副总领事、领事、副领事、领事随员。

驻外外交人员的外交衔级设七级：大使衔、公使衔、参赞衔、一等秘书衔、二等秘书衔、三等秘书衔、随员衔。驻外外交人员的外交衔级，根据其在驻外外交机构中担任的职务、公务员职务级别和外交工作需要确定。

第四，馆长负责制。馆长是驻外外交机构的行政首长，驻外外交机构实行馆长负责制，馆长统一领导驻外外交机构的各项工作。馆长应当向派出部门提交到任和离任的书面报告，应当按期回国述职。

三、《中华人民共和国领事特权与豁免条例》

1990 年 10 月 30 日，第七届全国人大常委会第十六次会议通过了《中华人民共和国领事特权与豁免条例》，该条例共计 29 条，主要包括以下内容。

第一，制定目的。第 1 条规定："为确定外国驻中国领馆和领馆成员的领事特权与豁免，便于外国驻中国领馆在领区内代表其国家有效地执行职务，制定本条例。"

第二，特权与豁免。领馆的特权与豁免主要包括：领饰馆舍不受侵犯；领馆档案和文件不受侵犯；领馆公务通信自由；免纳捐税和关税；领馆及其馆长有权在领馆馆舍、馆长寓所和馆长执行职务所乘用的交通工具上，使用派遣国国旗或者国徽。这些规定与《维也纳领事关系公约》的规定基本一致。领馆和领馆成员携带自用的枪支、子弹出入境，必须经中国政府批准，并且按照中国政府的有关规定办理。

领馆成员的特权与豁免主要包括：领事官员的寓所不受侵犯；领事官员的文书和信件不受侵犯；领事官员的财产不受侵犯；领事官员和领馆行政技术人员执行职务的行为享有司法和行政管辖豁免。领事官员执行职务以外的行为的管辖豁免，按照中国与外国签订的双边条约、协定或者根据对等原则办理。领事官员和领馆行政技术人员享有的司法管辖豁免不适用于下列各项民事诉讼：①涉及未明示以派遣国代表身份所订的契约的诉讼；②涉及在中国境内的私有不动产的诉讼，但以派遣国代表身份所拥有的为领馆使用的不动产不在此限；③以私人身份进行的遗产继承的诉讼；④因车辆、船舶或者航空器在中国境内造成的事故涉及损害赔偿的诉讼。

第三，享有领事特权与豁免人员的义务。主要包括：①应当尊重中国的法律、法规；②不得干涉中国的内政；③不得将领馆馆舍和领馆成员的寓所充作与执行领事职务不相符合的用途。该条例第 25 条规定，领事官员不得在中国境内为私人利益从事任何职务范围以外的职业或者商业活动。

四、《中华人民共和国领事保护与协助条例》

《中华人民共和国领事保护与协助条例》已经 2023 年 6 月 29 日国务院第 9 次常务会议通过，自 2023 年 9 月 1 日起施行。该条例共 27 条，主要内容如下：

第一，制定目的与适用范围。第 1 条规定了制定目的，即"为了维护在国外的中国公民、法人、非法人组织正当权益，规范和加强领事保护与协助工作"。第 3 条第 1 款规定了适用范围，即"本条例适用于领事保护与协助以及相关的指导协调、安全预防、支持保障等活动"。领事保护与协助，是指在国外的中国公民、法人、非法人组织正当权益被侵犯或者需要帮助时，驻外外交机构依法维护权益及提供协助的行为。驻外外交机构，是指承担领事保护与协助职责的中华人民共和国驻外国的使馆、领馆等代表机构。

第二，领事保护与协助职责。例如，第 8 条规定，在国外的中国公民、法人、非法人组织因正当权益被侵犯向驻外外交机构求助的，驻外外交机构应当根据相关情形向其提供维护自身正当权益的渠道和建议，向驻在国有关部门核实情况，敦促依法公正妥善处理，并提供协助。第 14 条规定，获知在国外的中国公民因治安刑事案件、自然灾害、意外事故等受伤的，驻外外交机构应当根据相关情形向驻在国有关部门了解核实情况，敦促开展紧急救助和医疗救治，要求依法公正妥善处理。中国公民因前款所列情形死亡的，驻外外交机构应当为死者近亲属按照驻在国有关规定处理善后事宜提供协助，告知死者近亲属当地关于遗体、遗物处理时限等规定，要求驻在国有关部门依法公正处理并妥善保管遗体、遗物。了解核实情况，敦促开展紧急救助和医疗救治，要求依法公正妥善处理。

第三，安全提醒制度。例如，第 21 条规定，有关中国公民、法人、非法人组织应当积极关注安全提醒，根据安全提醒要求，在当地做好安全防范、避免前往及驻留高风险国家或者地区。经营出国旅游业务的旅行社应当关注国外安全提醒和旅游目的地安全风险提示，通过出行前告知等方式，就目的地国家或者地区存在的安全风险，向旅游者作出真实说明和明确提示；通过网络平台销售的，应当在显著位置标明有关风险。

案例分析

案例一：中国驻南使馆被炸案

【案情介绍】

1999 年北京时间 5 月 8 日清晨 5 时 45 分，以美国为首的北约使用 B-2 隐形轰炸机投下了五枚联合直接攻击弹药（JDAM），击中了位于南联盟首都贝尔格莱德樱花路 3 号的中华人民共和国驻南斯拉夫联盟共和国大使馆，造成 3 名中国记者死亡，20 多名使馆工作人员受伤，使馆馆舍严重毁坏。5 月 9 日上午，中国政府发表声明，表示极大的愤慨和严厉谴责，指出以美国为首的北约必须对此承担全部责任，并提出最强烈抗议。5月10日，中国外交部发言人发表谈话，宣布推迟中美两军高层交往；推迟中美防止核扩散、军控和国际安全问题磋商；中止两国人权领域的对话。同日，时任外长唐家璇代表中国政府，再次向美驻华大使提出严正交涉，要求美方公开、正式向中国政府、中国人民和受害者家属道歉，对轰炸事件进行全面、彻底的调查，迅速公布调查的详细结果，严惩肇事者，并保留采取进一步措施的权利。中国政府要求美国必须为此承担责任，包括中方所遭受的一切损害做出迅速、充分和有效的补偿。

美方一直辩称其轰炸并非以中国使馆为目标，由于使用了错误的地图导致。中方对此严正指出，美方这一说法令人难以信服，即使按照美方所辩称，轰炸中国使馆是由美方"一系列失误和疏忽所造成的"，也丝毫不能改变轰炸中国使馆行为的不法性质。

中国驻南联盟大使馆遭北约轰炸后，中国民众群情激愤，全国多地爆发大规模反美示威活动。很多大学生到美国和其他北约国家驻北京、上海等地的使领馆前示威游行，我国政府强烈抗议北约军队的这次粗暴、野蛮的行为，并向美国等北约主要国家发表声明，要求其必须严惩凶手并赔礼道歉。

游行在北京、上海、广州、成都、沈阳等各省省会以及大城市开展，人群前往各地美国使领馆门前或中心广场抗议。有北京大学学生在北大著名的"三角地"打出了一条标语："不考托（托福），不考寄（GRE），一心一意打美帝。"事发当天下午3点已有人开始行动，北大出动校车输送学生。配备有盾牌棍棒以及瓦斯弹的防暴警察与武警严守美国驻华大使馆，但对抗议活动并未阻拦。有部分情绪激动者向使馆内投掷石块甚至燃烧瓶。学生于傍晚时分退去，然而入夜后却迎来了约1000名北京市民的抗议。群情激奋的抗议人士焚烧美国国旗，打破使馆窗子并砸毁使馆车辆，有的抗议人士与警察发生了冲突。

中国爱国黑客（即红客）开始大肆攻击美国网站，导致中美网络大战，双方各有百余个网站被插上了对方的国旗。

以美国为首的北约对中国使馆的轰炸违反多项国际法：（1）违反了《联合国宪章》的宗旨和原则。以美国为首的北约上述行为是对《联合国宪章》的宗旨和原则特别是对宪章第2条第4款规定的禁止使用武力的义务最赤裸裸的践踏。根据国际法，一国的驻外代表机构代表着该国的国家主权，外交馆舍被视为一国领土的法律延伸。在一定条件下，对一国外交代表机构及其馆舍的攻击即构成对该国国家的武装攻击。(2) 违反了1961年《维也纳外交关系公约》。该公约第22条规定了"使馆馆舍不得侵犯"的义务，第29条规定了"外交代表人身不得侵犯"的义务。公约规定的这种不可侵犯性，不仅外交代表的接受国必须尊重，公约的其他缔约国也承担了对这种不可侵犯性予以尊重的条约义务。外交代表机构的不可侵犯性作为习惯国际法对所有国家都有约束力。国际法院在美国驻德黑兰外交和领事人员案的判决中曾强调指出："在处理国家关系上，没有比外交使节及大使馆不受侵犯更基本的先决条件。"(3) 违反了1973年《关于防止和惩处侵害应受国际保护人员包括外交代表的罪行公约》，特别是该公约第2条和第4条规定的义务。美国对使馆馆舍和应受国际保护人员进行武力攻击，构成对各国间合作所必要的正常国际关系的严重威胁，属于应受惩处的罪行。(4) 违反了国际人道法，特别是1949年保护平民的《日内瓦公约》和1977年《日内瓦公约第一附加议定书》规定的在战争和武装冲突中保护平民和民用物体的义务。以任何手段攻击或轰炸作为非军事目标的不设防城镇、村庄、住所或建筑物，即构成对国际人道法规则的严重违反。中国驻南使馆在任何意义上都不构成军事目标，其附近也没有可以合法攻击的军事目标。因此，美国轰炸中国使馆的行为严重违反了国际人道法规则。

这次炸馆事件以及之后事件的发展使得原本由于中美两国元首互访而正处于上升阶段的两国关系骤然恶化。在中国政府的严正交涉下，美国及其他北约国家的领导人就轰炸事件向中国政府、人民和受害者家属公开道歉。后经过若干轮谈判，中美双方分别于1999年7月和12月就美国轰炸中国驻前南使馆所造成的中方人员伤亡的赔偿问题和中方财产损失的赔偿问题达成协议，美国政府同意就二者分别向中方支付450万美元和2800万美元用于赔偿。

【法律问题】

一、使馆馆舍不得侵犯

《维也纳外交关系公约》第22条规定了使馆馆舍不得侵犯的主要内容，包括：接受国官吏非经使馆馆长许可，不得进入使馆馆舍；接受国负有特殊责任，采取一切适当步骤保护使馆馆舍免受侵入或损害，并防止一切扰乱使馆安宁或有损使馆尊严之情事；使馆馆舍及设备，以及馆舍内其他财产与使馆交通工具免受搜查、征用、扣押或强制执行。以美国为首的北约轰炸中国驻南联盟大使馆，并且造成使馆馆舍严重毁坏的严重后果，不仅违反了使馆馆舍不得侵犯的国际法规定，也是对中国主权的严重侵犯。

二、人身不可侵犯权

外交代表的特权与豁免的内容之一就是人身不可侵犯权利。根据《维也纳外交关系公约》第29条规定，外交代表人身不可侵犯。外交代表不受任何方式的逮捕或拘禁。接受国应尊重外交代表，并应采取一切适当步骤以防止其人身、自由或尊严受到任何侵犯。北约轰炸中国驻南联盟大使馆，不仅导致使馆馆舍严重毁坏，而且造成3名中国记者死亡，20多名使馆工作人员受伤，不仅是对《维也纳外交关系公约》的严重违反，更是对国际法的肆意践踏，以美国为首的北约必须对此承担全部责任。

【中国立场及思政元素分析】

以美国为首的北约用导弹袭击中国驻南联盟大使馆，是对我国主权的粗暴侵犯，是对全体中国人民的严重挑衅，是严重违反《联合国宪章》、国际关系基本准则和国际法的国际犯罪行为。使馆是派遣国主权的象征，侵犯我国驻南大使馆，就是对中国主权的侵犯。以美国为首的北约这一袭击我大使馆的行为，违反了《维也纳外交关系公约》，违反了国家间有效的国际关系准则和公认的一般国际法原则，构成国际不法行为。美国为首的北约未经联合国授权，向北约成员国之外的主权国家动武，是对《联合国宪章》的肆意践踏，是向世界和平的宣战。以美国为首的北约的轰炸行动已构成国际犯罪，任何政治和经济局势都不能成为其辩驳的理由。在侵略政策和行为上挂上"北约"的标签，并不能使这种行为具有神圣性。以美国为首的北约必须对这一严重事件承担全部国际责任。

案例二：苏联间谍马尔琴科被驱逐出境案

【案情介绍】

1969年3月，珍宝岛事件后，中苏关系进一步恶化。苏联方面不仅组织了上万人的游行队伍，轮番到中国驻苏联大使馆门前示威，还在中苏外交层面上屡屡发生摩擦，苏联将一些来自中国的偷渡者任用为间谍，经过各种训练后，派遣到中国从事间谍活动，搜集情报、建立反革命组织等颠覆破坏。

苏联驻中华人民共和国大使馆一等秘书马尔琴柯夫妇，三等秘书谢苗诺夫夫妇及其武官处翻译科洛索夫在中国进行间谍活动。1974 年 1 月 15 日晚，他们在北京市郊区与苏联派遣特务李洪枢等秘密接头，交接情报、文件、电台、联络时间表、密写工具和伪造的边境通告证等间谍用品，以及活动经费等，被我国公安人员和民兵当场抓获。人赃俱获，罪证确凿。

1974 年 1 月 19 日，马尔琴柯夫妇、谢苗诺夫夫妇和科洛索夫等 5 名苏联间谍被我国政府宣布为不受欢迎的人，并于当天驱逐出境。

【法律问题】

不受欢迎的人。享有外交特权与豁免的人员的义务包括：负有尊重接受国法律规章的义务，并且负有不得干涉接受国内政的义务。根据《维也纳外交关系公约》第 9 条第 1 款的规定，接受得随时不具解释通知派遣国宣告使馆馆长或使馆任何外交职员为不受欢迎人员或使馆任何其他职员为不能接受。马尔琴柯等人从事间谍活动，妄图对我国进行颠覆破坏，中国有权宣布其为不受欢迎的人并且不需要进行解释。

【中国立场及思政元素分析】

国家安全是民族复兴的根基，是安邦定国的重要基石。2023 年 7 月 1 日，新修订的《中华人民共和国反间谍法》正式实施，积极回应我国反间谍斗争面临的新情况和新问题，进一步丰富反渗透、反颠覆、反窃密斗争的"法律武器库"，对完善国家安全法治体系意义深远。

随着我国面临的安全威胁日趋多元，反间谍斗争形势也更加严峻复杂。从国家安全形势来看，传统安全和非传统安全威胁相互交织，围绕政治、经济、意识形态等各领域的间谍活动层出不穷，严重损害着我国国家利益。从间谍活动本身来看，在互联网无远弗届、国际交往交流日益密切的当下，间谍情报活动的主体更加复杂、领域更加广泛、目标更加多元、手法更加隐蔽。特别是网络成为间谍活动的新空间和主战场之一，"成本小、收益大""无差别、全天候"的特点，使网络间谍行为成为间谍组织等对我实施窃密、破坏行动的重要途径。立足新形势新任务、适应新情况新挑战，必须时刻绷紧国家安全这根"弦",进一步筑牢法治基石、扎紧制度篱笆,强化全民反间谍的意识。

案例思考题

1. 北约轰炸我国驻南使馆的行为,违反了哪些国际法原则?

2. "使馆馆舍不得侵犯"及"外交代表人身不得侵犯"的具体内容是什么?

3. 案例二中,5人是否享有外交特权与豁免?

4. 使馆人员从事间谍活动,接受国可以怎样处理?

本章知识点

国际责任概述；国际不法行为责任的概念、特征、免责事由、构成要件、法律后果；国际法不加禁止行为造成损害性后果的国际责任的概念、特征、适用范围、责任形式。

第一节　概述

一、国际责任的概念、特征和作用

国际责任也称国际法律责任，是指国际责任主体对其国际不法行为或损害行为所应承担的法律后果。[1]如果一国违反自己承担的国际义务，该国不能以主权为由拒绝承担责任。

国际责任的特征如下：

第一，国际责任的主体与国际法的主体基本上是一致的。国际法主体均可作为国际法律责任主体从而承担国际法律责任，其中，国家是最基本的国际责任主体，其余的国际法主体只能在有限的范围内承担国际法律责任。

第二，国际责任的实质就是一种法律后果。国际法主体实施了国际损害行为或不法行为导致损害结果之后，便要承担与之相适应的不利后果。

第三，国际责任产生的根据具有多样性。国际责任的根据是国际不法行为或损害行为。随着国际责任制度的发展，国际不法行为可以引起国际法律责任，某些国际法不加禁止的行为，如果其对其他国际法主体造成了损害，

---

〔1〕　《国际公法学》编写组编：《国际公法学》（第3版），高等教育出版社2022年版，第200页。

也会引起国际法律责任，这种行为叫作国际损害行为。

第四，国际责任的具体任务是确定国际责任的承担者及责任的性质和承担方式。某一国际不法行为或损害行为如果达到需要承担国际法律责任的程度，确定责任的承担者、责任的性质和责任的承担方式就成为必然的选择，这是国际责任制度的重要内容。国际责任的性质具有特殊性，是自成一类的、具有强制性的法律责任。

（二）国际责任制度的作用

国际责任制度的作用如下：①可以纠正国家的不法行为。若一个国家违反了自己应承担的国际法义务，那么该国必须停止不法行为，并且须对自己的不法行为承担责任。②维持正常的国际关系秩序。国际责任制度的目的是通过对不法行为等的纠正，使行为规范更加明确，保证国家间的正常往来。③追究行为国的责任可以使受害国的损害得到合理赔偿。[1]

二、国际责任的分类

国际责任可按照不同标准作不同的分类：①以责任承担者为标准，可将国际责任分为国家责任、国际组织的责任、争取独立民族的责任、交战和叛乱团体的责任、个人责任等。其中，国家责任是国际法律责任制度中最重要、最基础的一种法律责任。②以产生国际责任的行为的性质为标准，可将国际责任分为国际不法行为的责任和国际法不加禁止行为造成损害性后果的国际责任。前者是指国际法律责任主体实施违反国际法义务的行为所应承担的不利法律后果；后者是指国际法律责任主体对其实施的国际法不加禁止但造成了损害结果的行为所承担的不利法律后果。③以违反的国际义务的约束程度为标准，可将国际法律责任分为原始责任和转承责任。前者是指国际法律责任主体直接违反对其有约束力的国际法义务所应承担的不利法律后果；后者是指国际法律责任主体间接违反对其有约束力的国际法义务所应承担的不利法律后果。

三、关于国际责任的规定

目前，关于国际责任的归责条件、内容、形式、程度等问题，国际社会

---

〔1〕 段洁龙主编：《中国国际法实践与案例》，法律出版社 2011 年版，第 44 页。

还没有形成统一的成文条约法规范。但是联合国国际法委员会通过的《国家对国际不法行为的责任条款草案》《国际法未加禁止之行为引起有损害后果之国际责任条款草案》《关于危险活动造成的跨界损害案件中损失分配的原则草案》《关于预防危险活动的越境损害的条款草案》等，都反映了国际社会在国际责任相关规则和制度发展方面的努力，大部分内容都反映了国际社会在国际责任领域的长期实践成果，对正式建立统一的国际责任制度具有重要意义。

（一）《国家对国际不法行为的责任条款草案》

1.《国家对国际不法行为的责任条款草案》的结构

关于国家对国际不法行为责任的 59 个条款分可为四个部分。

第一部分关于"一国的国际不法行为"主要包括第 1 至 27 条。该部分又分为 5 章：第 1 至 3 条规定了一般原则；第 4 至 11 条规定了"把行为归于一国"；第 12 至 15 条规定了违背国际义务的情况；第 16 至 19 条规定了一国对另一国行为的责任；第 20 至 27 条规定了解除行为不法性的情况。

第二部分关于"一国国际责任的内容"，主要包括第 28 至 41 条。该部分分为 3 章：第 28 至 33 条规定了一般原则；第 34 至 39 条规定了赔偿损害；第 40 至 41 条规定了严重违反依一般国际法强制性规范承担的义务。

第三部分关于"一国国际责任的履行"，主要包括第 42 至 54 条。该部分包括 2 章：第 42 至 48 条规定了一国责任的援引；第 49 至 54 条规定了反措施的相关内容。

第四部分主要包括第 55 至 59 条，载有案文的最后五条"一般规定"。

2.《国家对国际不法行为的责任条款草案》的主要内容

（1）国家责任作为"次要规则"。1996 年条款草案及其最后版本，国家责任规则可被形容为"次要规则"。该《条款》只提供总体的一般性框架，确定违背某一适用的首要规则将产生的后果。

（2）国家责任的后果。第 2 部分第 1 章确定了特定国际不法行为的后果：此行为不影响责任国继续履行所违背义务的责任（第 29 条）；在违背行为持续时，责任国有义务停止其行为（第 30 条第 a 款）以及，在必要的情况下，提供不重复该行为的适当承诺和保证（第 30 条第 b 款）。此外，国际不法行为意味着责任国有义务对所造成的损害提供充分赔偿（第 31 条）。关于继续履行义务的责任，其在国际不法行为后果中的地位毫无争议，同样无争议的一条原则是：责任国不得以其国内法规定作为借口，不履行其对不法行为的国际责任所产生的义务（第 32 条）。

（3）赔偿的性质和形式。根据第 31 条所述一般规则，责任国有义务对国际不法行为所造成的伤害提供充分赔偿。第 40 至 41 条承认某些严重违背基本义务的行为可导致所有国家作出反应。例如，灭绝种族、侵略、种族隔离和强行剥夺自决权被普遍视为一般国际法强制性规范禁止的行为，并构成了国际法院所称的"震撼人类良心"的非法行为。

（二）《关于危险活动造成的跨界损害案件中损失分配的原则草案》

主要包括以下内容：①该草案适用于国际法未加禁止的危险活动所造成的跨界损害。②草案的目的有两个，一是确保遭受跨界损害的受害者得到及时和充分的赔偿；二是在发生跨界损害时维护和保护环境，特别是减轻对环境的损害以及恢复环境或使之复原。③及时和充分的赔偿。各国应当采取一切必要措施，确保其领土上或其管辖或控制下的危险活动所造成跨界损害的受害者获得及时和充分的赔偿。这些措施应当包括要求经营者或酌情要求其他人或实体承担赔偿责任。这些措施也应当包括要求经营者，或者酌情要求其他人或实体为偿付索赔建立并保持财务担保，例如保险、保证金或其他财务保证。在适当情况下，这些措施应当包括要求在国家一级设立工业基金。若以上各段中所列措施不足以提供充分的赔偿，起源国还应当确保有另外的财政资源可用。④救济。一旦其领土内的或受其管辖或控制地区的危险活动造成跨界损害，各国应赋予本国司法和行政部门以必要的管辖权和职权，并确保这些部门具备提供及时、充分和有效救济的手段。跨界损害的受害者应当能够从起源国获得与在该国领土上遭受同一事件损害的受害者相等的及时、充分和有效的救济。上述规定不影响受害者寻求其他的救济。⑤执行。每一国均应当采取必要的立法、规章和行政措施，加强与他国的相互合作，以促进草案的执行。

第二节　国际不法行为的责任

一、国际不法行为、国际不法行为责任的概念和特征

国际不法行为是指国际责任主体所做的违背国际义务的行为。当一个国

际人格者的行为违反一项国际法律义务时，即产生国际不法行为。违反一个国家的国际义务的行为，而根据其国内法为合法行为，并不因此成为国际法上合法行为。[1]理论上可将国际不法行为分为一般国际不法行为和国际犯罪行为。

国际不法行为责任，是指国际责任主体对其国际不法行为所要承担的法律后果。

国际不法行为责任具有如下特征：

第一，国际不法行为责任产生的根据是国际不法行为，不包括国际法不加禁止造成损害性后果的行为。

第二，国际不法行为责任的主体与国际法的主体基本上一致。

第三，国际不法行为责任是一种法律后果，具有强制性。

二、国际不法行为责任的构成要件

根据《国家对国际不法行为的责任条款草案》及其他文件规定，国际不法行为责任包括两个构成要件，即只要行为可归于国际责任的主体，且该行为构成国际不法行为，则该责任主体就应为其国际不法行为承担国际责任。

（一）可归于国家的行为

在国际法律关系中，国家的行为是由组成国家的各个机关或个人实施的，因此，代表国家行事、其违法行为的法律后果依国际法应归于国家的国家机关或个人行为称为"国家行为"。根据国际法，可归于国家的行为既包括国家行为，也包括参与或介入他国或国际组织的国际不法行为。主要包括：①国家机关的行为。任何国家机关的行为在国际法上都属于国家行为。②行使国家权力的个人或实体的行为。例如，国家元首、政府首脑、外交使节代表国家行事的公务行为，这些行为毫无疑问可归于国家。若个人或实体按照国家的指示或在其指挥或控制下行事，其行为也应视为国家行为。③别国或国际组织交由一国支配的机关的行为。一国交另一国支配的机关，若为行使支配国的政府权力要素而行事，其行为依国际法应视为支配国的行为。④叛乱运动机关的行为。一般来说，一国领土或其管理下任何领土内的叛乱运动，其

---

〔1〕［英］詹宁斯、瓦茨修订：《奥本海国际法》（第1卷第1分册），王铁崖等译，中国大百科全书出版社1995年版，第403页。

行为不应归责于该国，但取得成功并建立新政府的叛乱运动，其行为应视为新政府所代表的国家行为。⑤参与或介入他国或国际组织的行为。如果一国对别国或国际组织的国际不法行为提供了援助或协助，或对别国或国际组织的国际不法行为行使控制权或指挥权，或胁迫别国或国际组织从事国际不法行为，则后一国或国际组织的行为归责于前一国。

（二）可归于国际组织的行为

国际组织的行为是指代表国际组织行事，可归于该国际组织的行为。一般来说，国际组织的决议、国际组织权威机构的法律性文件及司法机构的裁决，是判断行为是否可归于国际组织的重要依据。主要包括：①国际组织的机构及其职员在其职权范围内的行为是可归于该国际组织的。根据《联合国特权和豁免公约》有关规定可知，国际组织职员的非职务行为是不能归于国际组织的。但是，若国际组织的职员以官方身份并在该组织总体职能范围内行事，即使其行为逾越了该机关或代理人的权限或违背指示，也可视为国际组织的行为。②一般来说，交由国际组织支配的国家机构或人员的行为，依照有效控制原则由国际组织承担责任。若以国际组织的名义行事，但国际组织对此机构或人员并没有支配权，那么，责任应由实际支配者承担。③牵连国家或别的国际组织的国际不法行为。一般来说，下列行为都可归于国际组织：国际组织援助或协助国家或另一国际组织实施的国际不法行为；指挥和控制国家或另一国际组织实施的国际不法行为；胁迫国家或另一国际组织实施国际不法行为；通过具有约束力的决定，使其成员国或为其成员的国际组织实施若由该组织自己实施会构成国际不法行为的行为，从而使该组织避免承担国际义务。

三、国际不法行为责任的免责事由

《国家对国际不法行为的责任条款草案》第五章规定了解除行为不法性的情况，即国际不法行为责任的免责事由，主要包括：

（一）同意

一国以有效方式表示同意另一国实施某项特定行为时，该特定行为的不法性在与该国家的关系上即告解除。但以该行为不逾越该项同意的范围为限。

同意须符合以下条件：第一，通过有效的方式作出，如国家的同意就必须是该国的正式权力机关作出；第二，须是真实意思表示，因被欺诈或被胁迫而作出的同意是无效的；第三，一般来说，同意应在实施行为前作出，而不是在实施行为后追认；第四，同意不得与国际法强制规范产生的义务不一致。

（二）自卫

一国的行为如构成按照《联合国宪章》采取的合法自卫措施，该行为的不法性即告解除。若一国采取的自卫措施符合《联合国宪章》的规定，则该国的行为不具有不法性。

（三）反措施

一国不遵守其对另一国国际义务的行为，在并且只在该行为构成按照草案第三部分第二章针对该另一国采取的一项反措施的情况下，其不法性才可解除。反措施是指受害国为回应责任国一个先前国际不法行为所采取的原本也会构成受害国违反其相对于责任国的一项或多项国际义务的措施。例如，《中华人民共和国反外国制裁法》第 3 条第 2 款规定，外国国家违反国际法和国际关系基本准则，以各种借口或者依据其本国法律对我国进行遏制、打压，对我国公民、组织采取歧视性限制措施，干涉我国内政的，我国有权采取相应反制措施。

反措施的目的和限制主要为：①一受害国只在为促使一国际不法行为的责任国履行其义务时，才可对该国采取反措施；②反措施限于暂不履行对责任国采取措施的一国的国际义务；③反措施应尽可能容许恢复履行有关义务。

反措施不得影响下列义务：①《联合国宪章》规定的不得实行武力威胁或使用武力的义务；②保护基本人权的义务；③禁止报复的人道主义性质的义务；④依一般国际法强制性规范承担的其他义务。采取反措施的国家仍应履行其下列义务：①实行它与责任国之间任何可适用的现行解决争端程序；②尊重外交或领事人员、馆舍、档案和文件之不可侵犯性。

反措施必须和所遭受的损害相称，并应考虑到国际不法行为的严重程度和有关权利。一受害国在采取反措施以前应：①根据草案第 43 条要求责任国按照第二部分的规定履行其义务；②将采取反措施的任何决定通知责任国并提议与该国进行谈判。受害国可采取必要的紧急反措施以维护其权利。

在下列情况下不得采取反措施，如已采取，务必停止，不得无理拖延：国际不法行为已经停止，并且已将争端提交有权作出对当事国具有约束力之决定的法院或法庭。一旦责任国履行其与国际不法行为有关的义务，即应尽快终止反措施。

（四）不可抗力

不可抗力是指由于无力控制、无法预料的外界事件而使义务不可能履行或不可能知道其行为不符合义务的规定的情况。一国不遵守其对另一国国际义务的行为如起因于不可抗力，即有不可抗拒的力量或该国无力控制、无法预料的事件发生。以至该国在这种情况下实际上不可能履行义务，该行为的不法性即告解除。但是，若不可抗力的情况是由援引此种情况的国家的行为单独导致或与其他因素一并导致或该国已承担发生这种情况的风险，则不适用上述规定。

（五）危难

危难，是指行为方在极端困难的情况下，为拯救其生命或受其监护者的生命，仅能采取违背其应负义务的行为，别无其他合理方法。就一国不遵守该国国际义务的行为而言，如有关行为人在遭遇危难的情况下为了挽救其生命或受其监护的其他人的生命，除此行为之外，别无其他合理方法，该行为的不法性即告解除。但是，若危难情况是由援引此种情况的国家的行为单独导致或与其他因素一并导致或有关行为可能造成类似的或更大的灾难，则不适用上述规定。

（六）危急情况

一般情况下，一国不得援引危急情况作为理由解除不遵守该国某项国际义务的行为的不法性，但若该行为是该国保护基本利益，对抗某项严重迫切危险的唯一办法而且该行为并不严重损害作为所负义务对象的一国或数国或整个国际社会的基本利益，则该行为的不法性即告解除。若有关国际义务排除援引危急情况的可能性或该国促成了该危急情况，则一国不得援引危急情况作为解除其行为不法性的理由。

（七）对强制性规范的遵守

违反一般国际法某一强制性规范所产生的义务的一国，不得以上述任何规定作为解除其任何行为不法性的理由。即若一项违背条约义务的行为与一般国际强制性规范的规定是一致的，就可构成该违约行为的免责事由。

此外，援引解除行为不法性的情况不妨碍在并且只在解除行为不法性的情况不再存在时遵守该项义务及对该行为所造成的任何物质损失的赔偿问题。

四、国际不法行为的法律后果

根据《国家对国际不法行为的责任条款草案》的规定，国际不法行为的法律后果不影响责任国继续履行所违背义务的责任。国际不法行为的责任国有义务在从事一项持续性的不法行为时，停止该行为或在必要情况下，提供不重复该行为的适当承诺和保证。对国际不法行为造成的损害充分赔偿，应单独或合并地采取恢复原状、补偿和抵偿的方式。

（一）恢复原状

恢复原状是指恢复到如不法行为不发生应有的状态。在并且只在下列情况下，一国际不法行为的责任国有义务恢复原状，即恢复到实施不法行为以前所存在的状况：①恢复原状并非实际上办不到；②从恢复原状而不要求补偿所得到的利益不致与所引起的负担完全不成比例。实践中，该赔偿形式很少单独存在，一般都是与其他赔偿形式结合使用。

（二）补偿

补偿是支付一笔金钱或者物质以取代或结合恢复原状，以达到消除国际不法行为的一切法律或物质后果的一种责任形式。国际不法行为的责任国有义务补偿该行为造成的任何损害，如果这种损害没有以恢复原状的方式得到赔偿或这种补偿应该弥补在经济上可以评估的任何损害，包括可以确定的利润损失。

（三）抵偿

抵偿也是一种责任形式，国际不法行为的责任国有义务抵偿该行为造成的损失，如果这种损失不能以恢复原状或补偿的方式得到赔偿；抵偿可采取承认不法行为、表示遗憾、正式道歉，或另一种合适的方式。抵偿不应与损失不成比例，而且不得采取羞辱责任国的方式。

为确保充分赔偿，必要时，应支付利息。利息应从支付本金金额之日起算，至履行了支付义务之日为止。

（四）关于国家的国际犯罪责任形式——限制主权

限制主权的适用对象只能是国家；只有当国际不法行为构成国际犯罪行为，且只有构成侵犯他国主权、独立和领土完整或破坏国际和平与安全的国际犯罪时，才可对行为国实施限制主权的惩罚。限制主权的方式有两种：全面限制严重国际不法行为实施国的主权及部分限制严重国际不法行为实施国的主权。

第三节　国际法不加禁止行为造成损害性后果的国际责任

一、国际法不加禁止行为造成损害性后果的国际责任的概念、特征及适用范围

国际法不加禁止的行为所产生的损害后果的国际责任，也称为国际损害责任、国际赔偿责任，还有些学者称"合法活动造成域外损害的国际责任"，"跨国界环境损害责任"等，以下称"国际赔偿责任"。所谓国际赔偿责任，是指当一国和其他实体从事国际法不加禁止的行为而给他国造成损害性结果时所应承担的赔偿责任。

国际赔偿责任的法律特征主要表现为：①国际赔偿责任是责任主体在从事国际法不加禁止的活动中因造成跨国损害的事实与结果而引起的；②国际赔偿责任的承担方式仅仅在于赔偿一种方式，国际责任的其他承担方式（如限制主权等形式）一般不适用于国际赔偿责任；③对国际赔偿责任的追究不仅要求造成损害的行为的存在，更强调该行为导致的实际物质损害。

国际赔偿责任的适用范围在现行的国际法中没有明确规定，根据《关于预防危险活动的越境损害的条款草案》第 1 条规定，该草案的适用范围为国际法不加禁止的、其有形后果有造成重大越境损害的危险的活动。根据《关于危险活动造成的跨界损害案件中损失分配的原则草案》原则一规定，该草案适用于国际法未加禁止的危险活动所造成的跨界损害。由此，国际赔偿责任须符合以下三个条件：①该项活动必须是国际法没有禁止的；②该项活动的后果可能造成跨国损害；③该项活动必须是在本国领土范围内实施的。

二、国际法不加禁止行为造成损害性后果的国际责任的构成要件

一般来说，国际法不加禁止行为造成损害性后果的国际责任的构成要件包括两个方面：①行为可归责于责任主体。国际法不加禁止行为造成损害后果的行为主体包括国家、国际组织和作为经营者的个人或法人，这种行为造成跨界损害时，责任主体仍然是国家、国际组织或经营者。②行为虽然是国际法未加禁止，但造成了损害性后果。此外，国际法不加禁止行为造成损害

性后果的国际责任的构成要件一般不包括过错或过失。

三、国际法不加禁止行为造成损害性后果的国际责任的形式

国际法不加禁止行为造成损害性后果的国际责任的形式主要有道歉、恢复原状、赔偿损失等。

《关于危险活动造成的跨界损害案件中损失分配的原则草案》规定，"损害"指对人员、财产或环境所造成的重大损害，包括：①人员死亡或人身伤害；②财产的损失或损害，包括构成文化遗产部分的财产；③环境受损而引起的损失或损害；④恢复财产或环境，包括自然资源的合理措施的费用；⑤合理反应措施的费用。各国应当采取一切必要措施，确保受害者获得及时和充分的赔偿。

案例分析

案例：日本核污水排海案

【案情介绍】

2011 年 3 月 11 日，日本东北部海域发生强烈地震并触发海啸，福岛第一核电站发生灾难性核泄漏事故，东京电力公司以注入大量冷却水的方式来降低核反应堆温度，随即产生含有辐射物的污水。福岛核事故是国际核事件分级标准（INES）中最高级别的 7 级核事故，符合国际法规范及环境伦理恰当地处置核污水成为一项前所未有的挑战。核反应堆中燃料碎片冷却过程产生的污水通过"多核素去除设备"（ALPS）进行净化处理，但无法去除氚以及其他放射性物质。截至 2019 年 7 月底，保存在储罐中的核污水约为 110 万吨。东京电力公司称，扩大储罐容积及转至地外储存存在技术上难度，不具有可行性，导致核污水持续增加，福岛核电站地内储罐可用容量将于 2022 年夏天达到极限。如果长期保存，报废作业结束后也会留下储罐，而且会占用燃料碎片保存设施等的用地，储存的核污水不得不被倾倒入太平洋。2021 年 4 月 13 日，日本政府正式作出将福岛核污水排放入海的决定，在国际社会掀起轩然大波。这次计划排放的核污水会对日本乃至其他邻国所管辖领海的人类生命和海洋环境构成直接的威胁，遂引起了周边国家与地区的不安和担忧，

以及国际社会的广泛关注。值得重视的是，核污水排放入海后，就会不可避免地被海洋生物吸收。人们一旦食用了这类水产品，其身体必然会受到辐射的损伤而影响健康，同时，由于洋流的作用，核污水所含的辐射元素将会给全球海洋生态环境造成不可扭转的、持续的、无法低估的、重大的影响和破坏，威胁着人类的发展与安全。一国核污水排放入海不仅涉及诸多国际法问题，即任何国家在核污水处置问题上必须符合有关"国际条约"和国际法"一般法律原则"中的实体性规定以及程序性规定，不得危害利益攸关国家的海洋环境与人类健康。众多学者认为核污水排海行为将引发一系列国际法问题，包括违反一般国际法原则及义务，也包括违反日本签订和加入的国际条约，从而产生国家责任。中国与日本毗邻而居，核污水必然影响我国海域。

【法律问题】

国际责任，即国际法律责任，是指国际责任主体对其国际不法行为或损害行为所应承担的法律后果。日本不顾国际社会反对排放核污水的行为，涉嫌违反多项国际条约规定的义务，例如《联合国海洋法公约》第 194 条第 2 款规定："各国应采取一切必要措施，确保在其管辖或控制下的活动的进行不致使其他国家及其环境遭受污染的损害，并确保在其管辖或控制范围内的事件或活动所造成的污染不致扩大到其按照本公约行使主权权利的区域之外。"第 195 条也明确规定了"各国在采取措施防止、减少和控制海洋环境的污染时采取的行动不应直接或间接将损害或危险从一个区域转移到另一个区域，或将一种污染转变成另一种污染"的义务。日方应正视国际社会普遍关切，同利益攸关方特别是周边邻国进行充分协商，以负责任方式处置核污染水且日本必须承担由此对各国海洋环境、渔业资源等造成损害的赔偿责任。

【中国立场及思政元素分析】

对日本启动核污水排海，我国明确表示，如果日方坚持强推排海计划，中国政府将采取必要措施，坚定维护海洋环境、食品安全和公众健康。如果日方一意孤行，就必须为此承担历史责任。

生态环境部高度重视日本福岛核污染水排海问题。当前，生态环境部按照监控重点区域、覆盖管辖海域、掌握关键通道的思路，后续生态环境部将持续加强有关监测工作，及时跟踪研判福岛核污染水排海对我海洋辐射环境可能的影响，切实维护我国家利益和人民健康。海关总署表示，为防范受到放射性污染的日本食品输华，保护中国消费者进口食品安全，中国海关禁止进口日本福岛等多个县（都）食品，对来自日本其他地区的食品特别是水产品（含食用水生动物）严格审核随附证明文件，强化监管，严格实施100%查验，持续加强对放射性物质的检测监测力度，确保日本输华食品安全，严防存在风险的产品输入。负责人表示，今后将保持高度警惕，以对国内消费者绝对负责为原则，视事态发展及时采取一切必要措施，确保我国消费者餐桌上的安全。

案例思考题

1. 日本排放核污水的行为违反了哪些国际法原则？
2. 日本排放核污水的行为是否违反国际法义务？
3. 日本排放核污水的行为应承担哪些国家责任？是否存在免责事由？

第十六章
国际争端解决法

本章知识点

国际争端的概念、特征和类型；国际争端的政治解决方法；国际争端的法律解决方法；中国和平解决国际争端的实践。

第一节　概述

一、国际争端的概念、特征与类型

（一）国际争端的概念与特征

国际争端是指两个或两个以上公认的国际法主体间，主要是国家之间，由于法律权利或政治利益的冲突所产生的争执和对立。

国际争端的特征包括：①国际争端的主体主要是国家，因此，国际争端对国家间正常关系的影响、对世界和平与安全的影响，对有关国家、人民利益和正常生活的影响，远远超过任何其他争端。②国家之间不存在一个超国家的权力机关或裁判者来制定法律和解决争端，国际争端的解决主要取决于有关争端当事国的诚意、努力、同意和第三方的协助。[1]③国际争端往往涉及国家和人民的重大利益，比其他任何争端都复杂和难以解决。④解决国际争端的方法和程序是随着历史的发展而发展和变化的。⑤国际争端产生的原因比较复杂，既可能有政治因素，也可能有法律因素，还可能有事实因素和历史原因。

---

〔1〕 邵津主编：《国际法》（第4版），北京大学出版社、高等教育出版社2011年版，第410~425页。

(二) 国际争端的类型

传统国际法根据争端性质的不同，往往将国际争端区分为法律争端和政治争端。法律争端，也被称为"可裁判的争端"，是指争端当事国的各自要求和主张是以国际法为根据的争端，也可以指通过法律方法解决的争端。政治争端，也被称为"不可裁判的争端"，是指起因于有关国家的政治利益的争端，通常是不能通过法律方法或有关争端当事国不愿意通过法律方法解决的争端。

二、和平解决国际争端的方法

《联合国宪章》规定应当和平解决国际争端，例如，第1条规定的"联合国宗旨"之一为：维持国际和平及安全；并为此目的：采取有效集体办法、以防止且消除对于和平之威胁，制止侵略行为或其他和平之破坏；并以和平方法且依正义及国际法之原则，调整或解决足以破坏和平之国际争端或情势。第2条第3款规定了各会员国应以和平方法解决其国际争端。第33条规定了和平解决国际争端的方法："一、任何争端之当事国，于争端之继续存在足以危及国际和平与安全之维持时，应尽先以谈判、调查、调停、和解、公断、司法解决、区域机关或区域办法之利用、或各该国自行选择之其他和平方法，求得解决。二、安全理事会认为必要时，应促请各当事国以此项方法，解决其争端。"

在和平解决国际争端的方法中可分为非强制的和平方法和强制的和平方法，非强制的和平方法又可分为政治解决方法和法律解决方法。

政治解决方法包括谈判、协商、斡旋、调停、和解和国际调查等，法律解决方法包括仲裁和司法裁判。强制的和平方法主要包括三种：①反报，是一国针对另一国不礼貌、不友好、不公平的行为还以同样或类似的行为。反报针对的是不友好行为而非不法行为。②报复又称报仇，是指一国为制止另一国的国际不法行为或寻求补救而采取的强制措施。报复针对的是他国的国际不法行为而非不友好行为。例如，曾发生在葡萄牙与德国之间的争端，德国认为其针对葡萄牙采取的惩罚性武力侵入该国领土的行为属于合法报复，因为葡萄牙人开枪打死了三个德国人。但是国际仲裁庭驳回了德国该主张，认为报复的合法性基础是报复的对象违反国际法在先。在这个案件里，开枪打死了三个德国人是事故中的误杀，因此，葡萄牙的行为并未违反国际法。

③平时封锁，是指在和平时期，一国或数国以武力封锁他国的港口或海岸，迫使被封锁国满足其有关争端解决的要求。④干涉，若干涉一国内政，违反不干涉内政原则，属于非法和被禁止之列。

第二节　国际争端的政治解决方法

一、谈判或协商

谈判或协商是指两个或两个以上国际法主体为了彼此之间的有关问题求得解决或获得谅解而进行国际交涉的一种方式。谈判、协商有助于双方通过会谈澄清事实、消除误会，促进双方达成共识。例如，中国与英国关于香港问题的解决就是经过长期的双边谈判的结果。

二、斡旋与调停

在国际法上，斡旋与调停很难严格区分，两者都指由一个与某项争端及其当事方无关的或无特殊利害关系的第三方，在争端当事方同意和行动自由的基础上，提出没有法律约束力的建议、方案，促进争端解决。一般由有影响力的国家、国际组织或个人进行，有利于缓和各方的对立情绪，寻求可以接受的解决办法。[1]

三、调查

调查，是指在特别涉及对事实问题发生分歧的国际争端中，有关争端当事国同意一个与争端没任何关系的第三方，通过一定的方式调查有争议的事实，是不是争端当事国所声称的情势，以有助于争端的合理解决的一种方式。[2]例如，1899年《和平解决国际争端公约》规定，凡遇有国际争端不涉及国家荣誉或根本利益而只起因于对事实的意见分歧者，如争端当事国不能以外交手段解决，则于情况许可范围内，设立国际调查委员会，进行公正认真的调查，

---

〔1〕　龚向前：《国际争端解决机制与"和平崛起"》，载 https://translaw.whu.edu.cn/info/1161/7571.htm，2024年4月6日访问。
〔2〕　陈亚芸主编：《国际公法案例教程》，法律出版社2015年版，第273页。

辨清事实，以促进争端的解决。调查有利于查清引起争端的基本事实。

四、和解

和解，有时候也称调解，是指把争端提交一个中立的国际和解委员会，由其查明事实并提出报告和建议，促使当事国达成协议，以解决争端。《维也纳条约法公约》和《联合国海洋法公约》都规定了和解。

第三节　国际争端的法律解决方法

一、仲裁

仲裁，又称公断，是指争端当事国把争端交付给它们自行选择的仲裁者处理，并相约服从其裁决的争端解决方式。

仲裁以具有仲裁协议为前提，仲裁协议可以约定仲裁庭的组成、仲裁所适用的法律和程序规则，仲裁裁决通常是终局性的。

二、司法解决

常设国际法院从 1922 年成立接受第一件咨询案，到 1946 年正式解散。目前，司法解决方式主要依靠国际法院，国际法院是联合国的司法机关。

（一）国际法院的管辖权

国际法院的管辖权可以分为诉讼管辖权和咨询管辖权两类。

1. 诉讼管辖权

《国际法院规约》第 34 条第 1 款规定："在法院得为诉讼当事国者，限于国家。"根据该规定可知，只有国家才能向国际法院提起诉讼。第 36 条规定："一、法院之管辖包括各当事国提交之一切案件，及联合国宪章或现行条约及协约中所特定之一切事件。二、本规约各当事国得随时声明关于具有下列性质之一法律争端，对于接受同样义务之任何其他国家，承认法院之管辖为当然而具有强制性，不须另订特别协定：（子）条约之解释。（丑）国际法之任何问题。（寅）任何事实之存在，如经确定即属违反国际义务者。（卯）因违反国际义务而应予赔偿之性质及其范围。……"国际法院有权处理的案件可分为三类：第一，争端发生后，当事国经协商同意自愿提交的案件，这种方式的管辖被称为"自愿管辖"。第二，争端发生前，当事国在现行各种条约、协定中事先约定，遇有条约解释或适用方面的争端时，应提交国际法院解决，这类以协议方式事先约定的管辖被称为"协定管辖"。第三，所谓"任择强制管辖"。条约的解释、国际法上的任何问题、如经确定即属违反国际义务的任何事实的存在、违反国际义务应作赔偿的性质或范围等，法院对此类案件的管辖权，既不是根据自愿亦不是依协议，而是根据当事国的事先声明来行使的。这种管辖权对法院来讲是强制性的，对当事国来讲则是任意承担的。

2. 咨询管辖权

《联合国宪章》第96条规定："一、大会及安理会得请求国际法院就任何法律问题发表咨询意见。二、联合国其他机关及各种专门机关，对于其工作范围的任何法律问题，得随时以大会之授权，请求国际法院发表咨询意见。"根据以上规定可知，大会和安理会可以就"任何法律问题"请求法院咨询管辖，享有直接请求权的；联合国的其他机关或专门机构无直接请求权的，仅能在获得大会授权时才成为适格主体，而且它们能够请求法院咨询管辖的案件范围亦被限制在"其工作范围内的法律问题"。

（二）法律适用

《国际法院规约》第38条规定，国际法院对于各项争端，应根据国际法进行裁判，裁判时应适用：①国际条约；②国际习惯；③一般法律原则为文明各国所承认的。④司法判例及各国权威最高的公法学家学说，可以作为确定法律原则的补助资料。国际法院可以经当事国同意，本着"公允及善良"原则裁判案件。

第四节　中国和平解决国际争端的实践

一、《关于建立"一带一路"国际商事争端解决机制和机构的意见》

2018年1月23日，中共中央办公厅、国务院办公厅印发《关于建立"一带一路"国际商事争端解决机制和机构的意见》（以下简称《意见》）。

《意见》指出，建立"一带一路"国际商事争端解决机制和机构，应当遵循以下原则：第一，坚持共商共建共享原则。保持开放包容心态，倡导"一带一路"建设参与国精通国际法并熟练掌握本国法的专家积极参与，尊重当事人选择国内外法律专家解决纠纷的权利，使"一带一路"国际商事争端解决机制凸显国际化特征、体现共商共建共享精神。第二，坚持公正高效便利原则。研究借鉴现行国际争端解决机制有益做法，设立符合"一带一路"建设参与国国情特点并被广泛接受的国际商事争端解决新机制和机构，公正高效便利解决"一带一路"建设过程中产生的跨境商事纠纷。第三，坚持尊重当事人意思自治原则。尊重"一带一路"建设参与国当事人协议选择纠纷解决方式、协议选择其熟悉的本国法或第三国法律的权利，积极适用国际条约、国际惯例，平等保护各方当事人合法权益。第四，坚持纠纷解决方式多元化原则。充分考虑"一带一路"建设参与主体的多样性、纠纷类型的复杂性以及各国立法、司法、法治文化的差异性，积极培育并完善诉讼、仲裁、调解有机衔接的争端解决服务保障机制，切实满足中外当事人多元化纠纷解决需求。通过建立"一带一路"国际商事争端解决机制和机构，营造稳定、公平、透明、可预期的法治化营商环境。

二、海洋争端实践

(一) 南海仲裁案

2013 年 1 月 22 日，菲律宾根据《联合国海洋法公约》（以下简称《公约》）第 287 条和附件七向中国提交了关于南海问题的国际仲裁说明和通知。2014 年 5 月 21 日，中国向常设仲裁法院提交了一份声明，重申"不接受菲律宾提起的仲裁"的立场。7 月，根据《公约》附件七的规定，常设仲裁法院正式设立了由 5 名仲裁员组成的仲裁庭。2015 年 10 月 29 日，仲裁庭作出管辖权和可受理性裁决。2016 年 5 月 12 日，中国外交部条约与法律司司长提出了《关于应菲律宾共和国请求建立的南海仲裁案仲裁庭所作裁决的声明》。2016 年 7 月 12 日，仲裁庭作出最终裁决。在此案中，中国一直拒绝菲律宾诉诸仲裁，并坚持既不接受也不参与诉讼的立场，中国在公开声明和许多外交照会中向菲律宾和仲裁的登记处——常设仲裁法院重申这一立场。中国政府一贯表示，上述来文不得解释为中国以任何形式参与仲裁程序。菲律宾提请仲裁事项的实质是南海部分岛礁的领土主权问题，超出《公约》的调整范围，不涉及《公约》的解释或适用，因此，仲裁庭对菲律宾提起的仲裁明显没有管辖权。

（二）南海争端

中国坚持认为中国对南沙群岛及其附近海域拥有无可争辩的主权。中国始终坚持通过谈判协商和平解决争议，坚持通过制定规则和建立机制管控争议，坚持通过互利合作实现共赢，坚持维护南海和平稳定及南海航行和飞越自由。2002 年，中国与东盟各国签署《南海各方行为宣言》，并探讨制订"南海行为准则"，这对维护中国主权权益，保持南海地区和平与稳定，增进中国与东盟互信有重要的积极意义。2019 年 8 月，王毅在泰国曼谷举行的中国-东盟外长会上表示，过去一年中，中国和东盟国家秉承《南海各方行为宣言》精神，积极推进"南海行为准则"磋商，提前完成了单一磋商文本草案的第一轮审读。这展现了地区国家齐心构筑地区规则、合力维护南海和平稳定的坚定信念。

（三）钓鱼岛争端

中国坚持认为钓鱼岛及其附属岛屿是中国的固有领土，中国对钓鱼岛的主权有着充足的历史和法理依据。中日就东海有关问题保持对话，举行了多轮海洋事务高级别磋商，围绕东海海空危机管控、海上执法、油气、科考、渔业等问题进行沟通，达成多项共识。中方愿继续通过对话磋商妥善管控和解决有关问题。2008 年 6 月 18 日，中日双方公布《中日东海问题原则共识》（以下简称《共识》），《共识》主要包括三方面内容：关于中日在东海的合作；中日关于东海共同开发的谅解；关于日本法人依照中国法律参加春晓油气田开发的谅解。《共识》对于解决东海划界具有重要意义。

案例分析

案例一：中美贸易争端

【案情介绍】

华盛顿时间 2018 年 2 月 16 日，美国商务部公布了对美国进口钢铁和铝产品的国家安全调查（232 调查）报告，认为进口钢铁和铝产品严重损害了美国国内产业，威胁到美国家安全。美国商务部据此向特朗普提出建议，对进口钢铁和铝产品实施关税、配额等进口限制措施。2018 年 2 月 27 日，美国商务部宣布"对中国铝箔产品厂商征收 48.64% 至 106.09% 的反倾销税，以及 17.14% 至 80.97% 的反补贴税"。2018 年 3 月 4 日上午 11 时，十三届全国人大一次会议新闻发布会在人民大会堂新闻发布厅举行，十三届全国人大一次会议副秘书长、发言人张业遂就大会议程和人大工作相关的问题回答中外记者提问。当问到中美关系及中美经贸关系时，张业遂回应，双方的共同利益远大于分歧，合作是双方唯一正确的选择；双边贸易存在贸易摩擦不足为怪，中方不想同美方打贸易战，但我们绝不能坐视中国的利益受到损害。2018 年 3 月 8 日，美国总统特朗普签署公告，认定进口钢铁和铝产品威胁美国国家安全，决定于 3 月 23 日起，对进口钢铁和铝产品加征关税（即 232 措施）。2018 年 3 月 9 日，特朗普正式签署关税法令，"对进口钢铁和铝分别征收 25% 和 10% 的关税"。2018 年 3 月 23 日北京时间凌晨，特朗普在白宫正式签署对华贸易备忘录，宣布将有可能对从中国进口的 600 亿美元商品加征关税，并限制中国企业对美投资并购。特朗普同时宣称："这才只是开始。"同日，中国商务部发布了针对美国进口钢铁和铝产品 232 措施的中止减让产品清单并征求公众意见，拟对自美进口部分产品加征关税，以平衡因美国对进口钢铁和铝产品加征关税给中方利益造成的损失。其中计划对价值 30 亿美元的美国产水果、猪肉、葡萄酒、无缝钢管和另外 100 多种商品征收关税。北京时间 3 月 26 日，外交部时任副部长郑泽光就美方近日宣布单方面发起对华 301 调查结果表示，此举不符合世贸组织规则，也有违两国工商界的合作意愿，中方不想打贸易战，但也不怕打贸易战。2018 年 3 月 29 日，针对中美贸易摩擦，中国商务部新闻发言人高峰在北京称，中国有底气、有信心应对任何贸易投资保护主义做法，中方将采取一切适当措施，坚决捍卫国家和民众利益。"希望美方悬崖勒马，否则我们将奉陪到底。"

2018 年 4 月 2 日起，中国对原产于美国的 7 类 128 项进口商品中止关税减让义务，在现行适用关税税率基础上加征关税。美国东部时间 4 月 3 日，美贸易代表公布对华 301 调查征税建议，并公开征求意见。征税产品建议清单将涉及中国约 500 亿美元出口，建议税率为 25%，涵盖约 1300 个税号的产品。在征税清单中，主要涵盖了钢铁产品、铝产品、医用药品、化合物、橡胶制品等。2018 年 4 月 2 日起，中国对原产于美国的 7 类 128 项进口商品中止关税减让义务，在现行适用关税税率基础上加征关税。2018 年 4 月 4 日，美国政府发布了加征关税的商品清单，将对我输美的 1333 项 500 亿美元的商品加征 25% 的关税。美方这一措施违反了世界贸易组织规则，严重侵犯我国合法权益，威胁我国国家发展利益。根据《中华人民共和国对外贸易法》和《中华人民共和国进出口关税条例》相关规定，经国务院批准，国务院关税税则委员会决定对原产于美国的大豆、汽车、化工品等 14 类 106 项商品加征 25% 的关税。实施日期将视美国政府对我商品加征关税实施情况，由国务院关税税则委员会另行公布。2018 年 4 月 17 日，美国商务部时任部长罗斯宣布，对产自中国的钢制轮毂产品发起反倾销和反补贴调查（即"双反"调查）；美商务部还初裁从中国进口的通用铝合金板存在补贴行为。2018 年 4 月 17 日，商务部发布 2018 年第 38 号公告，公布对原产于美国的进口高粱反倾销调查的初步裁定。商务部裁定原产于美国的进口高粱存在倾销，国内高粱产业受到了实质损害，且倾销与实质损害之间存在因果关系，并决定对原产于美国的进口高粱实施临时反倾销措施。根据裁定，自 2018 年 4 月 18 日起，进口经营者在进口原产于美国的进口高粱时，应依据裁定所确定的各公司保证金比率（178.6%）向中华人民共和国海关提供相应的保证金。该产品归在我国《进出口税则》10079000 项下。初裁后，商务部将继续对本案进行调查并作出最终裁定。商务部将按照中国相关法律、法规和世贸组织规则保障各利害关系方的正当程序权利。

2018 年 5 月 29 日，美国白宫宣布将对从中国进口的含有"重要工业技术"的 500 亿美元商品征收 25% 的关税。其中包括与"中国制造 2025"计划相关的商品。最终的进口商品清单于 2018 年 6 月 15 日公布，并很快对这些进口产品征收关税。2018 年 6 月 15 日，美国政府发布了加征关税的商品清单，将对从中国进口的约 500 亿美元商品加征 25% 的关税，其中对约 340 亿美元商品自 2018 年 7 月 6 日起实施加征关税措施，同时对约 160 亿美元商品加征关税开始征求公众意见。2018 年 7 月 6 日，美国对第一轮价值 340 亿美元的中国商品正式征收 25% 的关税。作为反击，中国也于同日对同等规模的美国产品加征 25% 的进口关税。

2018 年 7 月 16 日，美国将中国诉诸世贸组织争端解决机制，指称中国政府针对美钢铝 232 措施实施的应对措施不符合世贸组织的有关规则。商务部条约法律司负责人指出，美钢铝 232 措施以"国家安全"为名，行贸易保护主义之实，这已成为世贸组织众多成员的共识。美方措施是对多边贸易规则的严重破坏，损害了包括中国在内的世贸组织成员的正当权益。中方已按世贸规则向美方提出补偿磋商请求，但美方拒绝予以回应。中方根据《中华人民共和国对外贸易法》相关规定，不得不采取进一步行动，以平衡美钢铝 232 措施对中方造成的利益损失，维护自身的合法权益。中方措施是维护国家利益和多边贸易体制的必要举措，是正当的，也是符合多边贸易规则的。

2018 年 8 月 1 日，美国贸易代表莱特希泽宣布，特朗普已经指示他采取行动，对价值 2000 亿美元的中国商品，税率由原来宣称要加征的 10% 提高到 25%。2018 年 8 月 3 日，针对美方措施，中方被迫采取反制措施。根据《中华人民共和国对外贸易法》《中华人民共和国进出口关税条例》等法律法规和国际法基本原则，经国务院批准，国务院关税税则委员会决定对原产于美国的 5207 个税目约 600 亿美元商品，加征 25%、20%、10%、5% 不等的关税。如果美方一意孤行，将其加征关税措施付诸实施，中方将即行实施上述加征关税措施。2018 年 8 月 8 日，美国贸易代表办公室（USTR）公布第二批对价值 160 亿美元中国进口商品加征关税的清单，8 月 23 日起生效。最终清单包含了 2018 年 6 月 15 日公布的 284 个关税项目中的 279 个，包括摩托车、蒸汽轮机等产品，将征收 25% 关税。2018 年 8 月 23 日，美国在 301 调查项下对自中国进口的 160 亿美元产品加征 25% 关税。同日，中国在世贸组织（WTO）起诉美国 301 调查项下对华 160 亿美元输美产品实施的征税措施。同时自本日 12 时 1 分起正式对约 160 亿美元自美进口产品加征 25% 的关税。

2018 年 9 月 9 日，中方向世贸组织提出了贸易报复授权申请。在提交的文件中，中方估计每年约有 70.43 亿美元的商品受到了美国反倾销措施的影响，中方要求实施等额报复，并表示将根据最新的数据每年更新。2018 年 9 月 21 日，世贸组织争端解决机制将召开特别会议，讨论中国诉美反倾销措施世贸争端案。2018 年 9 月 24 日，国务院新闻办公室发布《关于中美经贸摩擦的事实与中方立场》白皮书。2018 年 12 月 1 日晚上 10 点 30 分许，国务委员兼外交部部长王毅就中美元首会晤举行中外媒体吹风会。王毅在会上说，中美双方就经贸问题进行的讨论十分积极，富有建设性，两国元首达成共识，停止相互加征新的关税。

【法律问题】

国际争端是指两个或两个以上公认的国际法主体间，主要是国家之间，由于法律权利或政治利益的冲突所产生的争执和对立。美国严重歪曲了中美经贸关系的事实，无视中国改革开放的巨大成绩和中国人民为此付出的心血汗水，这既是对中国政府和中国人民的不尊重，也是对美国人民真实利益的不尊重，只会导致分歧加大、摩擦升级，最终损害双方根本利益。美国政府的不当做法不仅会对世界各国经济产生冲击，也会损害美国自身利益。

【中国立场及思政元素分析】

2018 年 9 月，国务院新闻办公室发布《关于中美经贸摩擦的事实与中方立场》白皮书。我们要正视并应对好中美经贸合作与博弈。面对这种局面，中国从维护两国共同利益和世界贸易秩序大局出发，坚持通过对话协商解决争议的基本原则，以最大的耐心和诚意回应美国关切，以求同存异的态度妥善处理分歧，克服各种困难，同美国开展多轮对话磋商，提出务实解决方案，为稳定双边经贸关系作出了艰苦努力。然而，美国出尔反尔、不断发难，导致中美经贸摩擦在短时间内持续升级，使两国政府和人民多年努力培养起来的中美经贸关系受到极大损害，也使多边贸易体制和自由贸易原则遭遇严重威胁。为澄清中美经贸关系事实，阐明中国对中美经贸摩擦的政策立场，推动问题合理解决，中国政府特发布此白皮书。

对话磋商是解决中美经贸问题的唯一正确途径，中美经贸关系事关两国人民福祉，也关乎世界和平、繁荣、稳定。对中美两国来说，合作是唯一正确的选择，共赢才能通向更好的未来。中国的立场是明确的、一贯的、坚定的。

案例二：中印领土争端

【案情介绍】

中印边界线全长约 2000 公里，历史上从未正式划定过边境，但两国按照双方的行政管辖范围，早已形成一条传统习惯线。中印边界线分三部分：东段沿着喜马拉雅山脉的南麓；中段沿着喜马拉雅山脉；西段沿着喀喇昆仑山脉。

中印领土争端具体讲就是"三条线"之争。一是传统习惯线。中印两国人民在长期的友好交往中，由双方历来行政管辖所及而形成了受到两国人民尊重的传统习惯线。二是非法的"麦克马洪线"。1913 年 11 月，在英国的策划下，英属印度当局在印度北部的西姆拉召开会议。参加会议的英国政府代表亨利·麦克马洪在会议期间，私自同中国西藏地方当局代表于 1914 年 3 月 24 日，就中印边界问题在德里炮制了一条所谓的"麦克马洪线"，把中印边境东段历来属于中国的 9 万平方公里领土划给了印度。三是双方实际控制线。20 世纪 50 年代，印度利用我国的暂时困难之机大举北进，于 1959 年在东段抵达其单方面主张的"麦克马洪线"；在西段，不断越过传统习惯线建立入侵据点，并制造流血事件。

为确保边境安宁，周恩来于 1959 年 11 月 7 日致信印度时任总理尼赫鲁，建议双方武装部队沿东边的所谓麦克马洪线和西边的实际控制线各自后撤 20 公里。1962 年 1 月 15 日，周恩来在就中印边界问题致亚非国家领导人的信中，将这条线正式称之为"1959 年 11 月 7 日实际控制线"。这条实际控制线在东段与非法的"麦克马洪线"基本一致，在西段与传统习惯线基本吻合。1960 年 4 月，周恩来亲赴新德里与尼赫鲁商谈，未能取得任何成果。

此后，印度政府更把中国的忍让当作软弱可欺，大肆采取所谓的"前进政策"，不断以军事行动蚕食中国领土，破坏边界现状。至 1962 年年中，在中印边界西段，印军在一直由中国管辖和控制的地区设立了 43 个据点；在中印边界东段，印军沿"麦克马洪线"建立了 24 个新哨所，甚至在该线以北的扯冬设立了新哨所。中印边界地区两军对峙，犬牙交错，大规模武装冲突有一触即发之势。从 1962 年 8 月到 10 月，中国曾反复建议中印双方讨论边界问题，印度反而正式向中国提出全面的领土要求，并在中印边境集结 2.2 万余人的军队。10 月 12 日，印度时任总理尼赫鲁下令要把守卫中国领土的中国军队"清除掉"。18 日印军在边界东、西两段向中国军队开始全面进攻。在印军发动武装进攻之后，毛泽东和中央军委果断作出了实施自卫反击作战的决定。中国边防部队奉命于 10 月 20 日实行自卫反击，在西段一举扫除了印度军队在中国境内建立的全部据点，在东段控制了"麦克马洪线"以南的大片土地。

中国政府本着和平解决边界争端的一贯立场，为了中印两国人民的根本利益，缓和由印度当局造成的严重局势，于 10 月 24 日发表声明，提出和平解决中印边界问题的三项建议。其中最主要的一点是：双方武装部队从实际控制线各自后撤 20 公里，脱离接触。当日，周恩来致函尼赫鲁，表明中国和平解决边界问题的诚意。印度政府在第一阶段作战中虽遭惨败，但仍不认输，悍然拒绝了中国政府的三项建议。11 月 14 日，印军在边境东段又向中国军队发动猛烈进攻。鉴于此，中国边防军队再次反击，以缓和边境紧张局势，创造用谈判解决边界问题的条件。此次击毙、伤、俘虏印军官兵 8800 余人。中国政府于 11 月 21 日宣布：从 22 日零时起，在中印边境全线主动停火；从 1 月 1 日起，中国边防部队将从 1959 年 11 月 7 日存在于中印双方之间的实际控制线后撤 20 公里。随后，中国政府又宣布释放和遣返印军被俘的全部军事人员，并归还在冲突中所缴获的武器、弹药和其他军用物资。此后，中印边界的形势基本稳定下来。

1962 年边界战争前后，印度在边界问题上的激烈情绪达到顶峰，战争使中印关系跌至冰点。20 世纪 70 年代末 80 年代初，随着中印恢复互派大使以及中印关系僵冷状态开始松动，印度在中印边界问题上立场有所调整。1979 年，印度外长访华，拟就改善和发展中印关系全面交换意见，但未接受中国提出的"一揽子"解决方案。1981 年 6 月，双方同意边界分歧没有必要成为改善中印关系的障碍，边界谈判在中断 20 年后得以恢复。自 1981 年恢复谈判以来，两国关于解决边界问题的磋商与谈判机制的层级不断提升，磋商与对话的内容也得到扩展，并逐步取得成果：确立解决边界问题的"三步走"路线图，就政治指导原则达成共识，完善边境管控机制等。

2020 年 6 月，印度公然违背与我方达成的共识，悍然越线挑衅。在前出交涉和激烈斗争中，团长祁发宝身先士卒，身负重伤；营长陈红军、战士陈祥榕突入重围营救，奋力反击，英勇牺牲；战士肖思远，突围后义无反顾返回营救战友，战斗至生命最后一刻；战士王焯冉，在渡河前出支援途中，拼力救助被冲散的战友脱险，自己却淹没在冰河之中。中央军委授予新疆军区某边防团团长祁发宝"卫国戍边英雄团长"荣誉称号，追授陈红军"卫国戍边英雄"荣誉称号，给陈祥榕、肖思远、王焯冉追记一等功。

2021 年 11 月 18 日，外交部边界与海洋事务司司长洪亮同印度外交部东亚司辅秘史耐恩以视频方式共同主持中印边境事务磋商和协调工作机制第 23 次会议。两国外交、国防、移民等部门代表参加。

2022 年 1 月 12 日，中印两军在莫尔多/楚舒勒会晤点中方一侧举行第十四轮军长级会谈，两国国防、外交部门代表参加。双方继续就推动中印边界西段实控线地区有关问题解决坦诚深入交换意见。双方同意遵照两国领导人指引，尽快解决剩余问题。双方表示，这将有助于恢复西段实控线地区的和平与安宁并促进双边关系。双方同意持续巩固已有成果，采取有效措施，保持西段地区包括冬季的局势安全稳定。双方同意继续保持军事和外交渠道沟通，通过对话协商尽快达成双方都能接受的解决方案。双方同意尽快举行下一轮军长级会谈。

【法律问题】

和平解决国际争端的方法。《联合国宪章》规定应当和平解决国际争端。主要包括非强制的和平方法和强制的和平方法，非强制的和平方法又包括谈判、协商、斡旋、调停、和解和国际调查等政治解决方法以及仲裁和司法裁判等法律解决方法。中印领土争端问题持续了很多年，直接影响了两国关系。中印领土争端问题关乎整个国际形势，争端问题的早日解决，也有利于维护国际的和平与稳定。

【中国立场及思政元素分析】

我国历来主张以谈判和协商的方式解决区域争端或国家之间的争端。中方的立场是清晰的、一贯的、真诚的，始终致力于通过对话谈判解决争端，始终致力于维护中印两国两军关系大局，始终致力于尽快推动局势降温缓和，尽快恢复中印边境地区和平安宁。王毅部长指出："中印要将边界问题置于双边关系适当位置，不应用边界问题定义甚至影响双边关系整体发展。中印应相互成就，而不是相互消耗；相互支持，而不是相互排斥。双方要坚持两国领导人'中印互不构成威胁，互为发展机遇'重要共识，妥善解决边界问题，处理管控好分歧，助力双边关系发展。"

案例思考题

1. 中美贸易争端的解决途径有哪些？
2. 中印领土争端属于什么类型的争端？
3. 对于国际争端，我国的态度是怎样的？

国际刑法的概念与特征；国际刑法的基本原则；国际罪行。

第一节　概述

一、国际刑法的概念和特征

对于国际刑法的概念，目前还存在争议。有的学者认为国际刑法原理依赖于国内刑法（只要考虑到国际刑法是刑法的一个分支）。国际刑法还不是独立的一门学科，即便国际刑法有些部分不为国内刑法所支配，也仍需要刑法理论，这就使国内刑法有关法益和损害的争论成为发展国际刑法犯罪化原则的理想起点。[1]有的学者认为国际刑法属于国际法。对此，笔者认为，对于上述内容，国际刑法兼有，即国际刑法是国际法里的刑法部分与刑法里的国际法部分的结合。

国际刑法具有以下特征：①维护国际社会的共同利益。《国际刑事法院罗马规约》序言规定："认识到这种严重犯罪危及世界的和平、安全与福祉，申明对于整个国际社会关注的最严重犯罪，绝不能听之任之不予处罚，为有效惩治罪犯，必须通过国家一级采取措施并加强国际合作，决心使上述犯罪的罪犯不再逍遥法外，从而有助于预防这种犯罪。"②具有很强的制裁力。例如，1946 年 5 月 3 日至 1948 年 11 月 12 日，远东国际军事法庭在日本东京对

---

〔1〕　［德］凯·安博思：《国际刑法的一般功能：法益原则与损害原则的妥当平衡——再论国际刑法的基础理论》，张志钢译，载《苏州大学学报（法学版）》2019 年第 4 期。

第二次世界大战中东条英机、松井石根等日本首要甲级战犯进行审判，对其判处了无期徒刑、绞刑等。③惩治特别严重的国际罪行。《国际刑事法院罗马规约》序言规定："决心为此目的并为了今世后代设立一个独立的常设国际刑事法院，与联合国系统建立关系，对整个国际社会关注的最严重犯罪具有管辖权。"④国际刑法包括实体法规范和程序法规范两方面。例如，包括国际犯罪的定义、构成要件等实体法规范，也包括对犯有国际罪行的被告提起公诉或审判所必须遵守的程序规则和证据规则等程序法规范。

二、特设刑事法庭与国际刑事法院

(一) 特设刑事法庭

联合国参与了为国际罪行受害者伸张正义而设立的几个法庭。安全理事会设立了两个特设刑事法庭，即前南问题国际刑事法庭和卢旺达问题国际刑事法庭。联合国还以各种方式参与了塞拉利昂特别法庭（SCSL）、柬埔寨法院特别法庭（ECCC）等机构的工作。例如，卢旺达问题国际刑事法庭针对1994年1月1日至12月31日期间在卢旺达境内的种族灭绝和其他严重违反国际人道主义法的行为而设立的。

(二) 国际刑事法院

1. 法院的设立及管辖权

国际刑事法院成立于2002年，总部设在荷兰的海牙，是一个独立的司法机构，可以对被控犯有种族灭绝罪、危害人类罪、战争罪和侵略罪的人行使管辖权。该法院是根据《国际刑事法院罗马规约》设立的。它也是世界上第一个基于条约的常设国际刑事法院。

该法院成功起诉了在前南斯拉夫（包括斯雷布雷尼察）犯下战争罪的个人，并解决了对国际司法具有重要意义的案件，揭露了使用儿童兵、破坏文化遗产、性暴力或袭击无辜平民等罪行。通过其在典型案件中的判决，法院逐渐建立了权威的判例法。在国际刑事法院排除合理怀疑证明有罪之前，所有被告均被推定为无罪。每名被告都有权获得公开、公正的审判。在该法院，嫌疑人和被告人享有关键权利，包括：被告知指控罪名；有充足的时间和设施准备辩护；在不无故拖延的情况下接受审判；自由选择律师；从检察官那里获得有利于辩护的证据等。

国际刑事法院与国际法院不同。国际法院根据国际法处理国与国之间的法律争端，而国际刑事法院是审理个人战争罪行或危害人类罪的刑事法院。此外，国际法院是联合国的主要司法机关，也是联合国的六个主要机关之一。而国际刑事法院虽然得到联合国大会的认可，但在法律上和职能上都独立于联合国。尽管并非所有 193 个联合国会员国都是国际刑事法院《国际刑事法院罗马规约》的缔约国，但国际刑事法院有权对在其缔约国和接受其管辖权的国家领土上发生的，或这些国家国民涉嫌犯下的犯罪行为进行调查和立案。

2. 一般原则

根据《国际刑事法院罗马规约》的规定，国际刑法的一般原则主要包括：①法无明文不为罪。只有当某人的有关行为在发生时构成国际刑事法院管辖权内的犯罪，该人才负刑事责任。②法无明文者不罚。被国际刑事法院定罪的人，只可以依照规约受处罚。③不溯及既往。个人不对规约生效以前发生的行为负规约规定的刑事责任。如果在最终判决以前，适用于某一案件的法律发生改变，应当适用对被调查、被起诉或被定罪的人较为有利的法律。④个人刑事责任。国际刑事法院根据规约对自然人具有管辖权。⑤指挥官责任。军事指挥官或以军事指挥官身份有效行事的人，如果未对在其有效指挥和控制下的部队，或在其有效管辖和控制下的部队适当行使控制，在下列情况下，应对这些部队实施的本法院管辖权内的犯罪负刑事责任：该军事指挥官或该人知道，或者由于当时的情况理应知道，部队正在实施或即将实施这些犯罪和该军事指挥官或该人未采取在其权力范围内的一切必要而合理的措施，防止或制止这些犯罪的实施，或报请主管当局就此事进行调查和起诉。⑥官方身份的无关性，即官方身份不免责。规约对任何人一律平等适用，不得因官方身份而差别适用。

第二节　国际刑法的基本原则

一、国家主权原则

在确认和惩处国际犯罪时，不仅要考虑打击和防范的需要，而且要考虑各国的立法状况和价值取向，在尊重别国主权的基础上进行国际刑事合作。例如，《国际刑事法院罗马规约》序言规定："……各国有义务对犯有国际罪行的人行使刑事管辖权，重申《联合国宪章》的宗旨及原则，特别是各国不得以武力相威胁或使用武力，或以与联合国宗旨不符的任何其他方法，侵犯任何国家的领土完整或政治独立，强调本规约的任何规定不得解释为允许任何缔约国插手他国内政中的武装冲突。"

二、合法性原则

国际刑法追究责任者的刑事责任，极有可能对人权构成潜在威慑，这些都要求要充分重视合法性原则。实践中，国际刑事审判机构往往采用较为灵活的合法性原则。例如，《美洲人权公约》规定，每个人都有权利在适当的保障和合理的时间内得到由一个事先依法建立的有资格的和公正的法庭进行的审理。

三、司法公正原则

实践中，司法公正主要通过法官具体体现。以《国际刑事法院罗马规约》第40条、第41条为例，通过对法官独立性和回避的规定，确保法庭的公正性与独立性。第40条规定了"法官的独立性"：①法官应独立履行职责。②法官不得从事任何可能妨碍其司法职责，或者使其独立性受到怀疑的活动。③需要在本法院所在地全时任职的法官不得从事任何其他专业性职业。第41条第2款规定了法官职责的免除和回避：①法官不得参加审理其公正性可能因任何理由而受到合理怀疑的案件。如果法官除其他外，过去曾以任何身份参与本法院审理中的某一案件，或在国家一级参与涉及被调查或被起诉的人的相关刑事案件，该法官应依照本款规定，回避该案件的审理。法官也应当因《程序和证据规则》规定的其他理由而回避案件的审理。②检察官或被调查或被起诉的人可以根据本款要求法官回避。③关于法官回避的任何问题，应当由法官绝对多数决定。受到质疑的法官有权就该事项作出评论，但不得参与作出决定。

四、被告的人权保障原则

《国际刑事法院罗马规约》第66条规定了无罪推定，即任何人在被证明有罪以前，应推定无罪。证明被告人有罪是检察官的责任。

判定被告人有罪，法院必须确信被告人有罪已无合理疑问。第67条被告人获得公正进行的公平审讯，及在人人平等的基础上获得下列最低限度的保证的权利，如以被告人通晓和使用的语文，迅速被详细告知指控的性质、原因和内容；没有不当拖延地受到审判等。

第三节　国际罪行

一、灭绝种族罪

灭绝种族罪是指蓄意全部或局部消灭某一民族、族裔、种族或宗教团体而实施的杀害该团体的成员，致使该团体的成员在身体上或精神上遭受严重伤害，故意使该团体处于某种生活状况下，毁灭其全部或局部的生命、强制施行办法，意图防止该团体内的生育、强迫转移该团体的儿童至另一团体的任何一种行为。

二、危害人类罪

危害人类罪是指在广泛或有系统地针对任何平民人口进行的攻击中，在明知这一攻击的情况下，作为攻击的一部分而实施的下列任何一种行为：①谋杀；②灭绝；③奴役；④驱逐出境或强行迁移人口；⑤违反国际法基本规则，监禁或以其他方式严重剥夺人身自由；⑥酷刑；⑦强奸、性奴役、强迫卖淫、强迫怀孕、强迫绝育或严重程度相当的任何其他形式的性暴力；⑧基于政治、种族、民族、族裔、文化、宗教、第三款所界定的性别，或根据公认为国际法不容的其他理由，对任何可以识别的团体或集体进行迫害，而且与任何一种本款提及的行为或任何一种本法院管辖权内的犯罪结合发生；⑨强迫人员失踪；⑩种族隔离罪；⑪故意造成重大痛苦，或对人体或身心健康造成严重伤害的其他性质相同的不人道行为。

三、战争罪

战争罪是指严重破坏 1949 年 8 月 12 日《日内瓦公约》的行为，包括故意杀害、酷刑或不人道待遇、故意使身体或健康遭受重大痛苦或严重伤害、劫持人质等，或者指严重违反国际法既定范围内适用于国际武装冲突的法规和惯例的其他行为，包括故意指令攻击平民人口本身或未直接参加敌对行动的个别平民、故意指令攻击非军事目标的物体等。

四、侵略罪

目前，国际社会未能就侵略罪的定义达成共识。例如，《远东国际军事法庭宪章》对侵略罪的定义为，"计划、准备、发动或进行一场侵略战争或一场违反国际条约、协议或保证的战争，或为前述任何行为而参加共同计划或共谋"的行为。

案例分析

案例一：湄公河案

【案情介绍】

2011年10月5日9点，中国籍船只"华平号"和缅甸籍船只"玉兴8号"在湄公河流域被两艘不明身份的武装快艇劫持。与被劫船只一起的还有"华鑫6号"，但由于位置靠后，未被拦截。"华鑫6号"船员证实，看到有7到8名武装匪徒登上两艘船后挟船离去，随后便与其失去联系。2011年10月5日13点，泰国军方接到毒品走私入境线索，遂加强巡逻和检查力度。警方的巡逻艇5日在清闲镇的湄公河上，发现事发船只，船上装的货物是水果，与普通货船无异，但货物旁有人在看守，样子却不像是水手。警方遂示意货船停船接受检查。两艘货船并未停下，反而加速逃跑，之后军方与船上5名武装人员交火，武装人员中一名被击毙，其余逃离。14点左右，"玉兴8号"船舶业务员从泰国警方了解到："华平号"和"玉兴8号"船停靠在金三角吊车码头，两艘船上已没有船员，"玉兴8号"船上有一具尸体，尸体已面目全非，难以辨认，尸体旁放有枪支。"玉兴8号"的驾驶室到处是血迹，有多处弹孔，两艘船上共搜出八九十万颗毒品麻黄素，两艘船上的船员去向不明。2011年10月7日，在泰国清盛码头先后发现了两具遗体，经证实为"华平号"船长黄某和"玉兴8号"船长杨某毅的儿子。遗体双手被手铐铐住，头、腹部中弹两枪死亡；另外一个的眼睛、嘴巴被胶带封住，颈部有致命刀伤，胸腹部中弹死亡。2011年10月8日，泰国警方从湄公河打捞起9具中国船员尸体，另有 2 人下落不明。打捞出来的遗体双手被手铐铐住，头上缠满胶带，背上有无数的枪眼。2011 年 10 月 10 日，泰国清莱府清盛县时任县长色萨·西汕在接受新华社电话采访时说，在湄公河遭袭的两艘货船上 13 名中国船员全部遇难，搜救人员当天早些时候在清莱府清孔县境内湄公河水域发现一具中国船员遗体。由云南省外事、公安、交通、民政等部门组成的工作组抵达事件发生地泰国清盛县开展工作。经工作组确认，截至 11 日 17 时，遇难中国船员总数为 12 名，仍有一名失踪者。

　　2011 年 10 月 16 日上午，由云南省外事、公安、交通、民政等部门组成的工作组与泰国方面开始对遇袭船只进行首次共同现场勘查。2011 年 10 月 23 日，受国务院委托，公安部时任部长孟建柱在云南西双版纳召开会议，专题研究处理"10·5"案件有关事宜，并提出建立中老缅泰四国维护澜沧江—湄公河国际航运安全执法合作机制。2011 年 10 月 26 日，中国公安代表团调查案发现场。警方锁定 9 名嫌疑人，嫌犯是隶属于泰国第三军区"帕莽"军营的 9 名士兵。2011 年 10 月 31 日，在中国政府倡导下，中、老、缅、泰四国在北京决定建立湄公河流域安全执法合作机制，该机制的建立为协作侦办专案奠定重要基础。随后，专案组分别向老缅泰三国派驻工作组，专案组领导先后 10 余次出访老缅泰，与老缅军警和泰国警方高层会谈会晤数十次。2011 年 11 月 3 日，公安部、云南省公安厅、西双版纳州公安局以及中国国内相关执法部门组成了"10·5"案件联合专案组，公安部禁毒局局长任组长，抽调 200 余名精兵强将全力破案。经过大量的调查摸排，专案组判明两艘中国商船是在湄公河孟喜岛附近河段被非法武装力量劫持的，现场发现的毒品、枪支，极可能为栽赃陷害。结合 2008 年以来发生在湄公河上的 28 起针对中国公民的劫持伤人案，经过大量分析和研判，专案组把"金三角"地区特大武装贩毒集团糯康组织纳入视线。2011 年 12 月，糯康集团骨干分子依莱被抓获后，陆续交代了集团内部组织架构，并交代了和泰国个别不法军人勾结，策划实施"10·5"案件的情况。2012 年 4 月 25 日，专案组获知糯康由缅甸潜入老挝波乔省孟莫县活动，立即通报老挝军警在湄公河沿岸加强戒备盘查。当天下午，糯康刚在老挝波桥省的码头下船，就被警察发现，警察鸣枪示警，引来附近警察增援，最终将 3 人抓获。2012 年 5 月 10 日上午 11 点，中老警方在老挝万象机场举行了移交仪式。当日，糯康被押抵北京。中国公安机关在机场向糯康宣读了对其的逮捕令。

最终，经过云南省高级人民法院对湄公河案件审理，确认 2011 年 9 月底 10 月初，为报复中国船只被缅甸军队征用清剿该集团，被告人糯康先后与被告人桑康·乍萨、依莱及翁蔑、弄罗（均另案处理）预谋策划劫持中国船只、杀害中国船员，并在船上放置毒品栽赃陷害。按照糯康安排，依莱在湄公河沿岸布置眼线、选定停船杀人地点，并和弄罗与泰国不法军人具体策划栽赃查船等事宜。最终中国法院判决糯康、桑康·乍萨、依莱、扎西卡等人死刑。

【法律问题】

在确认和惩处国际犯罪时，不仅要考虑打击和防范的需要，而且要考虑各国的立法状况和价值取向，在尊重别国主权的基础上进行国际刑事合作。"湄公河案"是改革开放后人民法院第一次公开审理的外国人在我国领域外对中国公民实施犯罪的案件，根据国际公约和我国刑法有关规定，湄公河"10·5"案被劫船只在中国注册、悬挂中国国旗，案件受害人是中国公民，因此中国对案件具有管辖权。充分体现了中国政府和司法机关依法行使司法主权，运用法律武器，保护公民合法权益，推动国际司法合作，严惩跨国有组织犯罪的坚定态度和决心。

【中国立场及思政元素分析】

对湄公河中国船员遇害案的审判，是中、老、缅、泰等国国际司法合作的成功范例，表明了中国与周边国家力求探索和构建一种基于平等互利的国际司法合作新机制。云南省、市两级法院对此案在审理程序和实体内容处理上的一系列探索、研究以及形成的最终解决方案，对我国法院审理外国人在外国针对我国或我国公民实施的犯罪案件起到可贵的借鉴和参考作用。该案的审判宣告了我国政府保护国民合法权益的决心与能力，表明了我国政府尊重和保障人权的一贯立场。

正义不会缺席并且终将实现。在法庭上，公诉人曾发表铿锵有力、义正词严的意见："今天，我们对糯康等六被告人的审判，最重要的价值，就是为了践行一个庄严的承诺，即中华人民共和国有能力、有责任保护她的每一位公民，不论他身处何处；任何对中华人民共和国国家及其公民的犯罪，不管犯罪人为何人并且藏身何处，中华人民共和国都有能力、有责任依正当程序，将其绳之以法；同时，中华人民共和国将坚决打击国际犯罪，肩负起国际责任。"

案例二：江歌案

【案情介绍】

江歌和刘某两人共同在日本留学，又因为是同乡的原因，两人成为闺蜜。2016 年 6 月，刘某和陈某峰开始交往，同居。起初两个人感情很好，但由于性格不合之后，摩擦不断。而且同居期间刘某发现陈某峰性格忧郁，凡事都要与之争个对错，矛盾不断升级。2016 年 8 月 25 日晚，刘某说要搬出去，随后遭到陈某峰暴力阻止，刘某打电话给便利店打工老板，老板劝其不要在家中，后来刘某跑到楼下大喊"救命"，以至于邻居后来报警。之后刘某便搬到打工同事家里。后来江歌主动邀请刘某同住。2016 年 11 月 2 日下午，即案发前一日，陈某峰了解到刘某独自在家，便前往江歌居住的大内公寓 201 房间，要求与刘某见面。（从陈某峰家搬出到案发期间两个多月来，刘某都未曾与陈某峰联系。）刘某发现是陈某峰后，要求江歌尽快回家帮忙解围。于是江歌匆忙赶回家，途中江歌提出报警以制止陈某峰的骚扰行为，但被刘某阻止，理由是她借住在江歌公寓属违法行为。（案发前 7 小时）江歌到达居住的大内公寓。在帮助刘某解围后，江歌陪同刘某走出了公寓。因为江歌晚上要上课，刘某要打工，两人一路同行到地铁站。在此期间，陈某峰一路尾随刘某。期间，陈某峰不断地给刘某发微信，并用对外公开不雅隐私照片、视频为由对刘某进行威胁，要求复合。刘某已经厌倦陈某峰的威胁，拒绝了陈某峰。陈某峰并未就此放弃，一直跟踪刘某到打工店门口。为让陈某峰死心，刘某让其打工店同事冒充其男友。陈某峰被激怒，立马离开打工店。陈某峰向刘某发出通牒：如果你跟他好了，我会不顾一切。晚上 11 点打工结束后刘某看到陈某峰发的威胁信息，打电话给江歌，希望她到车站去接她回家。江歌于是赶到车站，接回刘某，随后两人一同前往住处（大内公寓），此时陈某峰早已埋伏在附近。期间陈某峰还给刘某发送过微信语音，但刘某并无将此告知江歌。在抵达居住的公寓楼时，陈某峰等在公寓楼前，三人发生了争辩。后江歌叫刘某先进房间，自己与陈某峰辩论，并挡着陈某峰不许其进屋。接着，刘某和邻居听到了尖叫声，出来一看，江歌倒在走廊里，脖子被刺数刀，直冒鲜血。警察赶到后将江歌立即送往医院，但是因为失血过多，没能挽回她的生命。

案发后，中国驻日本大使馆全面介入，要求日本警方尽快破案，并派员看望了江歌的母亲。在日中国侨胞也纷纷向江歌的母亲表达了关爱之心。日本警方于 2016 年 12 月 14 日对杀害江歌的嫌疑人陈某峰以杀人罪正式起诉。在日本警方对嫌疑人陈某峰进行逮捕后，对陈某峰的衣物进行了 DNA 检验，发现衣物上的 DNA 残留与江歌一致。同时，警方也在此前调出了现场附近的监控录像，在监控录像中也出现过嫌疑人的身影。2017 年 12 月 11 日开始，陈某峰杀害江歌一案在日本东京地方裁判所开始公开庭审，到 2017 年 12 月 18 日，共进行了 6 天的庭审。在 2017 年 12 月 18 日的庭审中，检察官建议法庭判处被告陈某峰 20 年有期徒刑。2017 年 12 月 20 日下午，日本东京地方法院法官对中国留学生江歌被害一案作出一审判决，法院以故意杀人罪和恐吓罪判处被告人陈某峰有期徒刑 20 年。

【法律问题】

个人刑事责任。《国际刑事法院罗马规约》第 25 条规定了"个人刑事责任"：①本法院根据本规约对自然人具有管辖权。②实施本法院管辖权内的犯罪的人，应依照本规约的规定负个人责任，并受到处罚。③……④本规约关于个人刑事责任的任何规定，不影响国家依照国际法所负的责任。江歌案中，陈某峰杀人动机强烈、属于有预谋有计划的杀人，并且行为自私恶劣，具有报复性，给社会带来了恶劣的影响，需要承担刑事责任。最终，法院判决完全采纳了检方的量刑意见，陈某峰被判有期徒刑 20 年。

【中国立场及思政元素分析】

根据属地管辖原则规定，一国公民在他国发生刑事犯罪，应按照犯罪发生地国法律优先的原则进行处理。具体到本案，犯罪嫌疑人陈某峰与被害人江歌同为中国人，但根据属地原则，要依据日本刑法对案件进行审理。

中日之间没有缔结引渡条约并不构成法律障碍。按照日本的引渡法，并不要求一定要有缔结双边引渡条约作为开展引渡合作的法律依据或前提条件。虽然中日之间没有缔结引渡条约，但也可以依据互惠原则开展引渡合作。

我国《刑法》第 10 条规定："凡在中华人民共和国领域外犯罪，依照本法应当负刑事责任的，虽然经过外国审判，仍然可以依照本法追究，但是在外国已经受过刑罚处罚的，可以免除或者减轻处罚。"该案，被告人在日本受到刑事处罚后，我国司法机关仍可依法对其享有追诉权。

案例思考题

1. 湄公河案中，中国行使案件管辖权的法律依据是什么？
2. 江歌案中，案犯罪嫌疑人与被害人同为中国人，为何在日本审理？
3. 若江歌案中被告人执行刑罚完毕并被遣返回国，是否可能被重新追责？

第十八章
国际人道法

国际人道法的概念；对战争受难者及战俘的保护；国际人道法的基本原则。

第一节　概述

一、国际人道法的概念和发展

（一）国际人道法的概念

国际人道法是专门适用于战争或武装冲突行为的法律规范。是国际公法的分支之一，包含一系列在发生武装冲突时适用的规则，即出于人道原因，设法保护那些没有或不再直接参加敌对行动的人，并对作战手段和方法加以限制。换言之，国际人道法由国际条约或习惯规则（即源自国家实践和法律确信的规则）组成，其专门旨在解决因国际性或非国际性武装冲突而直接引发的人道问题。

（二）国际人道法的发展

国际人道法在发展过程中形成了日内瓦体系和海牙体系。

1864年8月22日，瑞士、法国、意大利、西班牙等12个国家签署《改善战地武装部队伤者境遇的公约》（又称《万国红十字公约》）。这是关于战时伤病员待遇的第一个日内瓦公约。经过1906年、1929年、1949年先后几次修订和补充，发展为1949年的日内瓦四公约。1949年8月12日，中国、苏联、美国、英国、法国等61个国家在日内瓦签订了《改善战地武装部队伤者病者境遇之日内瓦公约》（《日内瓦第一公约》）、《改善海上武装部队伤者病者及遇船难者境遇之日内瓦公约》(《日内瓦第二公约》)、《关于战俘待遇之日内瓦公约》(《日内瓦第三公约》)、《关于战时保护平民之日内瓦公约》(《日内瓦第四公约》),四公约于 1950 年 10 月 21 日生效。1977 年 6 月 8 日,制定和补充了《1949 年 8 月 12 日日内瓦第四公约关于保护国际性武装冲突受难者的附加议定书》(第一议定书)和《1949 年 8 月 12 日日内瓦四公约关于保护非国际性武装冲突受难者的附加议定书》(第二议定书),至此,形成了现行的日内瓦体系。日内瓦体系旨在保护武装冲突受难者的规则体系,例如丧失战斗力的军事人员和没有或不再直接参加敌对行动的平民。

海牙法体系是以 1907 年的《海牙公约》为代表和开端的关于规范作战手段和方法的条约和习惯。例如,1899 年《陆战法规和惯例公约》(《海牙第二公约》)序言规定:"依照缔约各国的意见,上述条款是出于在军事需要所许可的范围内为减轻战争祸害的愿望而制订的,旨在成为交战国之间以及交战国与居民之间关系的一般行为规则。但是,现在还不可能对实践中所出现的一切情况制定一致协议的章程。"另,序言规定:"缔约各国显然无意使未预见的情况由于缺乏书面的约定,就可以听任军事指挥官任意武断行事;在颁布更完整的战争法规之前,缔约各国认为有必要声明,凡属他们通过的规章中所没有包括的情况,居民和交战者仍应受国际法原则的保护和管辖,因为这些原则是来源于文明国家间制定的惯例、人道主义法规和公众良知的要求。"该内容被称为"马顿斯条款"。海牙法体系是确立交战者从事敌对行动时权利和义务的规则体系,它对作战手段和方法加以限制。

二、国际人道法的特点

日内瓦四公约共同第 2 条规定:"于平时应予实施之各项规定之外,本公约适用于两个或两个以上缔约国间所发生之一切经过宣战的战争或任何其他武装冲突,即使其中一国不承认有战争状态。凡在一缔约国的领土一部或全部被占领之场合,即使此项占领未遇武装抵抗,亦适用本公约。冲突之一方虽非缔约国,其他曾签订本公约之国家于其相互关系上,仍应受本公约之拘束。设若上述非缔约国接受并援用本公约之规定时,则缔约各国对该国之关系,亦应受本公约之拘束。

日内瓦四公约共同第 3 条规定:"在一缔约国之领土内发生非国际性之武装冲突之场合,冲突之各方最低限度应遵守下列规定:①不实际参加战事之人员，包括放下武器之武装部队人员及因病、伤、拘留，或其他原因而失去战斗力之人员在内，在一切情况下应予以人道待遇，不得基于种族、肤色、宗教或信仰、性别、出身或财力或其他类似标准而有所歧视。……"日内瓦四公约共同第 3 条标志着一个突破，因为它首次涉及非国际性武装冲突局势。冲突的这些类型大不相同。它们包括传统内战、波及他国的国内武装冲突以及除该国政府外还有他国或多国部队介入的内乱。共同第 3 条确立了不容克减的基本规则。它像是公约中的小公约，以简练的形式归纳了日内瓦公约的基本规则，并且使其适用于非国际性冲突。

根据上述规定，可以总结出国际人道法有以下基本特点：①公约适用于所有的战争及武装冲突；②公约不适用国际法上"连带条款"原则；[1]③公约可以对非缔约国适用；④公约适用于缔约国的内战。

第二节　对战争受难者及战俘的保护

一、对战争受难者的保护

（一）对伤者与病者的保护

根据《日内瓦第一公约》规定，伤者与病者是指：①冲突之一方之武装部队人员及构成此种武装部队一部之民兵与志愿部队人员；②冲突之一方所属之其他民兵及其他志愿部队人员，包括有组织之抵抗运动人员之在其本国领土内外活动者，即使此项领土已被占领。但须此项民兵或志愿部队，包括有组织之抵抗运动人员，合乎下列条件：有一为其部下负责之人统率；备有可从远处识别之固定的特殊标志；公开携带武器；遵守战争法规及惯例进行战斗。③自称效忠于未经拘留国承认之政府或当局之正规武装部队人员；④伴随武装部队而实际并非其成员之人，如军用机上之文职工作人员、战地记者、供应商人、劳动队工人或武装部队福利工作人员，但须彼等已获得其所伴随之武装部队的准许；⑤冲突各方之商船队之船员，包括船长，驾驶员与见习生，以及民航机上之工作人员，而依国际法之任何其他规定，不能享受更优

---

〔1〕　目的在于防止未参加公约的交战一方由于不需要承担公约规定的义务而单方面地在军事上取得优势。

惠之待遇者；⑥未占领地之居民，当敌人迫近时，未及组织成为正规部队，而立即自动拿起武器抵抗来侵军队者，但须彼等公开携带武器并尊重战争法规及惯例。

受伤或患病之下条所列武装部队人员或其他人员，在一切情况下，应受尊重与保护。无论何时，特别在每次战斗之后，冲突各方应立即采取一切可能的措施以搜寻并收集伤者、病者，加以保护。

（二）对伤者病者及遇船难者的保护

根据《日内瓦第二公约》规定，海上伤者、病者及遇船难者：①冲突之一方之武装部队人员及构成此种武装部队一部之民兵与志愿部队人员；②冲突之一方所属之其他民兵及其他志愿部队人员，包括有组织之抵抗运动人员之在其本国领土内外活动者，即使此项领土已被占领；但须此项民兵或志愿部队，包括有组织之抵抗运动人员，合乎下列条件：由一为其部下负责之人统率；备有可从远处识别之固定的特殊标志；公开携带武器；遵守战争法规及惯例进行战斗；自称效忠于未经拘留国承认之政府或当局之正规武装部队人员；伴随武装部队而实际并非其成员之人，如军用机上之文职工作人员、战地记者、供应商人、劳动队工人或武装部队福利工作人员，但须彼等已获得其所伴随之武装部队的准许；冲突各方之商船队之船员，包括船长、驾驶员与见习生，以及民航机上之工作人员，而依国际法之任何其他规定不能享受更优惠之待遇者；未占领地之居民，当敌人迫近时，未及组织成为正规部队，而立即自动拿起武器抵抗来侵军队者，但须彼等公开携带武器并尊重战争法规及惯例。

在海上受伤、患病或遇船难之下条所列武装部队人员或其他人员，在一切情况下，应受尊重与保护。冲突各方对于在其权力下之此等人员，应予以人道之待遇与照顾，不得基于性别、种族、国籍、宗教、政治意见或其他类似标准而有所歧视。

二、对战俘的保护

根据《日内瓦第三公约》规定，战俘是指落于敌方权力之下列各类人员的一种：①冲突之一方之武装部队人员及构成此种武装部队一部之民兵与志愿部队人员。②冲突之一方所属之其他民兵及其他志愿部队人员，包括有组织之抵抗运动人员之在其本国领土内外活动者，即使此项领土已被占领，但须此项民兵或志愿部队，包括有组织之抵抗运动人员，合乎下列条件：有一为其部下负责之人统率；备有可从远处识别之固定的特殊标志；公开携带武器；遵守战争法规及惯例进行战斗。③自称效忠于未经拘留国承认之政府或当局之正规武装部队人员。④伴随武装部队而实际并非其成员之人，如军用机上之文职工作人员、战地记者、供货商人、劳动队工人或武装部队福利工作人员，但须彼等已获得其所伴随之武装部队的准许，该武装部队应为此目的发给彼等以与附件格式相似之身份证。⑤冲突各方之商船队之船员，包括船长、驾驶员与见习生，以及民航机上之工作人员，而依国际法之任何其他规定不能享受更优惠之待遇者。⑥未占领地之居民，当敌人迫近时，未及组织成为正规部队，而立即自动拿起武器抵抗来侵军队者，但须彼等公开携带武器并尊重战争法规及惯例。

不论战俘个人责任如何，拘留国对战俘所受待遇应负责任。战俘在任何时须受人道之待遇。战俘在一切情况下应享受人身及荣誉之尊重。拘留国对于所有战俘，除因公约关于其等级及性别之规定以及因健康状况、年龄或职业资格得予以特别待遇外，应同样待遇之，不得基于种族、国籍、宗教信仰、或政治意见、或根据类似标准之任何其他区别而有所歧视。

第三节　国际人道法的基本原则

一、区分原则

区分原则是国际人道法最基本的原则之一，区分原则要求冲突各方必须区分战斗员与非战斗员、武装部队与平民以及军事目标与非军事目标。

《1949 年 8 月 12 日日内瓦四公约关于保护国际性武装冲突受难者的附加议定书》第 48 条规定："为了保证对平民居民和民用物体的尊重和保护，冲突各方无论何时均应在平民居民和战斗员之间和在民用物体和军事目标之间加以区别，因此，冲突一方的军事行动仅应以军事目标为对象。"据此可知，根据区分原则，军事行动只能针对冲突各方的军事目标（包括武装部队），而不能针对平民或民用目标；当一个人或一个目标难以确定其地位时，应首先假定其为平民或民用目标。

二、比例原则

比例原则要求在对军事目标进行攻击时应最大限度地减少对平民和民用物体造成的附带损害，对平民和民用物体造成的附带损害不应超过在军事行动中所要达到的预期的、具体的、直接的军事利益。

以《1949 年 8 月 12 日日内瓦四公约关于保护国际性武装冲突受难者的附加议定书》第 52 条第 2 款和第 56 条第 1 款为例，都体现了比例原则。第 52 条第 2 款规定："攻击应严格限于军事目标。就物体而言，军事目标只限于由于其性质、位置、目的或用途对军事行动有实际贡献，而且在当时情况下其全部或部分毁坏、缴获或失去效用提供明确的军事利益的物体。"第 56 条第 1 款规定："含有危险力量的工程或装置，如堤坝和核发电站，即使这类物体是军事目标，也不应成为攻击的对象，如果这种攻击可能引起危险力量的释放，从而在平民居民中造成严重的损失。其他在这类工程或装置的位置上或在其附近的军事目标，也不应成为攻击的对象，如果这种攻击可能引起该工程或装置危险力量的释放，从而在平民居民中造成严重的损失。"

三、避免不必要痛苦原则

避免不必要痛苦原则，是指武装冲突法禁止使用就其性质而言会造成不必要痛苦或过分伤害的武器和军事技术，如一些会造成伤口难以治愈或终身残疾的武器。例如，1907 年《陆战法规和惯例公约》（《海牙第四公约》）第 23 条规定，除各专约规定禁止者外，特别禁止：①使用毒物或有毒武器；②以背信弃义的方式杀、伤属于敌国或敌军的人员；③杀、伤已经放下武器或丧失自卫能力并已无条件投降的敌人；④宣告决不纳降；⑤使用足以引起不必要痛苦的武器、投射物或物质；⑥滥用休战旗、国旗或敌军军徽和制服以及日内瓦公约所规定的标记；⑦毁灭或没收敌人财产，除非此项毁灭和没收是出于不得已的战争需要；⑧宣布取消、停止敌方国民的权利和诉讼权，或在法院中不予执行。《1949 年 8 月 12 日日内瓦四公约关于保护国际性武装冲突受难者的附加议定书》第 35 条第 2 款规定："禁止使用属于引起过分伤害和不必要痛苦的性质的武器、投射体和物质及作战方法。"

案例分析

案例一：中国参与国际法院 "科索沃单方面宣布独立咨询意见" 案

【案情介绍】

科索沃原为塞尔维亚共和国（以下简称 "塞尔维亚"）的一个自治省，当地90%的居民是阿尔巴尼亚族（以下简称 "阿族"）人。1999年科索沃战争结束后，联合国安全理事会（以下简称 "安理会"）通过《第1244 [1999] 号决议》（以下简称《第1244号决议》）在科索沃建立了一个过渡行政机构——联合国驻科索沃临时行政当局特派团（UNMIK），由其代管该地区的行政事务。自2005年底开始，联合国秘书长特使阿赫蒂萨里以及美国、欧盟和俄罗斯三方的代表组织塞尔维亚与科索沃双方的代表就科索沃未来的地位问题进行谈判，但均无结果。2007年11月17日，科索沃地区选举了科索沃议会；2008年2月17日，UNMIK下设的科索沃临时自治机构单方面宣布独立。这一行为引起了国际社会的广泛关注，各国纷纷做出反应。美国和许多其他西方国家立即承认科索沃独立。而塞尔维亚表示，科索沃单方面宣布独立 "公然侵犯" 了塞尔维亚的主权和领土完整。俄罗斯、西班牙、罗马尼亚、越南等国于2008年2月18日先后发表声明，谴责科索沃单方面宣布独立，称此举违反了国际法。2008年10月8日，联合国大会（以下简称 "联大"）应塞尔维亚的请求投票通过《第63/3号决议》，要求国际法院就科索沃单方面宣布独立是否符合国际法的问题发表咨询意见。

2008年10月9日，联合国秘书长将联大的咨询请求提交国际法院，国际法院书记官随即向有权出庭的所有国家函告对咨询问题的意见。2008年10月17日，国际法院发布一道指令，确定2009年4月17日为联合国及其会员国提交书面意见的时限并且2009年7月17日为提交书面意见的国家和组织对其他书面意见提交书面评论的时限。此外，国际法院还邀请宣布独立者提交书面意见和书面评论。截至国际法院规定的时间，共有36个国家提交了书面意见、14个国家提交了书面评论。2009年12月1日~11日，国际法院进行了口诉程序，科索沃与28个国家出庭陈述了各自的立场。我国外交部法律顾问薛捍勤大使率团参加，并于7日上午陈述中方意见。驻荷兰时任大使张军、外交部条法司副司长关键等中国代表团成员参加了口头程序。主要阐述了对处理科索沃问题的联合国安理会第 1244 号决议的理解，重申了对尊重国家主权及领土完整、民族自决等国际法基本原则的立场，引起各方高度关注和热烈反响。这是新中国成立以来首次参与国际法院的司法程序，也是联合国安理会五个常任理事国第一次共同参与国际法院的司法活动，具有历史意义。

　　2010 年 7 月 22 日，国际法院宣布咨询意见，认定科索沃单方面宣布独立的行为不违反一般国际法、《第 1244 号决议》和《科索沃临时自治框架》（以下简称《临时自治框架》），因此不违反国际法（该案以下简称"科索沃独立咨询意见案"）。"科索沃独立咨询意见案"是国际法院进入 21 世纪后受理的第 2 个咨询案件。与其他咨询案件相比，"科索沃独立咨询意见案"具有如下显著特点：①它是第一个涉及一个联合国会员国内部的一部分领土分离建国的案件；②它是第一个在安理会决议基础上建立的特殊法律秩序之下的一个机构单方面宣布独立的案件。《第 1244 号决议》是安理会政治解决科索沃问题的基础法律文件，根据该决议，联合国在科索沃建立了 UNMIK 和国际安全部队。2001 年 UNMIK 通过《临时自治框架》并建立了科索沃临时自治机构，包括科索沃议会和科索沃政府。正是科索沃议会宣布了科索沃独立。③它直接关涉国际法的核心基本原则——国家主权和领土完整原则，因此各国对其相当重视。④它是安理会 5 个常任理事国均参与国际法院书面程序和口诉程序的第一个咨询案件。⑤它是联大第一次就没有列入其议程的问题向国际法院请求咨询意见的案件。在此之前的"以色列隔离墙案"中，联大自 1947 年"巴以分治计划"以来，每年都将巴勒斯坦问题列入联大议程。然而，科索沃问题至少在近十年中属于安理会的排他性管辖事项。在第 63 届联大议程中，本来没有关于"科索沃独立咨询意见案"的请求项目，它是应塞尔维亚的请求临时插入议程的。⑥它是第一个由联合国的一个政治机关——联大——提出问题且国际法院答复该问题在相当程度上取决于对联合国的另一个政治机关——依《联合国宪章》第七章规定行事的安理会——的决定作出解释的案件。实际上，为了答复联大的请求，国际法院必须对科索沃单方面宣布独立这一行为是否违反《第 1244 号决议》及其所建立的法律制度作出决定。这与其他咨询案件不同。在 1970 年"纳米比亚案"中，咨询意见的请求机关是安理会。在 1961 年"联合国某些费用案"和 1947 年"接纳一国为联合国会员国的条件案"中，国际法院的任务是对《联合国宪章》进行解释。

国际法院在"联合国某些费用案"中虽然援引了一系列安理会决议,但其目的仅在于表明安理会和联大一再考虑、确认、同意和批准了秘书长的行动。国际法院在"接纳一国为联合国会员国的条件案"中甚至没有考虑任何安理会决议。

【法律问题】

民族自决原则。民族自决原则指被殖民主义奴役和压迫的民族,有采取国际法确认的一切合法手段,摆脱殖民统治,建立民族独立的主权国家,并选择适合于自己的社会政治制度发展民族经济的权利。国际法院在"科索沃单方面宣布独立咨询意见案"中的咨询意见对独立行为以及与之相关的民族自决原则的适用等一系列相关问题并没有做出答复。在国际法的人民自决权上,由于存在着很多矛盾和敏感的问题,至今为止,国际条约和习惯尚无直接具有操作性的规范可以遵循。或者说,国际社会在这个问题上故意留了一个缺口。[1]中国作为在国际社会具有广泛影响的大国,应当秉承善意,利用其日益强大的经济力量以及在世界上日益增大的影响,为国际法的良性发展贡献力量。

【中国立场及思政元素分析】

在处理国家主权与民族自决权关系问题上,中国一贯坚持维护国家主权与领土完整的立场,这不仅是国际法的基本原则之一,也是中国所秉持的外交立场;对于民族自决权的保护,中国在维护主权的基础上尊重受压迫人民摆脱殖民统治、各国人民不受干涉地处理内部事务的权利。2022年10月18日,中国常驻联合国副代表耿爽在安理会科索沃问题公开会上发言,强调对话协商是解决科索沃问题的正确途径。中方鼓励双方继续保持务实和建设性接触,落实此前的谈判成果。科方要按照布鲁塞尔协议规定,尽快推进塞族城市联盟的建立。各民族和谐共处是实现科索沃稳定的基本前提。中方希望科索沃当局采取切实措施,保障科索沃所有民族、包括塞族的安全和合法权益。

耿爽说,中方在科索沃问题上的立场是一贯的、明确的。中方支持有关各方在安理会第1244号决议框架内通过真诚对话达成彼此均可接受的政治解

---

[1] 何志鹏:《大国政治中的司法困境——国际法院"科索沃独立咨询意见"的思考与启示》,载《法商研究》2010年第6期。

决方案。在此过程中，塞尔维亚主权、独立和领土完整应得到充分尊重。

案例二：红十字会与汶川大地震

【案情介绍】

红十字国际委员会是 1863 年 10 月 29 日由瑞士人亨利·杜南倡议成立。当时称为"伤兵救护国际委员会"，1880 年改为现名。它是世界上最早成立的红十字组织，也是瑞士的一个民间团体。该委员会的宗旨是在战争中行善。根据《日内瓦公约》的规定，该委员会得以中立团体的身份对战争受难者进行保护和救济，受理有关违反人道主义公约的指控，致力于改进和传播人道主义公约，与有关团体合作培训医务人员，发展医疗设备。红十字国际委员会是由1863 年 2 月 9 日亨利·杜南等五人创建"五人委员会"发展而来的。亨利·杜南在索尔费里诺战役期间目睹战争带来的可怕后果，回国后撰写《索尔费里诺回忆录》并主张大力发展国际公约从而为在战场上受伤的人以及救护人员和战地医院提供保护并保证他们的中立性。1863 年 2 月 9 日，杜南与日内瓦知名家族中的四位主要人物一起在日内瓦创建了"五人委员会"。八天之后，五人决定将委员会更名为"伤兵救护国际委员会"。1863 年 10 月 26—29 日，由委员会召集的国际会议在日内瓦举行以讨论如何制定改善战地医疗服务条件的可行措施。1863 年至 1914 年期间，通过委员会日趋有效的行动，杜南的梦想变成了现实。由于杜南先生为瑞士人，为了表彰其为国际人道做出的杰出贡献，用其祖国瑞士国旗相同图案相反颜色的旗帜作为这个组织的会旗，这就是红十字旗。同时，委员会的建立和发展还推动了《日内瓦公约》和《国际人道法》的诞生。1876 年，委员会采用了新的名称"红十字国际委员会"，这一正式名称沿用至今。我国红十字会成立于 1904 年，建会以后从事救助难民、救护伤兵和赈济灾民活动，为减轻遭受战乱和自然灾害侵袭的民众的痛苦而积极工作，并参加国际人道主义救援活动。新中国成立后，中国红十字会于 1950 年进行了协商改组，周恩来总理亲自主持并修改了《中国红十字会章程》。1952 年，中国红十字会恢复了在国际红十字运动中的合法席位。中国红十字会作为中华人民共和国统一的红十字组织和国际红十字运动的重要成员，遵守宪法和法律，遵循国际红十字运动基本原则，依照中国参加的日内瓦公约及其附加议定书，履行法定职责，发挥其在人道领域的政府助手作用。

2008 年 5 月 12 日，汶川特大地震发生后，中国红十字总会紧急启动自然灾害救助一级响应预案，并从成都备灾救灾中心迅速调拨帐篷 557 顶，棉被 2500 床等价值 78 万余元的救灾物资发往灾区。同时向国内外发出了紧急救助呼吁。2008 年 5 月 29 日至 6 月 2 日，中国红十字基金会副秘书长刘选国带领工作人员深入都江堰、彭州、雅安、德阳、绵阳等地进行实地考察，与相关地市红十字会、相关主管政府部门签署了一系列项目援建意向书，初步确定了第一批援建项目。6 月初，中国红十字会在四川确定了首批价值 2 亿元的地震灾后援建项目，从而越过过渡阶段．迅速投入灾后重建工作。6 月 9 日，总会深入重灾区什市、绵竹市的洛水、红白等镇考察灾情，与绵竹市、什市政府有关领导商谈了灾后重建工作。随后，由总会 3 支调研队也分别赴四川、甘肃和陕西地震灾区开展灾后重建调研工作，使重建工作更加科学、合理。根据捐赠者意愿，以及国家救灾工作总体安排，中国红十字会总会计划第一批安排 25 亿元人民币用于灾后重建工作，计划支持四川 18 亿元人民币、甘肃 4.6 亿元人民币、陕西 2.4 亿元人民币，重建工作将按照国家灾后重建的整体规划，重点支持地震灾区经济条件差、地处偏远的县以下农村受灾地区，并优先考虑孤残等弱势群体的需求，主要建设项目包括卫生院（站）学校、民房防灾减灾设施等。为此，总会成立了灾后重建办公室和灾区工作组，领导灾后重建工作。6 月下旬，中国红十字会总会在京分别召开全国各省、市、自治区红十字会和香港、澳门红十字会以及台湾红十字组织参加的汶川地震灾后重建工作座谈会，共同商讨地震灾后重建工作。

2008 年 8 月 13 日，中国红十字会援助四川首批灾后重建项目备忘录签字仪式在四川省成都举行，中国红十字会及各级红十字会抗震救灾工作情况以及灾后恢复重建工作意向，即重点支持地震灾区全部倒塌或严重毁损需要整村重建或相对集中重建的农户住房、乡镇卫生院、乡镇学校及社会福利、社区防灾减灾设施等重建项目。

根据公布的信息，中国红十字会总会及中国红十字基金会在开展 "5·12" 汶川地震抗震救灾捐赠活动中，共接收捐赠款物 57.12 亿元人民币，其中资金 51.22 亿元，物资 5.9 亿元。信息显示，截至 2009 年 12 月 31 日，中国红十字会总会及中国红十字基金会接收的捐赠款物已支出 42.3 亿元。其中，用于应急抢险、派救援队、采购调拨物资等开支 1.8 亿元，购置搭建活动板房 5

亿元，拨付四川、甘肃、陕西、重庆、云南、宁夏、贵州等灾区用于救灾和灾后重建 34.79 亿元，用于残疾人安置康复、灾民心理救援和恢复等项目支出 0.57 亿元，用于办公耗材、通信、招募志愿者、项目督导检查、捐赠收据打印、邮寄等费用 0.14 亿元，积极推动灾后重建工作。

【法律问题】

国际人道法主要是出于人道原因，设法保护那些没有或不再直接参加敌对行动的人，并对作战手段和方法加以限制。换言之，国际人道法由国际条约或习惯规则（即源自国家实践和法律确信的规则）组成，其专门旨在解决因国际性或非国际性武装冲突而直接引发的人道问题。目前最大的现实挑战是国际人道法的执行和遵守问题，尤其是现有国际人道法的原则和规则如何适应新的武装冲突形式、新的冲突方、新的武器。正如曾任红十字国际委员会主席的彼得·毛雷尔先生所说："国际人道法面临的真正考验是武装冲突中的各方能否遵守这些规则。"因此，如何使现有国际人道法得到有效实施，确保冲突各方遵守和执行国际人道法，应当成为各国和整个国际社会的急务和要务。

【中国立场及思政元素分析】

中国是首批加入《日内瓦公约》及其附加议定书的国家之一，始终积极承担国际人道主义责任。根据 2017 年新修订的《中华人民共和国红十字会法》，中国红十字会依法履行下列职责：①开展救援、救灾的相关工作，建立红十字应急救援体系。在战争、武装冲突和自然灾害、事故灾难、公共卫生事件等突发事件中，对伤病人员和其他受害者提供紧急救援和人道救助；②开展应急救护培训，普及应急救护、防灾避险和卫生健康知识，组织志愿者参与现场救护；③参与、推动无偿献血、遗体和人体器官捐献工作，参与开展造血干细胞捐献的相关工作；④组织开展红十字志愿服务、红十字青少年工作；⑤参加国际人道主义救援工作；⑥宣传国际红十字和红新月运动的基本原则和日内瓦公约及其附加议定书；⑦依照国际红十字和红新月运动的基本原则，完成人民政府委托事宜；⑧依照日内瓦公约及其附加议定书的有关规定开展工作；⑨协助人民政府开展与其职责相关的其他人道主义服务活动。

党的十八大以来，以习近平同志为核心的党中央高度重视红十字事业，习近平总书记多次就红十字工作发表重要讲话、作出重要指示批示。习近平总书记关于红十字事业发展的重要论述，是发展中国特色红十字事业的根本遵循和行动指南。新征程上，中国红十字会将深入学习领会、全面贯彻落实习近平总书记的重要论述和党的二十大精神，不断推进中国特色红十字事业高质量发展。

案例思考题

1. 科索沃单方面宣布独立是否违反国际法？

2. 各国为促进遵守国际人道法可采取的措施？

3. 中国红十字会总会及中国红十字基金会的做法是否体现了对国际人道法的执行？

主要参考文献

1. 《国际公法学》编写组编：《国际公法学》，高等教育出版社 2022 年版。

2. 段洁龙主编：《中国国际法实践与案例》，法律出版社 2011 年版。

3. 马呈元、张力编著：《国际法案例研习》，中国政法大学出版社 2014 年版。

4. 王佳编著：《国际公法：原理与案例研习》，中国法制出版社 2017 年版。

5. ［英］詹宁斯、瓦茨修订：《奥本海国际法》，王铁崖等译，中国大百科全书出版社 1995 年版。

6. 贾兵兵：《国际公法：和平时期的解释与适用》，清华大学出版社 2015 年版。

7. 任虎主编：《国际公法》，华东理工大学出版社 2021 年版。

8. 边永民编著：《国际公法案例选评》，对外经济贸易大学出版社 2015 版。

9. 周勇：《少数人权利的法理》，社会科学文献出版社 2002 年版。

10. 张海文主编：《〈联合国海洋法公约〉释义集》，海洋出版社 2006 年版。

11. 陈亚芸主编：《国际公法案例教程》，法律出版社 2015 年版。

12. 邵津主编：《国际法》（第 4 版），北京大学出版社、高等教育出版社 2011 年版。

13. 张乃根：《国际法原理》（第 2 版），复旦大学出版社 2012 年版。

14. 王花主编：《国际法案例研习》，中国政法大学出版社 2012 年版。

15. 刘晓蜜、赵虎敬主编：《国际法案例教程》，中国民主法制出版社 2019 年版。

16. 龚柏华等：《"一带一路"投资的国际法》，复旦大学出版社 2018 年版。

17. 张颖：《国际法视野下的全球能源治理研究》，中国商业出版社 2021 年版。

18. 刘文冬：《当代国际法的理论与实践》，天津人民出版社 2009 年版。

19. 杨泽伟主编：《联合国改革的国际法问题研究》，武汉大学出版社 2009 年版。

20. 周忠海主编：《国际法》，中国政法大学出版社 2008 年版。

21. 曾令良、余敏友主编：《全球化时代的国际法——基础、结构与挑战》，武汉大学出版社 2005 年版。

22. 金永明：《中国海洋法理论研究》，上海社会科学院出版社 2023 年版。

23. 朱建庚：《海洋环境保护的国际法》，中国政法大学出版社 2013 年版。

24. 钟放：《国际法简编》，西安交通大学出版社 2015 年版。

25. 王铁崖主编：《国际法》，法律出版社 1995 年版。

26. 张乃根：《条约解释的国际法》，上海人民出版社 2019 年版。

27. 李浩培：《条约法概论》，法律出版社 2003 年版。

28. ［美］阿瑟·努斯鲍姆：《简明国际法史》，张小平译，法律出版社 2011 年版。

29. ［英］蒂莫西·希利尔：《国际公法》，曲波译，中国人民大学出版社 2006 年版。

30. 李浩培：《国际法的概念和渊源》，贵州人民出版社 1994 年版。

31. 马呈元主编：《国际法》，中国人民大学出版社 2015 年版。

32. 黄德明主编：《国际人道法若干问题研究》，武汉大学出版社 2013 年版。

33. 叶良芳：《国际刑法基本理论研究》，浙江大学出版社 2018 年版。